Otto Schneider und Werner Sülberg

Die Ferien-Macher

Otto Schneider und Werner Sülberg

Die Ferien-Macher

Eine Branche macht Urlaub

Frankfurter Allgemeine Buch

Bibliografische Information der Deutschen Nationalbibliothek
Die Deutsche Nationalbibliothek verzeichnet diese Publikation in der Deutschen Nationalbibliografie; detaillierte bibliografische Daten sind im Internet über http://dnb.d-nb.de abrufbar.

Otto Schneider und Werner Sülberg
Die Ferien-Macher
Eine Branche macht Urlaub

Frankfurter Societäts-Medien GmbH
Frankenallee 71 – 81
60327 Frankfurt am Main
Geschäftsführung: Hans Homrighausen

Erste Auflage
Frankfurt am Main 2013

ISBN 978-3-95601-030-9

Frankfurter Allgemeine Buch

Umschlag Anja Desch, F.A.Z.-Institut für Management-, Markt- und Medieninformationen GmbH, 60326 Frankfurt am Main
Satz Wolfgang Barus, Frankfurt am Main
Titelbild © thinkstock
Druck CPI Moravia Books s.r.o., Brněnská 1024, CZ-691 23 Pohořelice

Printed in EU

myclimate neutral

Inhalt

Teil B
Vergangenheit und Entwicklung

Teil C
Ausblick

Vorwort

Liebe Leser,

Urlaub und Reisen – damit beschäftigen sich viele Menschen die meiste Zeit des Jahres. Man ist mit der Urlaubsplanung beschäftigt oder gerade auf Reisen, oder man pflegt im Austausch mit anderen seine Erinnerungen.

Wer wissen möchte, was alles und wer alles hinter den zahllosen Reiseangeboten steckt, wie sich die Reisebranche in ihrer heutigen Gestalt entwickelt hat und welche internationalen Verflechtungen im Tourismus von Bedeutung sind, der sollte dieses Buch lesen. Es wendet sich an alle, die mehr über die Macher hinter den Ferien erfahren möchten, und ebenso an die Touristikprofis, die sich mit der Geschichte und Gegenwart sowie der wirtschaftlichen Bedeutung ihrer Branche befassen möchten, die häufig unterschätzt wird.

In den letzten Jahrzehnten gab es immer wieder – inzwischen vergriffene – Bücher über die Geschichte und Entstehung des Tourismus, deren Inhalte angesichts der rasanten Entwicklung dieser Branche gar nicht schnell genug aktualisiert werden konnten. Aus einem Buch einer der Autoren über die Entwicklung der deutschen Reisebranche bis zur Jahrtausendwende wurde das Gerüst für die aktuelle Darstellung der „Ferien-Macher“ übernommen und der Wandel einer Branche ins Internetzeitalter hinein fortgeschrieben. Darüber hinaus werden die größeren Zusammenhänge der Tourismusbranche dargestellt, die erst bei Betrachtung der Entwicklung der letzten 30 Jahre sichtbar werden. Aus Platzgründen haben wir uns auf bestimmte Unternehmensgrößen beschränkt und auf Berichte über Unternehmen, die heute nicht mehr existieren, verzichtet.

Wir sind sicher, dass ein Blick hinter die Kulissen das Interesse am Tourismus verstärken wird, und wünschen allen Lesern viele schöne Reisen – auch mit diesem Buch.

Frankfurt am Main, Juli 2013

Otto Schneider
Werner Sülberg

Teil A

Die Tourismus-Branche und ihre Kunden

1. Mobilität – ein Grundbedürfnis der Menschen

Die Mobilität ist ein Ur-Bedürfnis des Menschen. Das sieht man schon an den kleinen Kindern, die krabbeln, gehen, laufen und hüpfen müssen. Auch als Erwachsene wollen wir uns bewegen und die Welt entdecken. Wer in seinem Bewegungsdrang behindert wird, empfindet das als Einschränkung seiner persönlichen Freiheit. Und wenn jemand aus Krankheits- oder Altersgründen nicht mehr mobil ist, empfindet er das als eine Verringerung seiner Lebensqualität.

Das Reisen zu nahen und auch zu ferneren Zielen ist im letzten Jahrhundert zu einem Allgemeingut, zu einem Konsumartikel in Deutschland geworden, auch weil es bezahlbar wurde und weil sechs Wochen Ferien nicht mehr nur den Schulkindern, sondern auch allen Berufstätigen zustehen. Durch die Fünf-Tage-Woche und zahlreiche Feiertage hat sich ein zusätzlicher Markt von Kurzreisen und Städtereisen entwickelt.

2. Die Deutschen verreisen gern – wie viel, wie oft, wohin, warum?

- 65 Millionen Deutsche, die älter als 14 Jahre alt sind, unternahmen 2012 insgesamt 896 Millionen Reisen mit einer Entfernung von mindestens 100 Kilometer. Davon waren
- 148 Millionen Geschäftsreisen,
- 559 Millionen eintägige Privatreisen,
- 87 Millionen mehrtägige Privatreisen,
- 103 Millionen mehrtägige Urlaubsreisen.

Auf Urlaubsreisen entfielen 11,5 Prozent aller Mobilitätsbewegungen ab 100 Kilometer bzw. 44 Prozent aller Übernachtungsreisen.[1] Davon sind rund 34 Millionen Kurzreisen mit einer Dauer von zwei bis vier Tagen und 69 Millionen lange Urlaubsreisen ab fünf Tagen, die von der F.U.R.-Reiseanalyse (Forschungsgemeinschaft Urlaub und Reisen e.V.) detailliert untersucht und deren Ergebnisse nachfolgend erläutert werden.

1 Quelle: Haushaltspanel der GFK – Gesellschaft für Konsumforschung.

Wie oft?

Mehr als Dreiviertel aller Deutschen verreisen regelmäßig. 53,6 Millionen machten 2012 eine Urlaubsreise von wenigstens fünf Tagen Dauer. Das sind 76,3 Prozent der deutschsprachigen Bevölkerung. ab 14 Jahren. Dazu kommen noch 15,7 Millionen Zweit- und Dritt-Urlaubsreisen. Insgesamt wurden im Jahr 2012 69,3 Millionen Urlaubsreisen unternommen.

Wohin?

69 Prozent der Urlaubsreisen führten ins Ausland, 31 Prozent waren Reisen innerhalb Deutschlands. Das Verhältnis Inlandsreisen zu Auslandsreisen hat sich innerhalb der letzten 15 Jahre kaum verändert. Die beliebtesten Reiseziele im Ausland sind.

- die Mittelmeer-Anrainer mit 35 Prozent,
- die Alpenregion mit 9 Prozent und
- Osteuropa mit 7 Prozent.
- Die häufig zu hoch eingeschätzten Fernreisen machen ebenfalls 7 Prozent aus.

Wie lange?

Die Dauer der Haupturlaubsreise ist von 17,4 Tagen (1983) auf 13,1 Tage in 2012 gesunken. Die durchschnittliche Dauer der zusätzlichen Urlaubsreisen hat sich im selben Zeitraum von 11,1 auf 9,3 Tage reduziert.

Motive

Auch bei den Reisemotiven für die Haupturlaubsreise hat sich in den vergangenen zehn Jahren wenig geändert.

- 51 Prozent der deutschen Urlauber wollen „in erster Linie“ den Strand-, Bade-, Sonnen- und Ausruhurlaub und die Familienferien,
- 23 Prozent wollen im Urlaub etwas erleben, Aktivitäten entfalten, die Natur genießen oder Party machen,
- 11 Prozent nutzen den Urlaub für Verwandten- und Bekanntenbesuche,
- 9 Prozent machen einen Sightseeing-Urlaub oder eine Rundreise,
- für Kultur- (2) und Studienreisen (1) bleiben mal gerade 3 Prozent,
- 3 Prozent für den Gesundheits-Urlaub,
- 2 Prozent machen eine Kreuzfahrt.

Ausgaben für Urlaubsreisen

Für den Haupturlaub im Jahr 2012 mit einer Dauer von über fünf Tagen bezahlten die Deutschen mehr als 63 Milliarden Euro, für die zusätzlichen Reisen noch einmal 20 Milliarden Euro.

Die benutzten Verkehrsmitte waren:[2]

Auto einschl. Wohnwagen und Wohnmobil	47,0 Prozent
Flugzeug	37,0 Prozent
Omnibus	7,7 Prozent
Bahn	5,2 Prozent
Schiff	2,0 Prozent

3. Die Ferien-Macher – wer gehört dazu?

Wer gehört dazu?

Eine ganze Industrie arbeitet, um die moderne Völkerwanderung zu ermöglichen, damit die beruflich bedingten Reisen planmäßig verlaufen und die Urlaubsreisen zu den „schönsten Wochen des Jahres" werden (ein Werbeslogan des ehemaligen Veranstalters Scharnow Reisen). Dazu gehören die Investoren und Betreiber der Beförderungsgesellschaften zu Lande, zu Wasser und in der Luft, die Hoteliers und Gastwirte, die für die Unterbringung und Verpflegung sorgen, die Reisezielorte, die sich um das Wohl und die Unterhaltung ihrer Gäste kümmern, Reiseveranstalter, die aus den Einzelleistungen Pakete schnüren, und Reisebüros und Online-Dienste, die diese Angebote und auch Einzelleistungen an den Mann und an die Frau bringen.

Das sind die Ferien-Macher, von denen in diesem Buch die Rede ist, große und kleinere Unternehmen, Generalisten und Spezialisten, vom international tätigen DAX-Unternehmen bis zum vom Inhaber geführten Reiseveranstalter und dem Reisebüro an der nächsten Ecke, das immer wieder vor neuen Herausforderungen steht, kreativ ist und sich in der Welt auskennt.

2 Quellen: Reisenalyse der Forschungsgesellschaft Urlaub und Reisen e.V./DRV Fakten und Zahlen/DRV Kreuzfahrtenmarkt.

Tourismus ist wichtig

4. Wirtschaftliche Bedeutung

9,7 Prozent der Bruttowertschöpfung und fast 3 Millionen Arbeitsplätze

Die Tourismuswirtschaft ist eine der Wachstumsbranchen der deutschen Wirtschaft. Sie sichert und schafft Arbeitsplätze im Inland und vor allem in den touristischen Zielländern und sorgt für umfangreiche zusätzliche Investitionen. Die Bruttowertschöpfung der Tourismusbranche beträgt laut Studie „Wirtschaftsfaktor Tourismus" über 97 Milliarden Euro. Unter Berücksichtigung indirekter und induzierter Effekte ergibt sich insgesamt eine dem Tourismus zurechenbare Bruttowertschöpfung von 214,1 Milliarden Euro. Dies entspricht 9,7 Prozent der gesamten Bruttowertschöpfung der deutschen Volkswirtschaft. Die gesamten Konsumausgaben der Touristen in Deutschland betrugen im Jahr 2010 278,3 Milliarden Euro, davon alleine 241,7 Milliarden von inländischen Touristen.

Annähernd 2,9 Millionen Beschäftigte arbeiten in Deutschland in der Tourismusbranche – damit sind sieben Prozent aller Arbeitsplätze vom Tourismus abhängig.[3]

Kleine und mittlere Unternehmen (KMU) sind das Rückgrat der deutschen Tourismusindustrie. Sie beschäftigen allein im Gastgewerbe 90 Prozent aller Angestellten. Ähnlich strukturiert sind Reisebüros und Reiseveranstalter.

Deutsche sind Reiseweltmeister

Die Deutschen sind auch 2012 die größten Nettodevisenbringer im internationalen Reiseverkehr. Der Anteil der Reiseausgaben im Ausland am gesamten privaten Verbrauch der Bundesbürger beläuft sich auf 4,2 Prozent. Deutschland ist der so genannte Reiseweltmeister für grenzüberschreitende Reisen. Kurzfristig hatte die Welttourismusorganisation (UNWTO) für 2012 China diesen Titel zuerkannt. Dann stellte sich jedoch heraus, dass man fälschlicherweise die vielen nach Hongkong reisenden Chinesen als Auslandstouristen gezählt hatte.

3 Quelle: DRV Fakten und Zahlen 2012.

5. Politische Bedeutung

ITB-Präsenz

Welche Bedeutung der Tourismus für die nationale und die internationale Politik hat, zeigt sich auch alljährlich auf der ITB, der Internationalen Tourismusbörse in Berlin. Zu dieser Weltmesse des Tourismus kommen nicht nur die Fachleute der Branche aus aller Welt, es kommen auch zahlreiche Minister und andere hohe Regierungsvertreter aus jenen Ländern, in denen der Tourismus eine große Rolle spielt. An der Eröffnung der ITB im März 2013 nahmen die deutsche Bundeskanzlerin und der Präsident Indonesiens teil.

Tourismus muss gefördert werden

Der Tourismus macht die Welt kleiner, macht sie erreichbar, schafft Arbeitsplätze und Wohlstand auch in den Zielländern, ermöglicht das Kennenlernen und Verstehen anderer Völker und Kulturen. Das zu fördern, ist weltweit ein wichtiges politisches Anliegen.

Ob es die Zahl der Arbeitsplätze im In- und Ausland ist, ob Seehäfen, Kreuzfahrtterminals, Flughäfen oder neue Landebahnen gebaut werden, ob es um Ein- und Ausreisevorschriften oder -formalitäten geht oder auch um die Sicherheit deutscher Touristen im Ausland, immer handelt es sich um politische Interessen oder Zuständigkeiten. Die Politik kann den Tourismus fördern, kann ihn aber auch behindern.

Tourismus im Bundestag

Das deutsche Parlament beschäftigt sich mit dem Thema im Tourismusausschuss des Deutschen Bundestages. Es geht es um viele Facetten des Querschnittsthemas Tourismus, von der Förderung des Landtourismus in Deutschland bis zur Außenwahrnehmung deutscher Touristen und den Einfluss auf Demokratie und Menschenrechte. Vier Ministerien sind unmittelbar für touristische Themen verantwortlich (Wirtschafts-, Verkehrs-, Justiz-, Außen-Ministerium), weitere drei sind häufig in touristische Belange involviert (Umwelt-, Entwicklungshilfe-, Familienministerium). Die Bundesregierung unterstreicht die politische Bedeutung durch die Berufung eines „Beauftragten der Deutschen Bundesregierung für Mittelstand und Tourismus“ und inzwischen sogar eines Staatssekretärs im Wirtschaftsministerium.

Sind Touristen willkommen?

Manchmal weiß in der Politik die eine Hand nicht, was die andere tut. Das war in der untergegangenen Sowjetunion gut zu beobachten. Da wurde in den so genannten kapitalistischen westlichen Ländern mit bunten Prospekten um Besucher geworben, aber bei der Ankunft wurden die „Gäste" von misstrauisch blickenden Grenzbeamten kritisch, beinahe widerwillig abgefertigt. Den strengen Beamten ging es darum, ihr Land gegen gefährliche Eindringlinge zu verteidigen. Bei der Ausreise war es nicht anders. Man stand in einem engen Gang vor einer höher gestellten, verglasten Kabine, nach vorn und nach hinten gab es eine Verriegelung, so dass man eingesperrt war und große Erleichterung verspürte, wenn sich endlich das vordere Gatter öffnete.

Heute geht es den Reisenden nach USA nicht viel anders, und auch die Reisenden in den Nahen Osten erleben Ähnliches. Sie müssen sich wegen des Israel-Palästina-Konfliktes eigentümlichen, mitunter sogar peinlichen, misstrauischen und intensiven Befragungen vor der Abreise in Deutschland und vor der Rückreise aus Israel unterziehen. Der letzte Eindruck von einem Land ist besonders nachhaltig, und so mancher Tourist fragt sich später, ob er noch einmal in ein Land mit so gegensätzlichen politischen Zielen wie Tourismusbelebung einerseits und Abschottung, Abwehr, Misstrauen gegenüber ausländischen Besuchern andererseits, reisen sollte.

Der gläserne Tourist

Die Neugier mancher Staaten, wer sie denn besuchen möchte oder besucht, ist unermesslich. Aus Angst vor Terroristen haben die USA nach langem Streiten mit der EU-Kommission durchgesetzt, dass sämtliche Passagierdaten vor Abflug aus Europa übermittelt werden, die bei der Buchung einer Flugreise nach USA anfallen. Das sind nicht nur Namen und Geburtsdatum, dazu gehören auch beispielsweise die Kreditkartennummer, der Name des Arbeitgebers und die gesamte Reiseroute mit den gebuchten Hotels und Kontaktadressen. Diese Informationen können allerlei Rückschlüsse zulassen und für amerikanische Wettbewerber von Bedeutung sein. Dass es zwischen der Privatwirtschaft in den USA und den amerikanischen Geheimdiensten gute Kontakte gibt, wird von niemandem bestritten. Für Datenschützer ist das ein heißes Thema, und es verwundert, dass sich die Europäer auf die Weitergabe der Passagierdaten eingelassen haben.

Auch Russland ist neugierig

Es ist nicht überraschend, dass sich inzwischen Russland mit dem Wunsch gemeldet hat, vor Abflug nach Russland ebenfalls sämtliche in den Reservierungscomputern gespeicherten Passagierdaten zu erhalten. Man will sogar die Daten der Passagiere haben, die lediglich den russischen Luftraum überfliegen. Die russische Administration behauptet natürlich, dass auch sie Unterstützung im Kampf gegen den Terrorismus brauche und man nicht mit zweierlei Maß messen dürfe. Informationen über Geschäftsreisen, wer wo möglicherweise kommerzielle Beziehungen pflegt oder aufnehmen will, können sehr nützlich sein. Die Furcht vor Wirtschaftsspionage ist ein politisches Thema.

Tourismusministerien und „National Tourist Offices"

Wichtige Zielgebietsländer verfügen über eigenständige Tourismusministerien und versuchen, die Touristenströme über mehr oder weniger restriktive Visabestimmungen und Ein- oder Ausreisesteuern zu regulieren. Zumeist sind sie zugleich die oberste Instanz für die Tourismuswerbung für ihr Land und damit Dienstherren und Financiers der in den Quellmärkten tätigen NTOs (National Tourist Offices).

Aktuelle Beispiele für politisches Handeln zum Nachteil des Tourismus sind u. a. die neuerdings erhobene Steuer für Mietwagen auf Mallorca und Ausreisesteuern in diversen Ländern. Es verstößt gegen den gesunden Menschenverstand und wird schlichtweg als Unverschämtheit empfunden, wenn ein Land aufwendig für den Tourismus wirbt, die Reisenden bei Ankunft freundlich begrüßt und sie bei der Ausreise kräftig zur Kasse bittet wie u. a. in Jamaika, Kuba, Costa Rica und vorübergehend auch in Japan und Australien.

Voraussetzungen für erfolgreiche Urlaubsziele

Welchen Einfluss die politischen Rahmenbedingungen und Entscheidungen in positiver wie negativer Hinsicht auf den Tourismus haben, wird an den zehn wichtigsten Erfolgsparametern für eine Urlaubsdestination deutlich:

1) Sicherheit und Umweltbedingungen,
2) Wechselkurs-Verhältnis der Zielgebietswährung zum Euro,
3) Einreisebedingungen,
4) Internationale Flugverbindungen,
5) Inlandsflüge, öffentliche Verkehrsmittel und Straßeninfrastruktur,
6) Zeitunterschied und Klimaverhältnisse,
7) Lokale Infrastruktur und hygienische Verhältnisse,
8) Shopping- und Unterhaltungs-Möglichkeiten,
9) Auswahl und Qualität von Hotels, Gastronomie, Verpflegungsmöglichkeiten, Dienstleistungen und Servicepersonal,
10) Preis-Leistungs-Verhältnis der touristischen Leistungen, Bedürfnis und Einkommensverhältnisse der relevanten Zielgruppen.

6. Internationale Verbände und Gremien

World Travel & Tourism Council – WTTC

Die weltweite Bedeutung der Reisebranche belegt eine Studie des World Travel & Tourism Council (WTTC). Mit einem Gesamtvolumen von 6,6 Billionen US-Dollar erbringt sie neun Prozent des Welt-Bruttosozialprodukts. Sie ist für fünf Prozent aller Investitionen und für jeden elften Arbeitsplatz auf der Welt verantwortlich. Im Jahre 2012 sind erstmals mehr als eine Milliarde Menschen grenzüberschreitend gereist. Der WTTC wurde 1998 gegründet und ist eine Vereinigung von mehr als 120 Spitzenunternehmen der Reisebranche, von Hotelketten über Online-Portale und elektronische Reservierungssysteme bis zu Touristikkonzernen und Fluggesellschaften.

CEO und Präsident des WTTC ist David Scowsill mit Sitz in London, Chairman seit 2012 der langjährige TUI-Chef Michael Frenzel. Ziel des WTTC ist, gegenüber der internationalen Politik und der Öffentlichkeit die Bedeutung der Reisebranche für die Wirtschaft und für die Schaffung von Arbeitsplätzen zu verdeutlichen und die Freiheit des Reisens in der ganzen Welt zu fördern.

UN-World Tourism Organization (UN-WTO)

Es gibt auf staatlicher Ebene einen Gegenpart: Die UNWTO, die United Nation World Tourism Organization mit Sitz in Madrid. Mitglieder dieser Organisation sind die Tourismusbehörden der UN-Mitgliedsstaaten. In Deutschland nimmt das Bundesministerium für Wirtschaft die Mitgleidschaft wahr.

7. Werbung der Zielländer

Deutsche Zentrale für Tourismus (DZT)

Die internationale Repräsentanz des Reiselands Deutschland liegt im Auftrag des Bundesministeriums für Wirtschaft und Technologie (BMWi) bei der Deutschen Zentrale für Tourismus (DZT) mit Hauptsitz in Frankfurt am Main. Sie wird aufgrund eines Beschlusses des Deutschen Bundestages finanziell gefördert und unterhält weltweit 30 Ländervertretungen. Die DZT entwickelt und kommuniziert Strategien und Produkte, um das positive Image der Reisedestination Deutschland auszubauen und den Tourismus nach Deutschland zu fördern. Deutschland ist eines der beliebtesten Reiseländer in Europa. 68,8 Millionen ausländische Besucher übernachteten 2012 in Deutschland.

Geschäftlich nach Deutschland

Nach einer Studie des BMWi und des Bundesverbandes der Deutschen Tourismuswirtschaft (BTW) geben internationale Geschäftsreisende in Deutschland jährlich knapp 15 Milliarden Euro aus. Der World Travel Monitor der International Tourism Consulting Group (IPK) ermittelte, dass im Jahre 2011 19,6 Prozent der Gäste (= 11,4 Millionen) aus geschäftlichen Gründen nach Deutschland kamen.

Das „Meeting- & Event Barometer 2012", eine Studie der DZT, des German Convention Bureau (GCB) und des Europäischen Verbandes der Veranstaltungs-Centren e.V (EVVC), ermittelte, dass Deutschland weiterhin an der Spitze der internationalen Tagungsländer rangiert. Deutschland ist das beliebteste Messeland nach den USA. Dort fanden 2011 759 Messen und Kongresse statt, in Deutschland 577, gefolgt von Spanien, Großbritannien, Frankreich und Italien. Bei den Städten nimmt Berlin mit 147 Messen und Kongressen den vierten Platz ein, nach Wien, Paris und Barcelona.[4]

Ausländische Werbung um deutsche Touristen

Angesichts der Bedeutung des Tourismus für die touristischen Empfängerländer ist es selbstverständlich, dass diese in den Entsendeländern kräftig die Werbetrommel rühren. Diese Aufgabe übernehmen die „National Tourist Offices" (NTOs), die in der Regel Funktionseinheiten oder Beteiligungsgesellschaften von ausländischen Tourismus- oder Wirtschaftsministerien sind und von diesen maßgeblich finanziert werden. Sie werden dabei unterstützt von der heimischen Hotellerie und den Fluggesellschaften. Umfangreiche Broschüren geben Auskunft über das jeweilige Land, seine Sehenswürdigkeiten, seine Geschichte, seine Bevölkerung und seine Kultur. Das geht einher mit einer bunten Werbung und einer intensiven Öffentlichkeitsarbeit. Journalisten werden eingeladen, damit sie in den Medien über das jeweilige Land berichten.

Erfolgreiches Dubai

Ein gutes Beispiel für erfolgreiche Marketingarbeit in Sachen Tourismus ist Dubai. Dieses Emirat hat innerhalb der letzten zehn Jahre durch eine umfangreiche und aufsehenerregende Bautätigkeit eine bemerkenswerte Entwicklung genommen. Das schnelle Wachstum des Emirats, das sich von den Erdölerlösen unabhängig machen muss, ging einher mit einer professionellen und intensiven Öffentlichkeitsarbeit. Dubai ist inzwischen in aller Munde. Der Erfolg blieb nicht aus. Mit dem wachsenden Angebot an Hotelbetten wuchs gleichzeitig die Zahl der Besucher. Die jährliche

4 Quelle: DRV Fakten und Zahlen 2012.

Wachstumsrate an Besuchern aus Deutschland lag in den letzten Jahren weit über dem normalen Durchschnitt.

Corps Touristique

In Deutschland gibt es 140 offizielle Touristikvertretungen ausländischer Staaten, Provinzen, Feriengebiete und Städte. Dazu kommen noch die ausländischen Botschaften in Berlin, deren Länder keine eigenen Tourismusbüros in Deutschland unterhalten, die aber für touristische Auskünfte und Werbung zuständig sind. Die offiziellen, staatlichen ausländischen Fremdenverkehrsbüros haben einen eigenen Verein, das *Corps Touristique* in Frankfurt am Main mit etwa 70 ordentlichen Mitgliedern aus über 50 Ländern.

Ziele deutscher Touristen

Die wichtigsten Urlaubszielgebiete der deutschen Touristen 2012 sind (Reisen ab fünf Tagen):

Land	**Angaben in Prozent**
1) Deutschland	33,2
2) Spanien	13,0
3) Italien	8,4
4) Türkei	7,3
5) Österreich	5,5
6) Kroatien	2,9
7) Griechenland	2,9
8) Frankreich	2,8
9) USA	2,3
10) Niederlande	1,9
11) Schweiz	1,8
Sonstiges Europa	12,9
Sonstige Fernreiseziele	5,3

Alle anderen ausländischen Urlaubsziele kommen auf einen Anteil von weniger als 1,8 Prozent pro Destination. Alle Fernreisen zusammen kommen auf einen Anteil von 7,6 Prozent, von dem allein drei Viertel auf Nordamerika und auf die Destinationen in Fernost entfallen. Auf Trendziele wie die Karibik und die Golf Emirate entfallen nur jeweils 0,7 Prozent aller deutschen Urlaubsreisen; das ist weniger als die Hälfte der Zahl der Reisen nach Dänemark, Ungarn oder Ägypten, die auf den Rängen 12 bis 14 folgen.[5]

5 Quellen: StaBuA Flugstatistik und F.U.R. Reiseanalyse.

Urlaub in Deutschland

Im Gegensatz zu den ausländischen touristischen Zielländern bemüht sich das Reiseland Deutschland nicht um die deutschen Urlauber, obwohl jeder Dritte seinen Urlaub im Heimatland verbringt. Urlaub in Deutschland ist zwar von der Politik und von den deutschen Anbietern gewünscht, es wird dafür aber nicht deutschlandweit geworben. Dabei gibt es gute Gründe, warum man in Deutschland Urlaub machen sollte: Vom abwechslungsreichen Wetter, das gesunder ist als die südliche Dauersonne, über das variantenreiche Angebot an der Nord- und Ostseeküste, die waldreichen Mittelgebirge, geschichtsträchtige Städte und Landschaften zum Gesundheitsurlaub und der Kur bis hin zum Wandern zu Fuß oder per Fahrrad. Deutschland bietet für jeden etwas. Das ist auch bekannt, sonst würde nicht ein Drittel der deutschen Bevölkerung seine Ferien in Deutschland verbringen und dafür 241,7 Milliarden Euro im Jahr (2010) ausgeben. Umso erstaunlicher ist es, dass in Deutschland nicht überregional für Ferien in Deutschland geworben wird. Einzelne Bundesländer, Regionen, Städte und Ferienorte werben für ihre touristischen Angebote. Aber es sind immer lokale, allenfalls regionale Initiativen. Eine flächendeckende Markenwerbung für Ferien in Deutschland gibt es nicht.

Das fehlende Engagement für eine Tourismuswerbung in Deutschland hängt mit dem föderalen System der Bundesrepublik zusammen. Tourismus ist Ländersache, und die Länder achten eifersüchtig darauf, dass eigene Werbeaufwendungen ja nicht auch einem anderen Bundesland zugute kommen könnten. Daran scheitern immer neue Anläufe einer Gemeinschaftswerbung.

8. Nationale Verbände

Deutscher Tourismusverband e.V.

Es gibt zwar für den Tourismus in Deutschland auch einen Verband, von dem man allerdings in der Öffentlichkeit wenig hört. Es ist der Deutsche Tourismusverband e.V. (DTV), der schon 1902 als „Bund Deutscher Verkehrsvereine“ gegründet wurde und sich als Lobbyorganisation in der deutschen Tourismuspolitik und als Beratungs- und Koordinierungsstelle der nationalen Tourismuswirtschaft bezeichnet. Er ist der Dachverband kommunaler, regionaler und landesweiter Tourismusorganisationen und setzt sich für eine touristische Entwicklung in Deutschland ein. Seinem Selbstverständnis nach ist er „beratend, zertifizierend und koordinierend in vielen Bereichen des Qualitätstourismus tätig“. Zu den Mitgliedern des DTV zählen Landestourismusorganisationen, Stadtstaaten sowie regionale Tourismusorganisationen. Ferner sind Städte, die Kommunalen Spitzenverbände sowie Fördernde Mitglieder – darunter der ADAC und die Deutsche Bahn AG – im DTV vertreten.

Bessere Verteilung der Sommerferien

Der DTV fordert eine Umgestaltung der Sommerferienregelung, um die Ferienregionen gleichmäßig auszulasten. Er fordert eine bessere Koordinierung der Ferientermine und eine Gesamtferienzeit von 90 bis 92 Tagen im Sommer. Damit ist er nicht allein. Das fordern auch die Wirtschaftsverbände der Reisebranche. Das scheitert bekanntlich seit Jahren an den südlichen Bundesländern, deren Kultusminister bisher nicht bereit sind, sich in einen Turnus einzureihen, in dem jeder einmal am Beginn oder am Ende der Gesamtsaison steht.

Forderungen an die Politik

Zur Tourismuspolitik heißt es, der DTV fordere die Verbesserung politischer Rahmenbedingungen für einen zukunftsfähigen Deutschlandtourismus. Er setze sich für den Ausbau und die Pflege kommunaler und regionaler Infrastrukturen ein. Weiter gehört auch „die Sicherstellung der Finanzierung touristischer Aufgaben" zu den politischen Zielen des DTV. Das liest sich ganz gut und passt auf alles. Die guten Absichten sind aller Ehren wert. In der Öffentlichkeit hört und sieht man allerdings wenig vom DTV. Doch auch im Stillen kann man bekanntlich viel Gutes tun.

Bundesverband der Deutschen Tourismuswirtschaft (BTW)

Rund 40 der größten Unternehmen und Verbände aus allen Bereichen der deutschen Reisebranche haben sich in Bundesverband der Deutschen Tourismuswirtschaft BTW zusammengeschlossen. Der BTW setzt sich gegenüber Politik und Öffentlichkeit für die gemeinsamen, übergreifenden Interessen der Tourismuswirtschaft ein. Michael Frenzel (ebenfalls WTTC-Chairman) leitet seit 2012 als Präsident den BTW. Sein politisch gut vernetzter Vorgänger Klaus Laepple hat in den davor liegenden zehn Jahren wesentlich dazu beigetragen, dass der Tourismus im Blick der Öffentlichkeit und der Politik deutlicher wahrgenommen wurde.

Fachverbände

Die einzelnen Leistungsstufen im Gesamtspektrum des deutschen Tourismus haben ihre eigenen Fachverbände, die zwar Mitglied im BTW sind, ihre individuellen Interessen aber direkt gegenüber der Öffentlichkeit, der Bundesregierung, dem Deutschen Bundestag, den Länderregierungen, den Landesparlamenten, der EU-Kommission in Brüssel und dem Europäischen Parlament vertreten.

Der Deutsche ReiseVerband als Klammer zwischen Veranstaltern und Vertrieb

Der DRV ist die führende Interessenvertretung aller Unternehmen der Reisebranche in Deutschland. Er repräsentiert Reiseveranstalter und Reisebüros aller Organisationsformen und Größen, Leistungsträger (Anbieter von Einzelleistungen in der Reisebranche) und ausländische Fremdenverkehrsämter gegenüber der Politik und der Wirtschaft im In- und Ausland. Er informiert die Öffentlichkeit über die Vorteile der organisierten Reise und den professionellen Reisevertrieb.

Der Verband hat seinen Sitz in Berlin und weit über 4.000 Mitglieder. 85 Prozent des Umsatzes des deutschen Reisebüro- und Reiseveranstaltermarktes werden von den Mitgliedern des Branchenverbandes erwirtschaftet. Seine Mitgliedsunternehmen vom Inhaber geführten Einzelunternehmen bis zum börsennotierten internationalen Konzern machen den DRV zu einem der weltweit größten und einflussreichsten Verbände der Reisebranche.

Neben den 17 ehrenamtlich tätigen Vorstandsmitgliedern engagieren sich rund 450 Branchenexperten in den Gremien des DRV. Die Fachleute bringen ihr Fachwissen in Ausschüssen, Expertenkreisen, Arbeitsgruppen und in die Vorstandsarbeit ein.

9. Flughäfen

Flughäfen als Bindeglied von Politik und Wirtschaft

Bei den deutschen Flughäfen gibt es viele Fragen und Probleme, die sowohl die Politik als auch die Tourismuswirtschaft beschäftigen. Dabei spielt der Flughafenverband ADV eine wichtige Rolle. Ihm gehören die 22 internationalen Flughäfen und 17 regionalen Flughäfen und Verkehrslandeplätze in Deutschland an sowie alle Bundesländer. Als Bundesverband der deutschen Flughäfen setzt sich die ADV für einen leistungsstarken und wettbewerbsfähigen Luftverkehrsstandort Deutschland ein. In den für die Flughäfen relevanten Gebieten Recht, Wirtschaft, Infrastruktur, Technik, Umweltschutz, Verkehr, Personal- und Sozialwesen bietet der Verband seinen Mitgliedern eine Plattform für fachliche Zusammenarbeit und für einen effizienten Erfahrungsaustausch.

Der Flughafenverband ADV berät die zuständigen nationalen und internationalen Körperschaften und Behörden bei Gesetzesvorhaben und bei der Durchführung gesetzlicher Bestimmungen und Maßnahmen, die die gemeinsamen Interessen seiner Mitglieder berühren. Die ADV nimmt darüber hinaus an den bilateralen Luftverkehrsverhandlungen der Bundesregierung teil.

Unterschiedliche Interessen

Die deutschen Flughäfen, die meistens im Eigentum der Öffentlichen Hand sind, haben das Problem, dass sie einerseits die zunehmende Sensibilität der deutschen Bevölkerung gegenüber Fluglärm und Abgasen berücksichtigen müssen, ihnen andererseits das wirtschaftliche Wohlergehen der Fluggesellschaften am Herzen liegen muss, die nur Geld verdienen, wenn sie viel fliegen.

Ein gutes Beispiel für Schnittstellen zwischen Politik und Wirtschaft ist der Frankfurter Flughafen, der zentral im bevölkerungsreichen Rhein-Main-Gebiet liegt und über zwei eigene Bahnhöfe und mit dem Frankfurter Kreuz über direkte Autobahnverbindungen in alle Himmelsrichtungen verfügt. Die Eigentümer des Flughafens sind der Bund, das Land Hessen und die Stadt Frankfurt am Main.

Ungerecht: Sicherheitskontrolle muss Passagier bezahlen

Hier ist auch die staatliche Luftraumüberwachung angesiedelt, deren Fluglotsen den Luftverkehr über Deutschland überwachen und die Starts und Landungen regeln. Die damit verbundenen Kosten werden an die Reisenden weitergegeben. Der Passagier zahlt mit seinem Flugschein nicht nur die Beförderung, sondern auch die Gebühren des Flughafens, der Sicherheitskontrolle („Fummel-Gebühr") und der Flugsicherung.

Dieses Prinzip wird z. B. bei Fußballfans nicht angewandt. Die immensen wöchentlichen Kosten für den Einsatz der Polizei bei Bundesligaspielen werden nicht von den Besuchern getragen, sie gehen zu Lasten des Steuerzahlers. Die Politiker wollen es nicht mit den breiten Wählerschichten verderben, die an den Wochenenden die Stadien füllen. Die könnten es ihnen bei der nächsten Wahl verübeln im Gegensatz zu den Flugpassagieren, die nicht so konsequent sind, keine Zeit für Protestdemonstrationen haben und sich vieles gefallen lassen.

Kassel-Calden: Eine richtige Investition des Landes Hessen?

Wie sich eine fehlende Abstimmung zwischen Politik und Tourismuswirtschaft auswirken kann, zeigte sich 2013 am Ausbau des Provinzflughafens Kassel-Calden, für den es aus Sicht der Reisebranche keinen Bedarf gibt. Ein künftiges Verkehrsaufkommen wird zu Lasten der Flughäfen Paderborn und Hannover gehen, die um ihre Rentabilität kämpfen. Aber die Landes- und Lokalpolitiker wollen den Wählern zeigen, dass sie etwas für die wirtschaftliche Struktur in Nordhessen unternehmen. Sie gehen davon aus, dass sich im Umfeld eines Flughafens weitere Unternehmen ansiedeln, die für die Entwicklung einer strukturschwachen Region förderlich sind.

Nachtstart- und -landeverbot

Die Einschränkung der Betriebszeiten durch ein Lande- und Startverbot nachts hat unmittelbare Auswirkungen auf die Wirtschaftlichkeit der deutschen Fluggesellschaften. Die Rentabilität eines Flugzeuges hängt davon ab, wie viele Stunden es pro Tag in der Luft ist. Ausländische Gesellschaften ohne Betriebseinschränkung an ihren Heimatflughäfen haben einen Wettbewerbsvorteil gegenüber ihren deutschen Konkurrenten, weil sie rund um die Uhr fliegen können.

Abhängig von den Fluggesellschaften

Die Abhängigkeit der Flughäfen von den Fluggesellschaften zeigt sich immer wieder. Air Berlin und Easyjet haben im Frühjahr 2013 ihre Dienste nach Dortmund eingestellt oder stark reduziert und den Flughafen tiefer in die roten Zahlen gedrückt.

Der Köln-Bonner Flughafen leidet ebenfalls unter dem Sparkurs von Air Berlin und der neuen Ausrichtung von Lufthansa/German Wings. Durch die Kapazitätskürzungen seiner beiden größten Kunden hat der Flughafen im Jahr 2012 mehr als eine halbe Million Passagiere verloren. Der innerdeutsche Verkehr bereitet die größten Sorgen.

Wie gefährlich die Abhängigkeit von einem Großkunden sein kann, zeigt das Beispiel Flughafen Nürnberg, der seine Funktion als Drehkreuz von Air Berlin am 30.4.2013 verlor. Da ist jetzt die Rede von einer notwendigen neuen Ausrichtung und von neuen Wachstumsfeldern, was immer das heißen mag. Auch reine Low-Cost-Flughäfen wie Hahn, Weeze und Lübeck haben sich in die wirtschaftliche Abhängigkeit teilweise von nur einer einzigen ausländischen Gesellschaft begeben und sich dadurch erpressbar gemacht.

Wie es generell um die Wirtschaftlichkeit deutscher Flughäfen bestellt ist, kann man am Verhalten der Betreibergesellschaft des Frankfurter Flughafens, der Fraport AG, ablesen. Von der Beteiligung am Flughafen Hahn im Hunsrück hat sie sich bereits vor Jahren getrennt, während sie ihre ausländischen Beteiligungen erfolgreich betreibt und weiter ausbaut. Sie ist an zwölf Flughäfen auf vier Kontinenten aktiv, so zum Beispiel in Antalya (Türkei), Kairo (Ägypten), Dakar (Afrika), Delhi (Indien) und Xián (China).

Fehlende verkehrspolitische Gesamtplanung

Der Bundesverband der Deutschen Fluggesellschaften (BDF) weist zu Recht darauf hin, dass es zwar einen Bundesverkehrswegeplan gibt, die Frage der Errichtung und des Ausbaus deutscher Flughäfen aber Ländersache sei. Es fehlt eine verkehrspolitische Gesamtplanung, mit der sich der Bundesverkehrsminister befassen müsste.

Sperenberg als Ersatz für Tegel und Tempelhof

Eine große Chance, eine verkehrsgünstige, bevölkerungsfreundliche und länderübergreifende Chance zu nutzen, wurde Mitte der 90er-Jahre vertan, als es um die Frage eines Ersatzes für die Berliner Stadtflughäfen Tempelhof und Tegel ging. Da bot sich der ehemalige Flughafen Sperenberg an, der vom sowjetischen Militär zu einem leistungsfähigen Flughafen mit drei Start- und Landebahnen (die eine mit einer Länge von fast 2,7 Kilometern) ausgebaut worden und nach Abzug der sowjetischen Truppen verfügbar war. Der Flughafen liegt im Forst Kummersdorf, 60 Kilometer südlichwestlich von Berlin, der nächst größere Ort ist Zossen. Die Bahnstrecke Berlin – Leipzig verläuft nur wenige Kilometer an Sperenberg vorbei. Eine Schienenanbindung wäre technisch kein Problem gewesen. Die Bahnfahrt vom Berliner Hauptbahnhof zum Flughafen Sperenberg hätte weniger als eine halbe Stunde gedauert, die von Leipzig nicht viel mehr. Der aufwendige Ausbau des Flughafens Leipzig-Halle wäre nicht erforderlich gewesen, und für Regierungsmaschinen zur Bundeshauptstadt hätte man möglicherweise den Flughafen Berlin-Schönefeld behalten können. Zwischen dem Senat von Berlin und der Landesregierung von Brandenburg bestand ursprünglich Einigkeit darüber, dass Sperenberg der gemeinsame Flughafen werden sollte.

Doch dann kam die Abstimmung über die Vereinigung der beiden Bundesländer, die von der Mehrheit der Brandenburger Bevölkerung abgelehnt wurde. Kurz darauf erklärte der Regierende Bürgermeister Berlins Diepken dem Ministerpräsidenten Brandenburgs Stolpe, er müsse nach diesem für die Berliner enttäuschenden Ergebnis vom brandenburgischen Sperenberg Abstand nehmen. Er könne das seinen Bürgern nach dem Brandenburger Votum stimmungsmäßig nicht mehr zumuten. Der Blick auf die Wähler war entscheidend, nicht die wirtschaftliche Vernunft.

„Single European Sky“ lässt auf sich warten

Kräftige Kosteneinsparungen durch Schaffung eines einheitlichen europäischen Luftraums sind bis heute politisch nicht realisiert worden. Nationale Alleingänge haben bisher eine Zusammenlegung der nationalen Behörden und eine Freigabe des europäischen Luftraums für den zivilen

Luftverkehr verhindert, obwohl dadurch die Luftstraßen verkürzt, Umwege und Flugschleifen vermieden und viel Geld und Treibstoff gespart würden. Nach Angaben der Europäischen Kommission und der Deutschen Flugsicherung könnte mit der Verwirklichung des einheitlichen europäischen Luftraums eine CO_2-Reduktion von bis zu zwölf Prozent erzielt werden. Weil es keinen „Single European Sky" gibt, entstehen pro Tag Zusatzkosten von 14 Millionen Euro, vor allem durch zusätzlichen Kerosinverbrauch.

Nach Einschätzung der Deutschen Flugsicherung (DFS) ist zumindest für die Lufträume über Deutschland, Frankreich, Benelux und der Schweiz eine Lösung innerhalb der nächsten drei oder vier Jahre möglich.

Behinderung durch Luftverkehrssteuer

Ein Beispiel für eine Behinderung statt Förderung ist die deutsche Luftverkehrssteuer, die seit 2011 für jeden in Deutschland begonnenen Flug pro Passagier erhoben wird. Das ist im benachbarten Ausland nicht der Fall. Deswegen treten die im Grenzgebiet wohnenden Reisenden inzwischen gern ihre Reise von ausländischen Nachbarflughäfen an. Der Bundesverband der Deutschen Luftverkehrswirtschaft hat ermittelt, dass der deutschen Wirtschaft, aber auch dem deutschen Fiskus dadurch im Jahr 2011 5 Millionen Flugpassagiere verloren gegangen sind.

Die Transporteure

10. Fluggesellschaften

Rahmenbedingungen des Luftverkehrs

Verbände

Die deutschen Fluggesellschaften haben zwei Verbände, den Bundesverband der Deutschen Fluggesellschaften e.V. (BDF) und den Dachverband Bundesverband der Deutschen Luftverkehrswirtschaft (BDL).

Wachstum bei Verkehr und Beschäftigten

Der Luftverkehr hat sich in Deutschland in den letzten 20 Jahren mehr als verdoppelt. Bei den deutschen Fluggesellschaften sind 120.000 Personen direkt beschäftigt. Rechnet man alle am Luftverkehr beteiligten Unternehmen dazu, kommt man nach Untersuchungen des BDF auf 850.00 Arbeitsplätze. Ihre Beschäftigten erwirtschaften etwa zwei Prozent des Bruttoinlandsproduktes. Der Luftverkehrssektor zahlt jährlich gut 20 Milliarden Euro Steuern.

Niedrige Profitabilität

Die Profitabilität der europäischen Luftfahrtunternehmen liegt nach Angaben der Association of European Airlines (AEA) deutlich unter den Gewinnmargen der Gesellschaften in Nordamerika, im asiatisch-pazifischen Raum und in Lateinamerika. In Deutschland klagten die Linienflieger schon 2012 über eine schlechte konjunkturelle Lage, die sich auch 2013 nicht zu bessern scheint. Das steht im Gegensatz zur allgemeinen Wirtschaftslage im deutschen Tourismus.

Benachteiligungen deutscher Gesellschaften

Die deutschen Luftfahrtunternehmen werden im internationalen Wettbewerb durch die restriktiven Betriebszeiten der deutschen Flughäfen geschwächt, da sich dadurch die Zahl der Umläufe ihrer Flugzeuge verringert. Nur Münster/Osnabrück, Hannover, Köln/Bonn und Nürnberg haben keine Nachtflugbeschränkungen wie auch Amsterdam, Paris, London und Madrid.

Mega-Flughäfen am Persischen Golf und in der Türkei

Die weltweiten Verkehrsströme werden auch durch den gewaltigen Ausbau oder Neubau von Flughäfen beeinflusst. Die Türkei baut in Istanbul bis 2020 einen dritten Großflughafen für bis zu 150 Millionen Passagiere, und in Dubai entsteht bis 2025 ein Großflughafen für bis zu 160 Millionen Gäste.

Umsteigen in Dubai oder Doha

Auf den Langstrecken in Richtung Asien, Australien, Pazifik und Afrika sind es die Golf Carrier EMIRATES und Etihad, denen man eine finanzielle Unterstützung durch ihre Emirate bei den Kosten an ihren Heimatflughäfen nachsagt und die mit modernstem und Sprit sparendem Großraumflugzeugen und günstigen Preisen die europäischen Passagiere zum Umsteigen am Persischen Golf verführen. Unschlagbare Wettbewerbsvorteile aller dort ansässsigen Fluggesellschaften sind, dass dies die einzige Region auf der Welt ist, von der man mit den modernen neuen Flugzeugen nonstop an jeden beliebigen Verkehrsflughafen unseres Planeten kommen kann und die steuerfreie permanente Verfügbarkeit der wichtigen Ressource Erdöl, die man dafür braucht.

Für die Anreise von den deutschen Flughäfen braucht man zwar Verkehrsrechte, bei deren Vergabe die Bundesregierung zurückhaltend ist, aber EMIRATES kann immerhin von Hamburg, Düsseldorf, Frankfurt und München nach Dubai fliegen, auch mehrmals täglich. Etihad hat sich an Air

Berlin beteiligt, die von allen deutschen Flughäfen nach Doha fliegen darf. Inzwischen hat sich auch TURKISH AIRLINES zu einem Wettbewerber der Golf-Carrier entwickelt.

Wettbewerb mit Billigfliegern

Die deutschen Linienfluggesellschaften, besonders die Lufthansa, sehen sich einer intensiven (Preis-)Konkurrenz ausgesetzt. Im innerdeutschen und europäischen Verkehr sind die Billigflieger auf dem Vormarsch, die aufgrund niedrigerer Löhne, eine engeren Bestuhlung und anderen Betriebszeiten mit einer größeren Zahl von Umläufen spürbar niedrigere Flugpreise anbieten.

Vertrieb über drei Kanäle

Der Verkauf der Ferienflieger ruht mit wenigen Ausnahmen auf drei Säulen: Vercharterung kompletter Maschinen oder Abgabe von Teilkontingenten an Reiseveranstalter, Direktverkauf von Einzelplätzen und drittens deren Verkauf über Reisebüros.

Schlichtungsstelle für Unzufriedene/EU-Richtlinie soll Erstattungen durchsetzen

Die Fluggesellschaften berichten zwar gern über die Zufriedenheit ihrer Kunden und folgern das aus der wachsenden Zahl ihrer Kunden. Aber die Wirklichkeit sieht etwas anders aus. Das zögernde bis ablehnende Verhalten vieler Airlines im Falle von Reklamationen über Verspätungen oder verlorenes Gepäck ist der Grund, warum kürzlich in Deutschland auf Druck der Behörden eine Schlichtungsstelle für Beschwerden der Flugpassagiere eingerichtet wurde. Die von der EU festgesetzten Entschädigungszahlungen für Verspätungen ab drei Stunden werden von vielen Gesellschaften bisher nur sehr zögerlich, oft erst nach Einschaltung eines Anwalts geleistet. Zukünftig sollen solche Fälle von der Schlichtungsstelle geregelt werden.

Das geht der EU-Kommission jedoch nicht weit genug. Sie hat einen Richtlinienentwurf ausgearbeitet, mit dem die Fluggesellschaften gezwungen werden sollen, von der Behörde festgesetzte Erstattungsbeträge bei Flugausfällen und Verspätungen zu zahlen. Dagegen laufen die Verbände Sturm, und es bleibt abzuwarten, ob sie das Gesetzesvorhaben noch ändern oder zum Scheitern bringen werden. Sollte sich die EU durchsetzen, werden sich die Fluggesellschaften natürlich gegen die zusätzlichen Risiken versichern müssen, was sich auf die Flugpreise auswirken dürfte.

Zahlung Monate im voraus

Verbraucherschützer klagen vor Gericht, dass die meisten Fluggesellschaften den vollen Flugpreis sofort nach Buchung verlangen, auch wenn der Reisetermin noch in weiter Ferne liegt. Die Gesellschaften versuchen jedoch, den status quo beizubehalten, schließlich bringt ihnen das bisherige Verfahren erhebliche Liquiditätszuflüsse. Aber es ist zweifelhaft, ob sie diese Schlacht gewinnen. Von Kundenseite wird zusätzlich moniert, dass es zwar bei Veranstalterreisen eine Pflichtversicherung gegen den finanziellen Zusammenbruch des Veranstalters gibt, ein Versicherungsschutz gegen die Pleite einer Fluggesellschaft dagegen nicht. Die Lobby der Airlines hat das bisher verhindert.

Nettoflugpreis plus Steuern und Abgaben?

Dabei handelt es sich um eine weitere Eigenheit des Luftverkehrs. Jedermann weiß, dass Steuern und Abgaben auf alles erhoben werden, was wir konsumieren. Aber in welcher Branche gibt es gespaltene Preise! Viele Fluggäste können sich trotz der klein gedruckten Bemerkungen nicht erklären, wie die hohen Abgaben für Steuern etc. zustande kommen. Sie fragen sich, was da alles zusammengerechnet wird. Ein Bäcker käme ja auch nicht auf die Idee, den Brötchenpreis aufzuspalten in Kosten für Teig, Backen und Personal einerseits und in einen anteiligen Miet- und Strompreis plus Steuern andererseits. Korrekterweise müssten die Fluggesellschaften einen Gesamtpreis nennen, den sie für eine bestimmte Beförderung verlangen. Wenn sie es denn wollten, können sie anschließend erläutern, wie sich der Preis zusammensetzt. Die gegenwärtige Praxis ist jedenfalls undurchsichtig und für Kunden nicht nachvollziehbar.

Erstaunliche weitere Zuschläge

Bei aller Anerkennung des Sparzwangs bei den Billig-Fluggesellschaften kann eine kritische Bemerkung über verschiedene Zuschläge nicht unterbleiben. Wer bei manchen Airlines am Flughafen erscheint, um einzuchecken, muss dafür extra bezahlen. Kostenloses Einchecken ist nur online möglich. Was sollen ältere Leute machen, die keinen Computer haben? Der Gipfel des Unbegreiflichen wird erreicht, wenn man bezahlen will. Wenn man die fällige Summe überweisen will, wird eine weitere Gebühr fällig. Für das Bezahlen muss man bezahlen!

Kundendienst nicht vorgesehen

Bei Ryanair sucht man als Kunde vergeblich nach einer Kontaktadresse oder einer Telefonnummer für Rückfragen, Kundenanliegen oder auch Beschwerden. Ein Kundenkontakt außerhalb der Flugbeförderung ist bei dieser Gesellschaft nicht vorgesehen. Als Ryanair am 12. Juni 2013 in Palma de Mallorca wegen des Streiks der französischen Fluglotsen Flüge nach Deutschland strich, begnügte sich das Unternehmen mit der nüchternen Information der gebuchten Passagiere, ohne Alternativen für den gestrichenen Flug anzubieten oder sich um solche zu bemühen. Die Passagiere wurden völlig allein gelassen. Rechtlich handelte es sich tatsächlich um einen Fall höherer Gewalt, für den eine Airline nicht haften muss. Aber Kundendienst ist bei Ryanair schlichtweg nicht vorgesehen. Man muss das wissen, wenn man mit einem solchen Billigstflieger verreisen will.

Die wichtigsten Airlines in Deutschland

Lufthansa baut um

LH-Vorstandschef Franz fährt einen harten Kurs, um die Lufthansa in schwarze Zahlen zu bringen. Er selbst hatte die von LH übernommene SWISSAIR saniert, was bei der von seinem Vorgänger gekauften Austrian Airlines nicht so schnell gelang. Den Verlustbringer British Midland hat die Lufthansa jahrelang mitgeschleppt und vor einigen Jahren endlich abgestoßen. Der innerdeutsche Verkehr ohne die Zubringer zu Frankfurt und München wird nach und nach von der LH-Tochter German Wings betrieben, die um 30 Prozent billiger fliegen soll. Die touristischen Aktivitäten des Lufthansa sind auf Seite 129 ff. im historischen Teil dieses Buches detailliert erläutert.

Zu viele Ferienflieger

Für die Beförderung der Urlauber in die südlichen Feriengebiete gibt es ein Überangebot. Daraus resultiert ein Preiswettbewerb, von dem die Touristen profitieren. Die Ferienfluggesellschaften haben Sanierungsprogramme und beobachten mit Interesse, wenn einer der Mitbewerber wie die türkische Sky Airlines von der Kayi Gruppe mit GTI Travel als Veranstalter im Juni 2013 zusammenbricht. Es war weder ein Problem, die gestrandeten Passagier zurückzuholen, noch die gebuchten Gäste, die ihre Reise noch vor sich haben, anderweitig unterzubringen. Plätze gibt es genug.

Air Berlin kämpft mit Problemen

Inzwischen übernehmen Fluggesellschaften wie Air Berlin mit einem Geschäftsmodell aus Low-Cost-Airline, Ferienflieger und Liniencarrier eine neue Rolle, deren zukünftige wirtschaftliche Tragfähigkeit unsicher ist. Die Air Berlin wurde 1991 nach Wegfall der Flugbeschränkungen aufgrund des Vier-Mächte-Status für Berlin mit zwei Flugzeugen von Joachim Hunold und einigen privaten Investoren im Wege eines Management-

Buyout erworben, wuchs bis 2004 organisch und übernahm danach bis 2007 die Wettbewerber Germania und NikiFly (2005), Deutsche BA (2006) sowie Belair (von Hotelplan/Schweiz) und LTU (2007). Angekündigt wurde vorbehaltlich der Einigung mit dem potenziellen Minderheitsgesellschafter Lufthansa und der Zustimmung der Kartellbehörden die Einbringung der Airline Condor spätestens ab 2009 durch die Arcandor AG, die im Gegenzug einen Anteil von ca. 30 Prozent an der Air Berlin erhalten sollte. Dieses Projekt wurde infolge der Insolvenz von Arcandor einschließlich deren Tochtergesellschaften Quelle und Karstadt im Herbst 2009 gestoppt. Air Berlin hat daraufhin ab 2010 ein Codeshare-Abkommen mit der TUI Airline TUIfly abgeschlossen und alle City Flugstrecken von TUIfly übernommen. 2011 geriet die kapitelschwache, in London börsennotierte Air Berlin plc. selbst in wirtschaftliche Schwierigkeiten. Der Pionier und Miteigentümer Achim Hunold musste seinen Hut nehmen und übergab das Zepter an Hartmut Mehdorn, einer derjenigen, die aus der Deutschen Bahn eine gewinnbringende Aktiengesellschaft machen wollten. Die Sanierung der Air Berlin gelang zunächst nicht.

Retter war Etihad Airways aus dem Golf Emirat Qatar, die Ende 2011 einen Anteil von 30 Prozent erwarb und gleichzeitig ein größeres Darlehen gewährte. Mit dem Einstieg von Etihad ging einher die Mitgliedschaft in der Airline-Alliance ONEWORLD, zu der British Airways und American Airlines gehören. Etihad kann Air Berlin nun als Zubringer für ihr Langstreckengeschäft ab Doha nutzen, denn mit Verkehrsrechten für eigene Flüge ab deutschen Flughäfen wäre es schwierig geworden. Damit ist die Sanierung von Air Berlin jedoch trotz Sparmaßnahmen und Angebotsreduzierung noch nicht gelungen.

Germania Fluggesellschaft – immer innovativ

Die 1986 gegründete Gesellschaft ist trotz ihrer Zurückhaltung in der Öffentlichkeit überaus erfolgreich. Sie betreibt zehn Jets des Typs Boeing 737 sowie acht Airbus A319. Germania bedient die drei Geschäftsfelder Linienflüge zu ausgewählten Zielen in Europa, Nordafrika und dem Nahen Osten, Charterflüge für Reiseveranstalter zu Destinationen in Europa, Nord- und Westafrika sowie das Verleasen von Flugzeugen ohne und mit Besatzung (Dry und Wet Lease). Von Leipzig/Halle, Karlsruhe/Baden-Baden und von Bremen werden Linienflüge nach Moskau durchgeführt bzw. für die Wintersaison 2013/2014 geplant.

Condor Flugdienst GmbH, Frankfurt am Main

Die Entstehungsgeschichte der Condor ist im historischen Teil dieses Buches nachzulesen. Heute gehört die Condor zum Thomas-Cook-Konzern, der vier Fluggesellschaften in Europa mit insgesamt 83 Maschinen betreibt. Die Unternehmensleitung hat ihren Sitz in Großbritannien und arbeitet an der Integration der vier eigenen Airlines.

TUIfly GmbH, Hannover

80 Prozent der TUI-eigenen Flugzeuge fliegen TUI-Kunden. Der Rest wird an andere Veranstalter verchartert und im Einzelplatz-Verkauf angeboten. TUIfly bietet für die Sommersaison 2014 wöchentlich 740 Dienste zu 25 Ferienzielen. Es fing 1973 mit Hapag-Lloyd-Flug an. Von 2002 bis 2007 war die Gesellschaft unter dem Namen HLX die Billigflugmarke der TUI, 2005 war dann Hapagfly die Ferienflugmarke der TUI, und seit Ende 2006 ist nur noch von TUIfly die Rede. Das so genannte City-Geschäft wurde 2009 an Air Berlin verkauft, die in diesem Zusammenhang drei TUI-Flugzeuge langfristig charterte. Die Entstehungsgeschichte von TUIfly ist auf den Seiten 161 ff. zu lesen.

Ausländische Konkurrenten

Zu TUIflys Konkurrenten gehören Ryanair, Easyjet und die aktiver auf dem deutschen Markt werdende Norwegian, die wahrscheinlich Europas drittgrößter Billigflieger ist und gerade 280 neue Jets geordert hat. Ryanair bedient 20 deutsche Flughäfen und will fünf bis sechs weitere Flughäfen ins Programm nehmen.

SunExpress Günes Ekspress Havacilik A.S., Antalya

Die im Ferienverkehr von Deutschland in die Türkei erfolgreich arbeitende Tochtergesellschaft von Lufthansa und Turkish Airlines mit Sitz in Antalya hat ihrerseits eine Tochtergesellschaft in Frankfurt am Main gegründet. Als in Deutschland registrierte Fluggesellschaft kann sie dadurch auch Drittländer anfliegen und ist nicht auf die Destination Türkei beschränkt.

11. Omnibusverkehr

RDA Internationaler Bustouristik Verband eV, Köln

Der Verband besteht seit 1951 und kümmert sich ausschließlich um die Omnibus-Touristik. Er veranstaltet jährlich den RDA-Workshop in Köln, eine Einkaufsmesse mit großem Zuspruch. Der Verband hat ca. 3.000 Mitgliedern in 40 Nationen. Im Omnibus-Tourismus wurden 2011 4.100 Busunternehmen in Deutschland gezählt, die im so genannten Gelegenheitsverkehr tätig waren.

100 Millionen Busreisende

Jährlich fahren rund 100 Millionen Menschen im Reisebus. Zusätzlich zu den 6 Millionen Busreisen nutzen weitere 19,4 Millionen Flug-, Schiffs- und Bahnurlauber in ihren Ferien den Reisebus bei Ausflügen, Transfers und mehrtägigen Rundfahrten in den Zielgebieten. Ein Viertel aller Kurzreisenden nutzt den Bus.

Busreisenveranstalter

Zu den größeren Veranstaltern von Busreisen gehören die Eberhardt-Gruppe Dresden, Pforzheim, gegründet 1990, mit 45.798 Teilnehmern in 2012 (Aktivreisen, Wanderreisen), und Hafermann-Reisen GmbH & Co. KG Witten, gegründet 1911, mit 43.528 Teilnehmern in 2012 (Rundreisen, Städtereisen u. a.).

VPR Internationaler Verband der Paketer eV, Fürth

Die Veranstalter von Paketreisen haben sich zusammengeschlossen im Internationalen Verband der Paketer. Zu den größeren Paketreiseveranstaltern, die ihre Reisen zum großen Teil über andere Busunternehmen verkaufen, gehören:

- Alpetour Touristische GmbH, Starnberg, gegründet 1961, mit 281.949 Teilnehmern in 2012 (Jugendreisen, Studienreisen),
- CTS Gruppen- und Studienreisen GmbH, Lemgo, gegründet 1974. Veranstaltung von Schülerfahrten, Klassenfahrten,
- Gruppenreisen, Erlebnisreisen. „Europa entdecken", „Deutschland entdecken", mit 171.231 Teilnehmer in 2012,
- FERIEN Touristik GmbH, Düsseldorf, gegründet 2000, mit 114.121 Teilnehmern 2012 (Fernreisen, Städtereisen),
- Service-Reisen Giessen Heyne GmbH & Co KG, Giessen, gegründet 1973,
- GTW Grimm Touristik Wetzlar GmbH, Wetzlar, gegründet 1979,
- Schön Touristik, Darmstadt, gegründet 1995,
- Behringer Touristik, Giessen, gegründet 1977,
- Wolff Ost-Reisen GmbH, Furth im Wald, gegründet 1958.

BDO Bundesverband Deutscher Omnibusbetriebe e.V., Berlin

Der Verband kümmert sich vorwiegend um Fragen des Omnibus- Linienverkehrs. Mitglieder des BDO sind 18 Landesverbände und rund 3.000 Unternehmen, die im öffentlichen Personen-Nahverkehr (ÖPNV), aber teilweise auch im Tourismus tätig sind.

Fernbus – Linienverkehr in der Startphase

Im Fernbus-Linienverkehr gibt es seit 2013 eine neue Situation. Das Personenbeförderungsgesetz, das zum Schutz der Deutschen Bahn in den 30-Jahren eingeführt wurde und eine Konkurrenz durch Omnibusfahrten im Fernverkehr verbot, wurde Anfang 2013 aufgehoben. Seitdem entwickelt sich ein interessanter Wettbewerb zwischen Omnibus-Anbietern und der Bahn. Längere Strecken per Bus kosten deutlich weniger als vergleichbare Bahnfahrten, nehemn aber mehr Zeit in Anspruch.

Die 1.000 Reisebüros von TUI Leisure Travel haben das Angebot von „Mein Fernbus“ (MFB) in ihr Verkaufsprogramm aufgenommen. Das Unternehmen ist eine Marketing-Kooperation mit Sitz in Berlin. Das bundesweit etablierte Markendach betreibt selbst 25 Linien, verbindet über 56 deutsche Städte und nimmt auch weitere Fernbus-Anbieter auf. In den Verkauf der preiswerten Omnibusfahrten hat sich auch die Supermarktkette Aldi eingeschaltet, mit beachtlichem Erfolg. Mitte 2013 haben sich im liberalisierten Fernbusverkehr sechs große Anbieter etabliert. Neben dem erwähnten „Mein Fernbus“ gibt es Berlin Linienbus, City 2 City, Dein Bus, Deutsche Touring und Flixbus.

12. Bahnverkehr

Deutsche Bahn

Für die Deutsche Bahn gehört die Touristik eigentlich zum Personen-Fernverkehr, obwohl sie auch Tagesausflüge und Sonderreisen zu Ausstellungen und Sonderveranstaltungen durch touristische Ausschreibungen fördert. Sie bemüht sich, auch durch Gemeinschaftswerbung den touristischen Bahnverkehr zu beleben. Zum Beispiel bietet sie mit dem „Europa Spezial“ gemeinsam mit der Schweizer Bahn SBB und der Stadt Zürich Wochenendfahrten nach Zürich für 39,– Euro an.

Mit der hundertprozentigen Tochtergesellschaft AMEROPA bietet sie attraktive Bahn-Pauschalreisen in verschiedenen Preislagen innerhalb Deutschlands an. Mit der Gründung der Deutsches Reisebüro GmbH 1917 durch die Rechtsvorgängerin Deutsche Reichsbahn war die Bahn bereits einer der Pioniere des Tourismus in Deutschland.

Probleme im Personen-Fernverkehr

Die Reisenden in den Fernzügen sind mehrheitlich Privatreisende, die ein schier unerschöpfliches Potential bilden, um das zu werben sich lohnt. Das Produkt, mit dem die Bahn Kunden gewinnen und halten kann, sind zum einen die Bahnverbindungen und zum anderen die Qualität des Zugmaterials. Doch gerade hier hat die Bahn Probleme. Für 2013 sollten 16 neue ICE – Züge von Siemens zum Einsatz kommen. Dieses Vorhaben ist gescheitert. Auch die Auslieferung neuer IC-Züge von Bombardier verzögert sich. Die Folge sind übervolle Wagen auf wichtigen Routen. Es stehen zu wenig Fernzüge zur Verfügung. Die Bahn befürchtet wegen des Zugmangels den Verlust von Kunden.

Bahn-Vertrieb wird rationalisiert

Ein Koloss wie die Deutsche Bahn hat im Grunde nur ihr Produkt im Auge. Wenn das kundengerecht ist, wird es auf jeden Fall gekauft. Das geschah bis zur Jahrtausendwende in erster Linie an den Fahrkartenschaltern in den Bahnhöfen, in zweiter Linie über die Reisebüros. Im Zuge der angestrebten Privatisierung und Rationalisierung wurden viele Fahrkartenschalter geschlossen, um Geld zu sparen.

Inzwischen betreibt die Bahn in den größeren Bahnhöfen so genannte Kundencenter, an denen professionell beraten und gut verkauft wird. Darüber hinaus hat sie den Automaten-, den Call-Center- und den Internet-Verkauf massiv ausgebaut. In diesen Vertriebskanälen erhalten die Kunden Bahnfahrkarten teilweise zu günstigeren Tarifen als im personalbedienten stationären Vertrieb, der angesichts der auf ein Minimum geschrumpften Provisionsvergütungen eigene Service-Entgelte erheben muss.

Fahrkartenverkauf in Reisebüros rückläufig

So ist der Anteil des Fahrkartenverkaufs über Reisebüros seit 2000 von gut 20 Prozent auf nur noch 11,1 Prozent in 2012 zurück gegangen. Davon entfallen fast drei Viertel der Umsätze auf Geschäftsreise-Tickets, die über die großen Geschäftsreise-Organisationen an ihre Firmenkunden verkauft werden. Im gleichen Zeitraum stieg der Direktverkauf der Bahn über das Internet von 0 Prozent auf 26 Prozent sowie der Verkauf über Call Center, Verkauf im Zug und sonstige branchenfremde Vertriebskanäle von 4,2 Prozent auf 14,3 Prozent. Der personenbediente stationäre Verkauf der Bahn über Reisezentren und Fahrkartenschalter nahm von 31 Prozent auf 20,4 Prozent ab, während der Automatenvertrieb seit 2000 nahezu unverändert bei einem Anteil von rund 28 Prozent stabil blieb.

Die Halbierung des Marktanteils der Reisebüros und die Provisionskürzungen seit 2007 führten zu einem deutlichen Rückgang der Zahl der Bahnagenturen von 3.900 auf nur noch 2.650, darunter knapp 800 Business Travel Center.

13. Schiffsverkehr

Hochseekreuzfahrten

In den vergangenen zwanzig Jahren sind die Passagierzahlen im Hochseekreuzfahrtenmarkt exorbitant gewachsen. Das Schiffsangebot wurde durch zahlreiche Neubauten und durch den Bau wesentlich größerer Schiffe deutlich ausgebaut. Gleichzeitig wandelte sich der vornehme Stil der Kreuzfahrten, die von vielen für altmodisch und teuer gehalten wurden. Heute gibt es zwei Kategorien von Kreuzfahrten, die Luxusreisen, bei denen der Preis kaum eine Rolle spielt, und andererseits eher volkstümliche Seereisen ohne Smoking und Abendkleid, ja ohne Schlips und Kragen. Aber diese Zuordnung stimmt inzwischen auch nicht mehr immer. Auf dem modernsten und luxuriösesten und teuersten Schiff der deutschen Flotte MS „EUROPA II" braucht man keinen Smoking mehr, aber auf manch älteren Schiff gibt es noch den Kapitänsempfang, zu dem man in Abendkleidung erscheint. Jedes Schiff hat seine eigene Atmosphäre und seinen eigenen Stil.

Mehr als 1,5 Millionen Passagiere

Das schnelle Wachstum in der Kreuzfahrt ist an der Zahl der Passagiere abzulesen:

1993	183.001
2003	537.348
2012	1.544.269

Große Schiffe sind wirtschaftlicher

Die Mega-Liner mit 2.000 bis 4.000 Passagieren sind wirtschaftlicher zu betreiben als die früher gebauten Schiffe. Das wirkt sich natürlich auf die Fahrpreise aus. Während sich die Zahl der Passagiere etwa verachtfacht hat, ist in derselben Zeit der durchschnittliche Reisepreis um 26 Prozent von 2.320 Euro auf 1.710 Euro pro Person gesunken. Die durchschnittliche Tagesrate pro Passagier liegt 2013 bei 185,5 Euro, während sie im Jahre 2001 noch 203 Euro betrug.

Weltmarktführer

Das weltweit größte Kreuzfahrtunternehmen ist der Carnival Konzern, der 101 Cruise Liner mit 205.000 Betten betreibt und einen Weltmarktanteil von 50 Prozent hat. Zu Carnival gehören die Unternehmen und Marken Carnival Cruise Lines, Holland America Line, Princess Cruises, Seabourne,

AIDA Cruises, Costa Crociere, Cunard Line, Ibero Cruises, P&O Cruises (Aiustralia) und P&O Cruises (UK).

Zweitgrößte Reederei ist Royal Carribean Cruise Line (RCCL) mit 41 Schiffen, die unter den Marken Celebrity Cruises, Pullmantur, Azmara Cruises und TUI Cruises (Kapitelbeteiligung 50 Prozent) laufen.

Die Norwegian Cruise Line (NCL) und die MSC Crociere besitzen jeweils 11 Schiffe und kommen jeweils auf einen Marktanteil von 6 Prozent. Alle anderen Hochseekreuzfahrt-Reedereien der Welt erreichen zusammen einen Marktanteil von nur 17 Prozent.

Deutsche und internationale Anbieter

Es gibt elf deutsche und 21 internationale Anbieter von Hochseekreuzfahrten auf dem deutschen Markt. Das sind einerseits Reedereien, andererseits Seereisenveranstalter, die langfristig Kreuzfahrtschiffe gechartert haben. Darüber hinaus haben viele deutsche Reiseveranstalter auch Kreuzfahrten in ihren Programmen, für die sie keine Charterverpflichtungen oder Kontingentabnahmen vereinbart haben, sondern lediglich Zubucher sind.

Deutsche Anbieter[6]

	Teilnehmer	**Umsatz (Mio. Euro)**
AIDA Cruises	632.719	1.000
Phoenix Reisen	180.425	304,1
TUI Cruises	172.018	291,6
Hapag-Lloyd Kreuzfahrten	32.098	239,1
Plantours	18.140	34,7

Die wichtigsten Anbieter im deutschen Hochseekreuzfahrtenmarkt wie AIDA Cruises, Hapag Lloyd Kreuzfahrten, TUI Cruises, Phoenix Reisen, Deilmann, Transocean, Plantours, Hansa Touristik und Passat-Kreuzfahrten werden im historischen Teil dieses Buches (Seite 171 ff.) ausführlich dargestellt.

Internationale Hochseekreuzfahrten-Anbieter

Zu den internationalen Anbietern auf dem deutschen Markt mit Abfahrten ab deutschen Häfen, Bremerhaven, Hamburg, Kiel und Rostock gehören Costa Crociere, Cunartd Line, Holland Amerika Line (alle Carnival Group), Royal Carribean Cruise Line, MSC Kreuzfahrten.

6 DRV Kreuzfahrten-Studie.

Ein-Schiff-Reedereien

Man sollte annehmen, dass es in einem beschränkten deutschsprachigen Markt fast unmöglich ist, mit meist älterer und kleinerer Tonnage wirtschaftlich zufriedenstellend zu operieren. Generalkosten für Verwaltung, Werbung, Vertrieb können nicht auf mehrere Schiffe umgelegt werden, sondern gehen direkt in die Fahrpreiskalkulation ein. Trotzdem sind die Unternehmen mit nur einem Schiff erfolgreich. Sie haben ihre feste Kundschaft, veranstalten häufig in einer Kooperation mit Zeitungsverlagen Leserreisen. Da die Verlage diese Angebote in ihren Zeitungen veröffentlichen, entfallen für den Reiseveranstalter zunächst die Werbekosten. Dass die Verlage ihr Engagement nicht kostenlos erbringen, versteht sich allerdings von selbst. Insofern sind im Reisepreis schließlich doch auch Werbekosten enthalten. Aber werbende Berichte vor einer Leserreise und bebilderte Erfahrungsberichte nach der Rückkehr wären von einem Außenstehenden wahrscheinlich nicht bezahlbar.

Neben Leserreisen werden auch Clubreisen ausgeschrieben, die von lokalen, regionalen und auch deutschlandweiten Vereinen für ihre Mitglieder angeboten werden. Hier verhält es sich mit den Werbekosten ähnlich wie bei den Verlagsreisen. Da nicht jede Leser- oder Vereinsreise ein ganzes Schiff füllt, werden viele dieser Reisen den Reisebüros für den Verkauf an freie Kunden angeboten. Nicht jeder Interessierte will auf einen der Riesendampfer Da passt dann so ein Einzelschiff vielleicht gerade gut ins Programm.

Kreuzfahrtzielgebiete[7]

Von den insgesamt 1.544.269 Passagieren entfielen 2012 auf die einzelnen Destinationen:

Region	Angaben in Prozent
Westliches Mittelmeer	18,9
Nordland[8]	17,0
Östliches Mittelmeer	13,7
Kanaren	10,1
Karibik	9,7
Ostsee	8,7
Indischer Ozean	7,0
Westeuropa	6,0
Nordamerika	4,1
Sonstige Fernziele	4,7

7 Quelle: DRV Kreuzfahrten-Studie.

8 Nordland steht für Skandinavien, Grönland, Island, Färoer und Spitzbergen.

Die größte Wachstumsdynamik haben die Zielgebiete Nordland, Ostsee und Indischer Ozean.

Deutsche Seehäfen

Die wichtigsten deutschen Seehäfen sind Rostock-Warnemünde, Hamburg, Kiel, Bremerhaven, Cuxhaven und Lübeck-Travemünde.

Nebenkosten an Bord

Viele Reedereien werben damit, alle Leistungen seien im Fahrpreis eingeschlossen. Ob das wirklich so ist, merkt mancher Fahrgast erst, wenn er an Bord ist. Für manche Getränke muss extra bezahlt werden, auch wenn man das „Getränkepaket" dazu gekauft hat. Auch der Besuch zusätzlicher Restaurants ohne Buffet wird extra berechnet, und für den Tisch am Fenster muss man gelegentlich ein ordentliches Trinkgeld springen lassen. Deshalb gilt auch hier die Devise: Vorher fragen, die Prospekte gründlich prüfen, sich ausführlich beraten lassen. Auch die Höhe des Trinkgeldes muss bedacht werden. Bei manchen Reedereien ist es im Preis enthalten, und an Bord stellt man dann fest, dass die Erwartungen des Service-Personals anders aussehen.

Flusskreuzfahrten

Auch die Flusskreuzfahrten haben in den vergangenen zwanzig Jahren einen rasanten Aufschwung genommen. Die Teilnehmerzahl stieg von rund 50.000 im Jahr 1993 auf rund 430.000 in 2012.

1993	52.410
2003	274.792
2012	436.626

Während sich die Zahl der Passagiere mehr als verachtfacht hat, vervierfachte sich der Umsatz. Der durchschnittliche Reisepreis sank in dieser Zeit um 61 Euro, von 1.104 Euro auf 1.043 Euro.

- Die durchschnittliche Tagesrate ist 139,50 Euro pro Person,
- die durchschnittliche Reisedauer beträgt 7,5 Tage,
- 66,2 Prozent der Passagiere sind älter als 56 Jahre,
- 29,2 Prozent sind zwischen 26 und 55 Jahre alt.

150 Flussschiffe mit 20.510 Betten wurden 2012 von deutschen Veranstaltern angeboten. Einsatzgebiete sind Rhein und Nebenflüsse, Elbe/Oder, Rhein-Main-Donau-Kanal, Donau, Frankreich, Russland.[9]

Zu den wichtigsten Anbietern in deutschen Flusskreuzfahten-Markt zählen Arosa, Viking, Phoenix Reisen, Nicko Tours, 1AVista Reisen, aber auch klassische Reiseveranstalter wie TUI und Dertour, auf die teilweise im historischen Teil dieses Buches ausführlich eingegangen wird.

Fährreedereien

Aus Fähren werden Kombischiffe

Seit Jahren hat sich eine Wandlung bei den Fährschiffen vollzogen, die zu immer moderneren Passagierschiffen werden. Die wirtschaftliche Basis hat sich dadurch verändert. Die Frachtbeförderung, der Transport von Lastwagen und Autos ist zwar die Basis für die Nord- und Ostseefähren, aber die Beförderung von Passagieren gewinnt immer mehr an Bedeutung. Aus den Fähren sind Kombischiffe geworden mit Cruise-Liner-Atmosphäre.

Die großen Fährgesellschaften verfügen zum Teil über gigantische Schiffe mit gutem Komfort, der sich hinter manchen Kreuzfahrtschiffen nicht verstecken muss. Es bleibt nicht mehr bei der bloßen Beförderung zu einem Zielhafen, sondern aus der Hin- und Rückfahrt wird eine Minikreuzfahrt, deren Beliebtheit ständig wächst. Man bedient den großen Markt der Städtereisen und reichert ihn an mit einem attraktiven Angebot an Freizeitaktivitäten an Bord. Dazu kommen ein breites Unterhaltungs- und Einkaufsangebot sowie Sport- und Wellness-Einrichtungen.

Europäische Einsatzgebiete

Fährreedereien bedienen neben den touristischen Verkehren vor allem auch den nationalen und internationalen öffentlichen Reiseverkehr der jeweiligen Länder. Die drei wichtigsten Fährgebiete befinden sich im westlichen und östlichen Mittelmeer, in der Ostsee und im Transit nach Großbritannien/Irland.

Skandinavien, Ostsee, England, Irland

Im Ostsee- und Skandinanvien-Verkehr sind Color Line und Stena Line die Marktführer vor TT Saga Line, DFDS Seaways und Scandlines. Die Fährstrecken zu den britischen Inseln sind fest in der Hand des Marktführers

9 Quelle: DRV Kreuzfahrten-Studie.

P&O Ferries, die ergänzt werden durch Irish Ferries im Irland-Verkehr und DFDS Seaways auf den Strecken nach Mittel- und Nordengland.

Mittelmeer

Die größten Fährreederein befinden sich im Mittelmeer. Im östlichen Mittelmer von und nach Griechenland dominieren ANEK Lines und Minoan Lines ergänzt um die Blue Star Ferries im innergriechischen Verkehr und die Jadrolinja rund um Kroatien.

Im westlichen Mittelmeer spielen im Verkehr von und nach Italien Tirrenia, Grandi Navi Veloci, Grimaldi und Moby Lines die wichtigste Rolle. Die spanischen Marktführer sind Balearia (Balearische Inseln) und Trasmediterranea (Kanarische Inseln).

14. Hotellerie und Gastronomie

Schlafen, Essen und Trinken gehören zum Tourismus

Hotellerie und Gastronomie sind wesentliche Bestandteile des Tourismus. Die Hotelbetten sind die Voraussetzung für den Ferienaufenthalt, und die Gastronomie belebt die Städte und Gemeinden, macht sie attraktiv und unterhaltsam. Was wären Sylt oder Rügen, aber auch Berlin oder München ohne die lokale Restaurant-Szene! Das empfinden nicht nur die Bundesbürger; für die Touristen aus aller Welt sind Restaurants und Cafés die Visitenkarte Deutschlands.

DEHOGA: eine Million Beschäftigte

Weit über eine Million „Gastgeber" gibt es in Deutschland. Knapp 80.000 junge Menschen lernen 2013 einen der sechs gastgewerblichen Ausbildungsberufe. Um die Vertretung dieser Branche kümmern sich der Deutsche Hotel- und Gaststättenverband DEHOGA und der Internationale Hotelverband IHA, beide mit Sitz in Berlin. Der DEHOGA ist ein Dachverband, zu dem 17 Landesverbände, drei Fachverbände und vier Fachabteilungen mit insgesamt 70.000 Mitgliedern gehören.

Einer der Fachverbände ist der Hotelverband Deutschland (IHA) e.V., dem rund 1.400 Mitglieder aus den Reihen der Privat-, Ketten- und Kooperations-Hotellerie angehören. Diese verfügen über rund 170.000 Hotelzimmer.

Hotellerie und Gastronomie bezeichnen sich als „Jobmotor". Mit 918.900 sozialversicherungspflichtig Beschäftigten in Hotellerie und Gastronomie wurde im September 2012 der höchste Stand erzielt.

13 Prozent mehr Übernachtungen

Die Gesamtzahl der Übernachtungen in Deutschland lag 2012 mit 407,4 Millionen um 13,3 Prozent über dem Vorjahr.

Übernachtungen deutscher Besucher	338,6 Millionen
Übernachtungen ausländischer Besucher	68,8 Millionen

36.000 Hotels mit 950.000 Betten

Es gibt in Deutschland insgesamt 36.298 Hotelbetriebe mit 952.330 Zimmern. Der Jahresumsatz 2012 lag bei 21 Milliarden Euro. Die durchschnittliche Zimmerauslastung erreichte 65,1 Prozent, der durchschnittliche Zimmerpreis betrug 98,50 Euro.

Spitzenreiter Bayerischer Hof, München

Unter den 200 umsatzstärksten Hotels in Deutschland nahm nach einer Analyse der Allgemeinen Hotel- und Gastronomie-Zeitung der inhabergeführte Bayerische Hof in München den ersten Platz ein, gefolgt von Estrel in Berlin, Sheraton in Frankfurt und Adlon Kempinski in Berlin.

Markenhotellerie mit hohem Marktanteil

39 Prozent aller Hotelzimmer werden von der Markenhotellerie angeboten, zu der 2012 180 Unternehmen mit 3.863 Hotels gehörten. Accor, Best Western Hotels Deutschland und die InterContinental Hotels Group (IHG) sind die Größten unter den Markenhotels. Hinter Accor verbergen sich bekannte Marken wie Sofitel, Pullman, Novotel, Mercure, Ibis und Etap. Der Umsatzanteil der Markenhotellerie am gesamten deutschen Hotelumsatz wird auf über 50 Prozent geschätzt.[10]

„Bettensteuer" – eine Wegelagerer Gebühr

Es ist mehr als nur ein Ärgernis, dass es eine Tendenz in deutschen Städten gibt, eine Bettensteuer zu erheben. Das ist politisch begründet, weil die Ermäßigung des Mehrwertsteuersatzes im Jahr 2010 von 19 Prozent auf sieben Prozent auf Druck der FDP gegen die Stimmen der Opposition durchgesetzt wurde. Dies geschah jedoch, weil fast überall in Europa der reduzierte Mehrwertsteuersatz gilt. Der DEHOGA kann nachweisen, dass die deutsche Steuerermäßigung benutzt wurde, um längst fällige Renovierungen und Investitionen durchzuführen.

10 Quelle: IHA Hotelmarkt Deutschland 2013.

Nun beginnen deutsche Städte, als nachträglichen Ausgleich für die geringeren Mehrwertsteuer-Einnahmen eine lokale Übernachtungssteuer einzuführen. Das stößt auf juristische Schwierigkeiten, weil nach den gesetzlichen Bestimmungen der Geschäftsreiseverkehr mit einer solchen Steuer nicht belastet werden darf. Woher soll das Hotel nun wissen, ob der Gast privat oder geschäftlich unterwegs ist, und wer will kontrollieren, ob der Gast im Anmeldeformular eine korrekte Angabe macht? Datenschützer erklären bereits, niemand könne gezwungen werden, einem Hotel zu sagen, warum er dort übernachte. Nach Auffassung des Hotelverbandes Deutschland (IHA) und des DEHOGA sind alle Formen von Bettensteuern kontraproduktiv, unverhältnismäßig, ungerecht, bürokratisch und schlichtweg verfassungswidrig.

In Berlin wird die so genannte „City Tax“ ab 1. Juli 2013 erhoben. Das Land Berlin erwartet von der neuen Steuer rund 25 Millionen Euro pro Jahr. In Hamburg rechnet man mit Einnahmen von etwa 12 Millionen Euro aus der lokalen Bettensteuer, hier „Kultur- und Tourismustaxe“ genannt. Davon soll etwa ein Drittel in die Hamburger Tourismuswerbung im Ausland fließen.

Finanzierung der Tourismuswerbung

Sauber geplant und nüchtern durchgerechnet müssten eigentlich alle notwendigen Aufwendungen für den Tourismus von denen finanziert werden, die von diesem Gewerbezweig profitieren. Das sind sowohl die gewerbliche Wirtschaft als auch der Fiskus. Dessen Einnahmen aus dem Tourismus sind die direkten Erlöse aus der Nutzung städtischer Einrichtungen wie Museen, Ausstellungen oder innerstädtischen Beförderungsunternehmen, es sind auch die indirekten Einnahmen durch Steuern auf die Konsumausgaben der Touristen, die ihr Geld für Übernachtungen, Restaurant-Besuche, Bäckereien, Eintrittsgelder, Taxis, „Shopping“ etc. ausgeben. Daraus müssen Staat und Wirtschaft die Tourismus-Werbung finanzieren. Es wird als unfair empfunden, wenn die Besucher bei Ankunft, während des Aufenthaltes oder sogar bei der Ausreise noch einmal zur Kasse gebeten werden.

15. Reiseveranstalter

Der Gesamtumsatz der deutschen Reiseveranstalter belief sich 2012 auf insgesamt 24,4 Milliarden Euro. Über 80 Prozent des Umsatzes des deutschen Reisebüro- und Reiseveranstaltermarktes werden von DRV-Mitgliedern erwirtschaftet.

In Deutschland gibt es über 2.500 Reiseveranstalter. Ihre Struktur von hauptsächlich mittelständisch geprägten Anbietern und einigen wenigen Großkonzernen ist weltweit einzigartig. Die größten Reiseveranstalter in Deutschland sind[11]:

Veranstalter	Teilnehmer	Umsatz in Millionen Euro
TUI Deutschland	8.000.000	4.471,6
DER Touristik	6.615.000	3.175,7
Thomas Cook	6.100.000	3.200,0
FTI-Gruppe	3.100.000	1.624,0
Alltours Flugreisen	1.750.000	1.400,0
Schauinsland Reisen	925.000	0.701,0

Alle vorgenannten Unternehmen bzw. Konzerne gelten als Generalisten, da sie ein breites und tiefes Angebotssortiment für nahezu alle Marktsegmente in den wichtigsten touristischen Zielländern produzieren.

Die Marktanteilsstruktur des Veranstaltermarktes ist seit 2000 nahezu unverändert. In der Spitzengruppe konnten sich vor allem Schauinsland und AIDA weiter nach vorn schieben.

Touristikjahr 2012	Umsatz in Milliarden Euro	Marktanteil in %
TUI Deutschland	4,47	18,3
DER Touristik	3,18	13,0
Thomas Cook (inkl. Öger Tours)	3,15	12,9
Alltours	1,40	5,7
FTI Gruppe	1,62	6,7
AIDA Cruises	1,10	4,5
Schauinsland	0,70	2,9
Busreisenveranstalter	2,00	8,2
Kreuzfahrtveranstalter (ohne AIDA)	1,90	7,8
Studienreisenveranstalter	0,65	2,7
Sonstige Reiseveranstalter	4,24	17,4
Gesamtmarkt	**24,41**	**100,0**

Geschäftsentwicklung seit dem Jahr 2000

Die Wachstumsdynamik des Veranstaltermarktes insgesamt hat seit 2000 deutlich nachgelassen. Bis 2003 brach die Umsatzentwicklung des Veranstaltermarktes aufgrund des Terroranschlags am 11.9.2001 in New York, der SARS-Epidemie in Asien sowie des 2. Golfkriegs und der Bürgerkriege

11 Quelle: DRV Fakten und Zahlen/FVW Veranstaltertabelle.

im ehemaligen Jugoslawien, als die Türkei und weite Teile der Balkanländer nur eingeschränkt bereist werden konnten, um rund 20 Prozent ein. Es dauerte bis 2008, bis das Umsatzniveau des Jahres 2000 wieder erreicht wurde. 2009 riss die Finanz- und Wirtschaftskrise das nächste Loch, von dem sich die Branche bis 2011 relativ schnell wieder erholte. Die Umsatzzuwächse der letzten beiden Jahre waren dann überwiegend preisgetrieben infolge der Euro-Schwäche, der Luftverkehrssteuern und der hohen Preise in den meisten Zielgebieten (siehe Abbildung 1, S. 49).

Nicht zuletzt angesichts der demographischen Entwicklung ist daher zumindest in Deutschland zukünftig von einer Marktsättigung auszugehen, was aber nicht alle Veranstalter-Marktsegmente in gleichem Maße trifft. Die Entwicklung der vielen zumeist inhabergeführten Spezial- und Nischen-Veranstalter ist im historischen Teil dieses Buches auf den Seiten 176 ff. nachzulesen.

16. Reisevertrieb[12]

Fast 10.000 Reisebüros in Deutschland.

Der deutsche Reisevertriebsmarkt ist sehr heterogen und fragmentiert. Die DRV-Vertriebsdatenbank hat für 2012 ermittelt, dass es 9.986 Reisebüros in Deutschland gibt. Darüber hinaus existieren rund 1.800 „sonstige" touristische Buchungsstellen, die im Nebenerwerb betrieben werden, und 207 Agenturen, die ihr Reiseangebot ausschließlich über Internet und Call Center vertreiben.

Obwohl jeder deutsche pro Jahr im Durchschnitt nur 1,3 Urlaubsreisen pro Jahr unternimmt, gibt es weit mehr Reisevermittler in Deutschland als beispielsweise Apotheken oder Tankstellen. Von den 9986 Haupterwerbsreisebüros vermitteln 9.209 Reisen in stationären Ladenbüros überwiegend an Privatkunden im Wert von insgesamt 15,2 Milliarden Euro.

777 Büros sind spezialisiert auf die Organisation von Geschäftsreisen mit einem Gesamtumsatz von 7,5 Milliarden Euro und sind oft in Bürogebäuden oder in Firmenreistellen ihrer Kunden gar nicht öffentlich sichtbar. Die 777 Geschäftsreisespezialisten sind fast alle in insgesamt nur sieben Filial- und Franchisesystemen organisiert – ein stark oligopolisiertes Marktsegment.

12 Vgl. von Dörnberg, Adrian/Freyer, Walter/Sülberg, Werner: Reiseveranstaltermanagement, München/Wien 2012, S. 259–269.

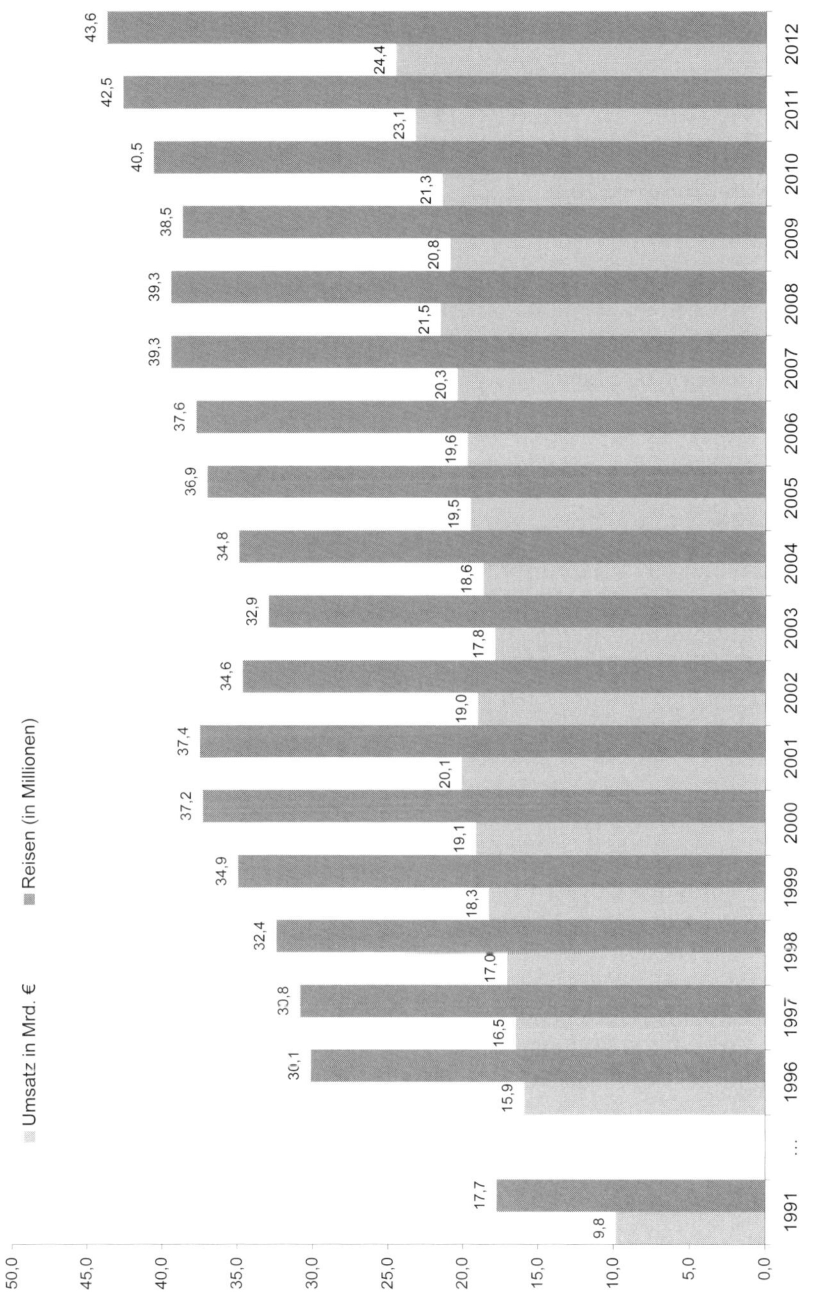

Abbildung 1: Umsatzentwicklung Reiseveranstaltermarkt

Die größten Reisebüros im Geschäftsreise – Segment in Deutschland waren am Umsatz gemessen[13]:

1)	BCD Travel (ex Hapag-Lloyd/TUI)	1,76 Mrd. Euro
2)	FCM / Derpart (DER Touristik)	1,22 Mrd. Euro
3)	Lufthansa City Center	1,15 Mrd. Euro
4)	Carlson Wagonlit	0,97 Mrd. Euro
5)	First Business Travel (TUI)	0,65 Mrd. Euro

Der Verband Deutsches Reisemanagement (VDR) hat ermittelt, dass im Jahr 2011 163,9 Millionen Geschäftsreisen mit einer durchschnittlichen Dauer von zwei Tagen unternommen wurden. Die durchschnittlichen Kosten pro Reise betrugen 296 Euro.

Von den 9.209 stationären Reisebüros sind 1.621 in Filialsystemen organisiert, die in weiten bereichen den großen Konzernen gehören, weiter 1.786 haben sich Franchisesystemen angeschlossen und 5.105 suchen Einkaufsvorteile und betriebswirtschaftliche Unterstützung in Kooperationssystemen; nur 697 Reisebüro sind keinem System angeschlossen.

Marktführer im stationären Reisebürovertrieb nach Umsätzen ist die DER Touristik vor der TUI und Thomas Cook; die drei größten Reiseveranstalter verfügen zugleich über den größten Eigenvertrieb mit Filialen, Franchisenehmern und Kooperationspartnern[14]:

1)	DER Touristik	3,05 Mrd. Euro
2)	TUI Leisure Travel	2,78 Mrd. Euro
3)	Thomas Cook	1,36 Mrd. Euro
4)	Lufthansa City Center	1,13 Mrd. Euro
5)	Reiseland (Otto-Konzern)	0,67 Mrd. Euro
6)	TVG (FTI-Gruppe)	0,32 Mrd. Euro

Der Verband Deutsches Reisemanagement (VDR) hat ermittelt, dass im Jahr 2011 163,9 Millionen Geschäftsreisen mit einer durchschnittlichen Dauer von zwei Tagen unternommen wurden. Die durchschnittlichen Kosten pro Reise betrugen 296 Euro.

Reisebüros sind Handelsvertreter

Juristisch sind Reisebüros Handelsvertreter und vertreiben die Angebote der Veranstalter und anderer Leistungsträger im Namen und für Rechnung ihrer Handelsherren zum von diesen festgelegten einheitlichen Preis und

13 Quelle: FVW Dossier Ketten und Kooperationen 2012.
14 Quelle: FVW Dossier Ketten und Kooperationen 2012.

erhalten hierfür eine Provision. Aufgrund des Handelsvertreterstatus, den es in dieser Form nur in Deutschland gibt, sind die Veranstalter verpflichtet, ihre Angebote in allen Vertriebskanälen zu gleichen Preisen und Konditionen anzubieten und Gleichbehandlung zu garantieren.

Dies limitiert die Handlungsspielräume von Veranstaltermarken gegenüber dem Endverbraucher, da Exklusivitäten bei Preisen, Angeboten und Sortimenten nicht zulässig sind.

Reisebüros erschließen und kanalisieren unterschiedliche Kundensegmente – vor allem Geschäfts- und Privatreisende – durch verschiedene Abwicklungssysteme und Geschäftsmodelle. Reisevermittler können als stationäre Reisebüros für Privatkunden, als Business Travel Center für Firmenkunden oder als Internet-Portale auftreten. Sie vertreiben die Angebote der ggfs. konzerneigenen oder. konzernverbundenen Veranstalter und auch die Sortimente fremder Veranstalter und Leistungsträger. Das kann auch gegebenenfalls. Wettbewerber der eigenen Konzernveranstalter einschließen, sofern sie entsprechende Agenturverträge abschließen.

Wenige Reisebüros mit eigenem Markenprofil

Da sie ausschließlich die Endverbraucher ansprechen, müssten sie eigentlich eine große Markendurchdringung haben. Aufgrund der geringen Margen und daraus resultierenden minimalen Marketingbudgets sowie der Tatsache, das fast alle Reisebüro-Wettbewerber – auch die im Internet – über fast identische Angebotssortimente zu gleichen Preisen verfügen, ist es bis heute nur wenigen Reisebüros gelungen, ein eigenes Markenprofil aufzubauen.

Vorteile des stationären Vertriebs

Die nahezu einzigen differenzierenden Wettbewerbsmerkmale im stationären Vertrieb liegen in der Person und Kompetenz des Reiseberaters sowie teilweise im lokalen Standort. Hinzu kommen Objektivität in der Beratung, Sicherheit, Zeit- und Arbeitsersparnis bei der Reiseabwicklung und die Navigationsfunktion durch eine unübersichtliche Angebotsvielfalt.

Bei den Internetportalen reduzieren sich die Wettbewerb differenzierenden Merkmale im Wesentlichen auf ein intelligentes Suchmaschinenmarketing sowie den bedienungsfreundlichen Aufbau und eine attraktive Animation der ansonsten weitgehend identischen Internet-Booking-Engines. Denn auch in den Internetportalen findet der Kunde überwiegend dieselben Angebote der gleichen Anbieter zumeist zu identischen Preisen vor.

Servicegebühr für Beratung und Verkauf

Seit 2005 gilt der Handelsvertreterstatus fast nur noch für die Vermittlung von Veranstalterreisen, weil die Fluggesellschaften und auch die Bahn so gut wie keine Provisionen mehr bezahlen. Die Reisebüros müssen ihre Beratungsdienstleistung den Kunden durch eine Servicegebühr selbst in Rechnung stellen.

Die Servicegebühren verteuern die Tickets gegenüber dem Direktkauf bei den Leistungsträgern im Internet und schrecken vor allem viele Privatkunden ab. Die Geschäftsreisekunden sind hingegen bereit, die Gebühren zu zahlen, da sie zumeist mit anderen Mehrwert- und Zusatzleistungen verknüpft sind, auf die die Firmen und Konzerne besonderen Wert legen. Im stationären Reisebürogeschäft hat daher die Zahl der IATA- und Bahn-Agenturen seit 2000 um 1.600 bzw. 1.100 deutlich abgenommen.

Franchisesysteme und Kooperationen

Der so genannte systemgebundene Vertrieb ist in der Zeit von 2004 bis 2008 erheblich gewachsen. Der Anteil der Reisebüros, die sich einem Franchisesystem, einer Kette oder Kooperation angeschlossen haben, stieg von 78 Prozent auf 90 Prozent und verharrt auf diesem hohen Niveau.[15] Die Darstellung einzelner Verbundsysteme ist auf den Seiten 188 ff. im historischen Teil dieses Buches nachzulesen.

17. Sonstige touristische Dienstleister

Mietwagen-Unternehmen

Nummer 1 unter den Anbietern von Mietwagen in Deutschland ist die publikationsfreudige Sixt GmbH & Co. KG in Pullach bei München, die auch immer wieder durch freche Werbeslogans von sich reden macht und sich auch im Ausland kräftig weiterentwickelt. Natürlich spielen auf dem deutschen Markt auch die internationalen Marken Avis und Hertz eine wichtige Rolle. Die Europcar Autovermietung GmbH, Hamburg, lässt ihre Billigmarke Interrent wieder aufleben.

Als „Broker" betätigen sich Anbieter von Mietwagen, die nicht über eine eigene Autoflotte verfügen und mit Mietwagen-Unternehmen an den Ferienzielorten zusammenarbeiten. Das sind vor allem holiday autos GmbH, München, und diverse Reiseveranstalter, die unter eigenem Namen Mietwagen anbieten.

15 Quelle: DRV Fakten und Zahlen 2012.

Reiseversicherungen

Die im Reisegeschäft tätigen Versicherungsgesellschaften haben unter den „Zulieferern" des deutschen Tourismus die längste Tradition. Schon für die relativ unbequemen Reisen mit der Postkutsche im 19. Jahrhundert gab es eine Versicherung gegen Überfälle. Das Überfallrisiko ist inzwischen sicherlich zurückgegangen. Dafür gibt es heute andere Risiken. Es sind im wesentlichen vier Versicherungsgesellschaften und diverse Versicherungs-Makler, die sich um das deutsche Reisegeschäft kümmern. Die Geschichte der wichtigsten Reiseversicherungsunternehmen wie Europäische, TAS, Hanse Merkur und Union Reiseversicherungen ist auf den Seiten 183 ff. dieses Buches nachzulesen.

ITB und Verbraucher-Reisemessen

Zu den unverzichtbaren Dienstleistern im touristischen Geschehen gehören die Messen. Die wichtigste Reisemesse ist die ITB, die Internationale Tourismusbörse, die seit 1966 alljährlich in Berlin stattfindet. Hier treffen sich die Reisefachleute und Tourismus-Politiker aus aller Welt. 2013 kamen 10.086 Aussteller aus 188 Ländern und 113.006 Fachbesucher für fünf Tage nach Berlin. Fast 7.000 Journalisten aus 94 Ländern ergriffen die Chance, über neue Reisetrends und -fakten zu berichten. Parallel zur Ausstellung fanden 200 Vorträge, Diskussionsforen und Workshops statt, zu denen 21.000 Teilnehmer erschienen. Nach den ersten drei Ausstellungstagen sind auch Privatpersonen auf der Messe willkommen. Das waren 2013 mehr als 60.000 Besucher. Reine Publikumsmessen sind die Reisemessen in München, Düsseldorf, Essen, Stuttgart, Hamburg, Dresden, Frankfurt und anderen deutschen Städten.

18. Ausbildungsmöglichkeiten

Es gibt zahlreiche Berufsbilder angesichts der vielen Betätigungsfelder im Tourismus, vom Busfahrer über den Koch, den Hotelempfang bis zum fliegenden Personal, von der Schiffahrt, der Reiseleitung, der Marktforschung und Werbung zur Tourismus-Fachkraft. Auf jeder Stufe der Tourismuswirtschaft gibt es diverse Ausbildungsmöglichkeiten und staatlich anerkannte Berufsbilder. Allein im Gastgewerbe gibt es sechs verschiedene Berufe, in denen knapp 80.000 junge Menschen 2013 in der Ausbildung sind. Hotellerie und Gastronomie stellen rund 7,5 Prozent aller neuen Ausbildungsplätze in Deutschland.

Tourismuswirtschaft kann man an den deutschen Universitäten und Hochschulen studieren. (ca. 6.000 Studenten in 2013), Die Absolventen sind gesuchte Fachkräfte auch bei den Betrieben, die selbst keinen Nachwuchs ausbilden. Dazu gehören u. a. die Fremdenverkehrsbüros und viele Luftverkehrsgesellschaften.

Willy- Scharnow-Stiftung

Gründung 1953

Willy Scharnow, der Gründer des gleichnamigen Reiseunternehmens und auch einer der Gründer der TUI und ihr erster Aufsichtsratvorsitzender, hat sich ein Denkmal gesetzt. Scharnow war in der Bremer Speditions- und Schifffahrtsbranche tätig und gründet mit 28 Jahren im Jahr 1925 ein Reisebüro, das er zunächst als Ein-Mann-Büro betreibt. Als sich erste Erfolge einstellen, sucht er Personal mit fachlicher Qualifikation. Aber in den 20er-Jahren gibt es noch kein Berufsbild „Reiseverkehrskaufmann", keine Aus- und Weiterbildungsangebote für Lehrlinge in Reisebüros, auch keine Fachliteratur, kein Lehrmaterial. Schon damals befasst sich der junge Willy Scharnow erstmals mit der Idee, etwas für den Nachwuchs in der noch jungen Reisebranche zu tun, ihm bessere Chancen zu verschaffen.

Der Zweite Weltkrieg unterbindet zunächst sein Bemühen. Seine Erfahrung und sein Entschluss, etwas zur beruflichen Bildung junger Leute in der Reisebranche beizutragen, veranlassen ihn im April 1953, die Stiftung für internationale Länderkenntnis der Jugend ins Leben zu rufen. Seitdem werden jedes Jahr im Rahmen der Mitgliederversammlung des DRV Gelder für die Stiftung gesammelt. Die Spendenaufrufe sind erfolgreich; aus kleinen und großen Beiträgen kommen im Laufe der Jahre an die 5 Millionen DM zusammen, mehr als die Hälfte dieses Betrages stammt von Willy Scharnow persönlich und von seiner Frau Erika.

Ausweitung des Stiftungszwecks

Seit 1966 ist der Name des Gründers in die Stiftungsbezeichung aufgenommen, so dass der Name der Stiftung nun Willy Scharnow-Stiftung für internationale Länderkenntnis der Jugend lautet. Ziel ist es, aufgeschlossenen jungen Menschen in ihrer beruflichen Qualifikation durch Fort- und Weiterbildungsangebote zu helfen, Völkerverständigung und internationale Gesinnung zu fördern und den weltweiten Tourismus als Brücke für fremde Menschen und Kulturen zu nutzen. Willy Scharnow begleitet sein Lebenswerk bis zu seinem Tod im Jahr 1985 mit Herz und Verstand. Mit seiner Stiftung, seinen Ideen, seinem Durchsetzungsvermögen und seinen großzügigen finanziellen Zuwendungen setzt er sich ein Denkmal. Der Stiftungszweck wird im Laufe der Jahre über die internationale Länderkenntnis der Jugend hinaus erweitert. In diesem Zusammenhang wird auch der Name noch einmal geändert. Heute lautet er Willy Scharnow-Stiftung für Touristik. Sie führt länderkundliche Seminare durch, gewährt Fortbildungsbeihilfen in Form von Auslandsstipendien, vergibt Prämien und Preise für besondere Leistungen und Verdienste im Sinne der Stiftungsziele und unterstützt Wettbewerbe und wichtige Forschungsaufträge.

Stiftungskapital

8,4 Millionen Euro Stiftungskapital ermöglichen heute mit den anfallenden Zinsen die Arbeit der Willy Scharnow-Stiftung. Sie ist seit 1959 gemeinnützig, so dass auch die Zuwendungen von Spendern an die Stiftung steuerbegünstigt sind. Die Stiftung unterliegt der staatlichen Stiftungsaufsicht. Im Sinne von Willy Scharnow wird inzwischen auch die Arbeit des Fremdenverkehrswissenschaftlichen Institutes an der Freien Universität Berlin durch einen jährlichen Zuschuss unterstützt. Das Institut hat sich dadurch personell erweitern können. Es trägt heute den Namen Willy Scharnow-Institut für Fremdenverkehr.

Kuratorium

Mit der wachsenden Bedeutung der Touristikwirtschaft wachsen auch die Aufgaben der Stiftung. Die Stiftung wird vertreten durch ein ehrenamtliches Kuratorium, das die Arbeit durch die Stiftungs-Geschäftsführung wahrnehmen lässt. Geschäftsführer der Willy Scharnow-Stiftung ist seit fünf Jahren Walter Krombach. Vorsitzender des Kuratoriums ist Klaus Laepple, Ehrenpräsident des DRV, der es verstanden hat, führende Persönlichkeiten und Vertreter wichtiger Reiseunternehmen in diesem Entscheidungsgremium zusammenzuführen.

19. Informationstechnologie als Grundlage und Treiber der Wachstumschancen von Leistungsträgern, Reiseveranstaltern und Reisevertrieb

Bis etwa 1970 wurden sämtliche Reservierungs-, Buchungs-, Abrechnungs- und Buchhaltungstätigkeiten in der Reisebranche nahezu ohne jegliche technische Voraussetzungen getätigt. Reserviert wurde weitgehend per Telefon; die Buchungen wurden manuell in Kontingentslisten erfasst. Die Kommunikation zwischen Quell- und Zielmärkten erfolgte per Telefon. Telex und Telegramm. Die Abrechnung und das Rechnungswesen erfolgten in Journalen in kameralistischer Einnahmen-/Ausgaben-Logik oftmals durch externe Steuerberater oder Buchhaltungsdienstleister wie z. B. die Datev.

Die Idee eines brancheneinheitlichen Reservierungssystems

Innovationsführer für die Einführung der EDV (Elektronische Datenverarbeitung) in der Touristikbranche war 1970 das Rechenzentrum des DER (Deutsches Reisebüro GmbH), das sich zunächst auf Abrechnungsprozesse und Buchhaltungsdienstleitungen für Reisebüros konzentrierte. Daneben betrieb die Deutsche Bundesbahn mit dem EPA-System (Elektronische Platzbuchungs-Anlage) das erste Online-Reservierungssystem für Platzreservierungen in Zügen, das über die Eingabe reiner Zahlencodes über ein an das Telefonnetz angeschlossenes Buchungsterminal funktionierte. Nach dem gleichem Vorbild planten Mitte der 70er-Jahre auch die Fluggesellschaften und Reiseveranstalter eigene Buchungssysteme.

START wird entwickelt

Auf Initiative des DER-Rechenzentrums entstand die Idee, einen gemeinsamen Daten und Schnittstellen-Standard zu entwickeln. Es sollte möglich werden, alle Buchungen über ein einziges Eingabeterminal zu erfassen und alle bei der Reisebuchung erfassten Daten zugleich für Abrechnungs- und Buchhaltungszwecke aufzubereiten. Zu diesem Zweck gründeten DER, ABR (Amtliches Bayerisches Reisebüro), Hapag Lloyd, TUI, Lufthansa und Deutsche Bundesbahn die Studiengesellschaft zur Automatisierung in Reise und Touristik (START). 1979 wurde das Start-Reservierungssystem branchenweit in den Reisebüros installiert. Es erfüllte alle genannten Anforderungen.

Finanzierungsprobleme

Die nachhaltige Finanzierung dieses Systems erwies sich schnell als strittig, weil die Reisebüros als Handelsvertreter nicht einsahen, dass sie die hohen IT-Investitionen und laufenden Kosten finanzieren sollten, die rechtlich eigentlich ihre Handelsherren, die Veranstalter und Leistungsträger, zu tragen hatten. Zunächst stiegen die drei Reisebürogesellschafter aus der Gesellschaft START aus.

Ausstieg von TUI und Bundesbahn

Im Verlauf der 80er-Jahre zeigte sich, dass auch die Interessen der Veranstalter und Verkehrsträger Bahn und Lufthansa ungleichgewichtig waren, wobei die Fluggesellschaften im Zuge der zunehmenden Liberalisierung und Privatisierung des Luftverkehrs die umfassendsten Anforderungen an die Funktionalitäten des START-Systems hatten. Daraufhin zogen sich auch die TUI und die Bundesbahn aus der Gesellschaft zurück.

Aus START wird START/Amadeus

START nahm 1987 weitere Fluggesellschaften als Gesellschafter auf und änderte den Namen in START/Amadeus. START/Amadeus behielt aber auch danach die Dienstleistungsfunktion für Reiseveranstalter, Reisebüros, Bundesbahn, Nicht-Gesellschafter-Airlines und weitere touristische Anbieter bei und finanzierte sich dabei zum einen aus so genannten Leistungsträger-Entgelten zum anderen aus Reisebüro-Anschlussgebühren und entwickelte sich damit zu einem Global Distribution System (GDS).

Auf dem Weg zum globalen Distributions System (GDS)

In Deutschland war START/Amadeus lange Jahre Monopolist, und der deutsche Reisemarkt war vielen anderen europäischen Märkten technologisch weit voraus. Nach dem Ausstieg aller Airline-Gesellschafter wurde das nur noch als „Amadeus" firmierende Unternehmen 2010 an die Börse gebracht. Neben Amadeus gibt es mit Sabre und Travelport weltweit noch zwei weitere GDS-Systeme als Wettbewerber.

Aktuell ist Amadeus aber immer noch die zentrale Schnittstelle zwischen Leistungsträgern und Reiseveranstaltern auf der einen Seite und den Reisevermittlern stationär und online auf der anderen Seite.

Reiseveranstalter gehen eigene Wege

Nach der revolutionierenden Entstehung des Start-Systems in Deutschland entwickelten nahezu alle touristischen Leistungsträger, vor allem aber die Reiseveranstalter, eigene interne Reservierungssysteme, die in der Lage waren, mit dem Start-System zu kommunizieren, die Buchungen unternehmensintern zu verarbeiten und an die Leistungsträger und Hotels in den Zielgebieten weiterzuleiten. Anfangs bestand auch dabei die Idee, dafür nur ein einziges System zu entwickeln, das alle nutzen könnten. Die Anforderungen der großen Reiseveranstalter waren aber so unterschiedlich, dass sie eigene Wege gingen und mit hohem Aufwand selbst Reservierungs- und Abwicklungssysteme entwickelten (TUI – IRIS Plus, DER – Phoenix, Thomas Cook – Nurvis etc.). Lediglich das Blank-System konnte einen eigenen Standard schaffen, den auch heute noch viele kleine und mittelgroße Veranstalter nutzen.

Bis Ende der 90er-Jahre hatte sich damit in den meisten europäischen Märkten eine weitgehend auf dem klassischen arbeitsteiligen Geschäftsmodell mit dem stationären Reisebürovertrieb und den Geschäftsreise-Organisationen basierende, stabile technologische Struktur herausgebildet.

Unterschiedliche Interessen durch Internet

Mit dem Aufkommen des Internets um die Jahrtausendwende als Buchungs- und Verkaufsmedium im Direktvertrieb mit Kunden änderten sich nicht nur schlagartig die Kommunikationsströme und Geschäftsmodelle sondern auch die Anforderungen an die Informationstechnologie. Nun war es den Leistungsträgern und Reiseveranstaltern technologisch möglich, ohne den GDS-Weg über die Reisebüros direkt mit den Kunden in Kontakt zu treten und einen teuren Vertriebskanal mit Provisionen und GDS-Gebühren einzusparen. Inzwischen haben alle gelernt, dass dies nicht für alle Angebote und Kundenzielgruppen möglich und wirtschaftlich sinnvoll ist, aber dennoch wurden in Windeseile alle unternehmensinternen Reservierungssysteme auch ohne GDS über Buchungsmasken bzw. IBEs (Internet-Booking-Engines) für die Kunden zugänglich gemacht.

Spezialisten für neue Internet-Technologien

Parallel dazu gründeten sich zahlreiche Software-Unternehmen und programmierten die unterschiedlichsten IT-Funktionalitäten und immer filigranere Speziallösungen für die Branche und einzelne Unternehmen. Auch die internen Reservierungssysteme aller Reiseanbieter mussten zügig den neuen Herausforderungen angepasst werden, was hohe Investitionen erforderte, zumal die meisten neben den neuen Internet-Technologien auch noch die alten GDS-Technologien bereit halten mussten, weil immer noch 60- bis -70 Prozent aller Leistungsträger- und Veranstalter-Buchungen über den Reisebürovertrieb laufen.

Technikabhängigkeit

Alle touristischen Anbieter haben sich heute in eine nahezu totale Abhängigkeit von der Informationstechnologie – egal über welchen Vertriebskanal – begeben, denn ein Systemausfall bedeutet einen entsprechenden Umsatzausfall, wenn die Wettbewerber gleichzeitig weiter verfügbar sind.

Neue Mitspieler treten auf

Im Internet haben sich neben den klassischen bisherigen Branchenunternehmen auch viele neue Player etabliert. Wachstumstreiber sind die markenstarken Leistungsträger aus dem Arline-, Bahn-, Mietwagen und neuerdings Fernbus-Bereich, die ihre wenig erklärungsbedürftigen Massenprodukte schnell und preisaggressiv im Internet absetzen können. Weitere Treiber sind vor allem Hotelportale, die als Vermittler ohne Preis- und Kapazitätsgarantien den zumeist markenschwachen bzw. unbekannten Hotels eine Präsentationsplattform mit Suchmaschinenfunktion anbieten und damit vor allem bei Geschäftsreisenden und ethnischen Reisenden[16] punkten.

Auch Flug- und Mietwagenportale nutzen die Produktspezialisierung und bieten den Kunden umfassende Angebots- und Preisvergleiche. Hingegen tun sich die Reisebüroportale und Veranstalterportale im Internet sehr schwer. Erstere, weil sie aufgrund des in Deutschland geltenden Handelsvertreterrechts die gleichen Angebote zu den gleichen Preisen von den Reiseveranstaltern erhalten wie die stationären Reisebüros, und letztere, weil sie keine Preisvergleiche mit Wettwerbern zulassen.

Reisebuchungen ohne Veranstalter und Reisebüro

Daneben gibt es aber noch einen umfangreichen Markt von Kunden (32 Prozent aller Reisenden), die ihre Reisen ohne jegliche Branchenunterstützung durch Reiseveranstalter oder Reisebüros organisieren. Diese finden im Internet ein breites, umfassend dargestelltes Angebot vor allem im Unterkunftsbereich vor, das sie im Vor-Internet-Zeitalter nur im Wege einer „Blindbuchung“ über ein Fremdenverkehrsamt oder aus einer unübersichtlichen Telefonliste in den Unterkunftsnachweisen der Zielgebiete buchen konnten. Auch diese Kunden, die schon immer Reiseveranstalter und Reisebüros gemieden haben, profitieren nun von den neuen Technologien, deren Möglichkeiten noch lange nicht ausgereizt sind.

16 „Ethnische Reisen“ ist ein Fachbegriff, der Reisen zu Freunden und Verwandten sowie zu anderen privaten Zwecken bezeichnet und somit alles umfasst, was nicht Urlaubs- und Geschäftsreisen sind.

Teil B

Vergangenheit und Entwicklung

1. Reisen vom Altertum bis zum Mittelalter

„Der Ursprung allen Reisens liegt im Handel und damit im Transport von Gütern. Als erste Reisegesellschaften kann man die Karawanen des Altertums bezeichnen, die neben Waren auch vereinzelt Personen beförderten. Im Zuge der regelmäßigen Ausgestaltung derartiger Handelsströme wurden Reiseorganisationen geschaffen, die sich zu Lande als Speditionen und zu Wasser als Reedereien betätigten. Historisch überliefert ist die Existenz einer offiziellen, reisebüroähnlichen Organisation bereits bei den Römern, die Reiseinformationen erteilte, Platzreservierungen für Schiffe und Kutschen vornahm, Fahrausweise ausstellte und Unterkunftsleistungen vermittelte. Als Arbeitsunterlagen dienten dazu Reisebeschreibungen und Itinerarien, die Vorläufer der Kursbücher. Mit zunehmender Arbeitsteilung wuchs neben dem bis dahin vorherrschenden Güterverkehr die Nachfrage nach Personenverkehrsleistungen überwiegend zu geschäftlichen Zwecken. Diese Zusatzfunktionen wurden zunächst von Reedereien und Speditionen übernommen, zumal es damals noch keine reinen Personenverkehrsmittel gab.

Kommerzielle Reiseorganisationen waren bereits im Altertum und Mittelalter sowohl für Privat- als auch für Geschäftsreisen tätig geworden, wobei letztere infolge zunehmender arbeitsteiliger Handelsströme zunächst überwogen. Ein nennenswerter Personenreiseverkehr entwickelte sich erst im Zuge von Pilgerreisen und Auswanderungsbewegungen im 18. und 19. Jahrhundert. In zunehmendem Maße etablierten namhafte Reedereien auch im Binnenland Vermittlungsbüros für den Fracht- und Personenverkehr. Durch die Ausbreitung des Schienenverkehrs vollzog sich eine parallele Entwicklung bei den Speditionen. Mit der Veranstaltung von Gesellschaftsreisen per Eisenbahn ermöglichte der Engländer Thomas Cook Mitte des vergangenen Jahrhunderts erstmalig touristische Reisen für größere Personenkreise. Durch Ausdehnung seiner Reisen auf ganz Europa übertrug er seine Ideen auch auf andere Länder. 1865 eröffnete Thomas Cook in London ein Reisebüro und baute in den Folgejahren in ganz Europa und in Übersee ein Netz eigener Reiseagenturen aus, bei denen Bahnpauschalreisen, Schiffsreisen, aber auch einzelne, internationale Bahnfahrausweise erhältlich waren."[17]

17 Vgl. von Dörnberg, Adrian/Freyer, Walter/Sülberg, Werner: Reiseveranstaltermanagement, München/Wien 2012, S. 53 f.

„Federführend bei der Reiseorganisation waren bis zum Ende des 19. Jahrhunderts primär Speditionen und Schifffahrtsagenturen, aus denen sich später Reisebüros im heutigen Sinne entwickelten. Diese Reisebüros betrieben bis ca. 1950 alle Arten von Reisegeschäften: sie veranstalteten selbst Reisen, zumeist Gruppenreisen per Bahn, Bus, Hochsee-, Fluss- und Luft-Schiff, vermittelten aber auch alle Arten von Tickets für Urlaubs-, Privat- und Geschäftsreisen und organisierten individuelle komplexe Reisen zum Beispiel für Auswanderer. Auch die Beschaffung der Reisedevisen, die ja damals noch nicht voll konvertibel waren, sowie von Visa, die man für fast jede Auslandsreise benötigte, gehörte zu den klassischen hoheitlichen Aufgaben. Nicht zuletzt deshalb waren viele Reisebüros und Reisebüroketten im Besitz von Ländern, Gebietskörperschaften, Banken und anderen öffentlich-rechtlichen Organisationen. Die komplette Kompetenz des weltweiten Reisens lag bis zum Ende des zweiten Weltkrieges ausschließlich in der Hand dieser Vollsortiment-Reisebüros, was ihnen eine hohe berufliche und fachliche Anerkennung einbrachte. Spezialisierte, selbstständige Reiseveranstalter gab es bis in die 50er-Jahre des 20. Jahrhunderts nicht.“[18]

2. Der technische Fortschritt

Das 19. Jahrhundert beschert uns die erste industrielle Revolution: im Transportwesen den Übergang von der Kutsche und vom Fuhrwerk auf die Eisenbahn und vom Segelschiff zum Dampfschiff.

Das 20. Jahrhundert bringt die Straßenbahn, das Auto und die Autobahnen, die Verbreitung des elektrischen Lichts, die Telekommunikation, das Radio und das Fernsehen, die Mikroelektronik und den Computer. Innerhalb eines Jahrhunderts hat sich in den westlichen Industriestaaten die Lebenserwartung verdoppelt, die Erwerbszeit halbiert, das Realeinkommen durchschnittlich verachtfacht. Für den einzelnen Bürger geht es trotzdem nur langsam voran.

3. Epochen des deutschen Reisemarktes

Von den Pionieren der Reiseorganisation zu global agierenden Reisekonzernen – ein spannendes Kapitel deutscher Wirtschaftsgeschichte

„Im Unterschied zu den meisten anderen Ländern haben sich die kommerziellen Reisemarktstrukturen in Deutschland unter maßgeblichem Ein-

18 Vgl. von Dörnberg, Adrian/Freyer, Walter/Sülberg, Werner: Reiseveranstaltermanagement, München/Wien 2012, S. 247.

fluss des Reisevermittler-Gewerbes entwickelt. Insbesondere das Entstehen der großen Reiseveranstalter ist auf vertriebsstrategische Interessen der deutschen Reisevermittler sowie später auch auf Initiativen von Handelskonzernen zurückzuführen.

Deutschland ein besonderer Markt

Die Reisemärkte anderer Länder wurden zumeist von starken Direkt- und Eigenvertriebssystemen der Leistungsträger dominiert und überließen dem Reisevertrieb eine branchenpolitisch relativ einflusslose Position. Die bisherige Sonderstellung des Reisevermittler-Gewerbes in Deutschland hing vor allem mit seiner nachfolgend dokumentierten historischen Entwicklung und seiner umfassenden teils hoheitlichen Dienstleistungsfunktionen zusammen.

Reisebüros gründen Veranstalter

Nach dem 2. Weltkrieg kooperierten verschiedene große Reisebüros und Filialketten miteinander, um Reisen zu veranstalten und Auslastungsrisiken zu vermindern. Sie gründeten sukzessive gemeinsam Reiseveranstalter und fusionierten diese im Zuge der Entwicklung des Massentourismus in den 60er- und 70er-Jahren des letzten Jahrhunderts, (und) blieben aber weiterhin Gesellschafter dieser Unternehmen.

Erst in den 90er-Jahren verschoben sich die Machtverhältnisse, als die starke Gründergeneration der Nachkriegszeit auch ihre Reisebüros und Reisebüroketten fusionierte und anschließend an die von ihnen zum Teil selbst gegründeten Veranstalterkonglomerate veräußerte. Diese spalteten um die Jahrtausendwende ihre erworbenen Reisebüroorganisationen in jeweils spezialisierte Geschäftsbereiche für das stationäre Privatkundengeschäft und Geschäftsreise-Dienstleistungen auf.

Veranstalter brauchen die Reisebüros

Während die Veranstalterkonzerne die stationären Reisebüros als integrierte und steuerbare Vertriebseinheiten benötigten und diese seit der Jahrtausendwende um Franchise- und Kooperationssysteme ergänzten, wurden die Business Travel Geschäftsbereiche teilweise an weltweit agierende Geschäftsreise-Konzerne verkauft oder im Wege einer nationalen oder regionalen Partnerschaft in entsprechende Organisationen eingebunden. Die in diesem Zeitraum parallel dazu verlaufende internationale Konsolidierung der touristischen Veranstalterkonzerne hatte dann allerdings nichts mehr mit den instrumentalisierten Reisebüros zu tun. Diese mussten sich seit der Jahrtausendwende einem neuen Wettbewerb stellen: dem Vertrieb von Reiseleistungen ohne Beratung über Internet,

Ticketautomaten und alternative Vertriebskanäle – und dies in Konkurrenz zu ihren eigenen Sortimentslieferanten, d. h. der Leistungsträger und Veranstalter, die oftmals zugleich auch ihre Eigentümer bzw. Franchisegeber sind.

Äußere Einflüsse auf den Reisemarkt

Diese historische Dokumentation des Reisebüro- und Reiseveranstalter-Marktes wäre nicht vollständig, wenn nicht zwei sehr wesentliche exogene Ereignisse berücksichtigt werden, die starken Einfluss auf deren Entwicklung hatten:

Die Wiedervereinigung der beiden deutschen Staaten am 9. November 1989, die den deutschen Reiseveranstaltern und Reisebüros schlagartig ein zusätzliches Kundenpotential von rund 25 Prozent zuführte, von denen der deutsche Reisemarkt mit zum Teil extremem Wachstum bis etwa 1996 profitierte. Und der 11. September 2001 mit dem Anschlag auf das World Trade Center in New York, der in den Folgejahren in vielen europäischen Reisemärkten zu tief greifenden Umsatz-Einbrüchen um 20 Prozent führte, die erst bis 2008 wieder aufgeholt wurden. Ob der 11. September der alleinige Auslöser einer weitgehenden Stagnation bzw. Sättigung der Reisemärkte war oder nur der Gipfel ökonomischer Probleme (Platzen der E-Commerce-Blase, Einführung des Euro, geringes Wirtschaftswachstum bzw. Stagnation vor allem in Deutschland) und vieler militärischer und terroristischer Konflikte in den 90er-Jahren (Golfkriege, Bürgerkriege in Jugoslawien, Bosnien- und Kosovo-Krieg, Anschläge am Hatschepsut-Tempel / Ägypten, auf Djerba, in der Türkei etc.) mag umstritten sein. Das Jahr 2001 bescherte jedenfalls den bis dahin erfolgsverwöhnten Reiseunternehmen die bislang deutlichsten Nachfrageeinbußen und dokumentierte die nachhaltige Volatilität der Reisebranche.

Fünf Epochen

Die Geschichte des Reisebüro- und Reiseveranstalter-Marktes lässt sich in fünf Epochen untergliedern:

1) Antike, Mittelalter und Neuzeit bis zum 2. Weltkrieg, in der sich Reisen von Personen überwiegend an geschäftlichen und politischen/militärischen Erfordernissen orientierte oder aber ethnisch motiviert waren.
2) Die Entwicklung des Massentourismus in hoch entwickelten Wirtschaftsnationen mit Hilfe von Reiseveranstaltern und Reisebüros in der zweiten Hälfte des 20. Jahrhunderts bis zur Wiedervereinigung Deutschlands.
3) Die Lagerbildung des deutschen Veranstaltermarktes durch Ver- und Entflechtung der verschiedenen Wertschöpfungsstufen und Beteili-

gungsstrukturen des Reisemarktes nach der Aufhebung der Vertriebsbindung.

4) Die Konzentration des Reisebüromarktes in Filial-, Franchise- und Kooperationssystemen sowie die Spezialisierung nach Geschäftsmodellen für stationäre Reisebüros und Geschäftsreiseorganisationen.
5) Die Globalisierung der Reiseveranstaltermärkte zu Beginn des 21. Jahrhunderts durch die Ausweitung der Vertriebskanäle via Internet und branchenfremde Vermittler und neue Geschäftsmodelle.“[19]

4. Reisen vor 1914: Urlaub für Privilegierte

Kurbäder

Im 19. Jahrhundert war es in den Adelskreisen üblich, die warme Jahreszeit in den Hotels der großen Bäder zu verbringen. Kaiser, Könige, Fürsten und Herrscher aus anderen europäischen Ländern machten durch ihre Besuche die einzelnen Badeorte hoffähig. Während der mehrmonatigen Badekuren wurden die Badeorte mehrfach gewechselt, und das mitsamt einer umfangreichen Dienerschaft, eigenem Mobiliar und ausreichend Proviant. Neben therapeutischen Zwecken dienten die Kuren hauptsächlich dem Vergnügen und der Unterhaltung. So gehörten neben Theatern, Ball- und Konzertsälen auch Spielbanken zu den touristischen Angeboten.

Seebäder

Auch die Seebäder wurden von den aristokratischen Oberschichten entdeckt. Die ersten Seebäder in Deutschland entstanden um das Jahr 1800. Herzog Friedrich Franz I zu Mecklenburg-Schwerin ließ 1793 ein architektonisch einzigartiges Gebäudeensemble an einem Ostseestrand bauen. Es wurde die „Weiße Stadt am Meer“. Aus Berlin und den Schlössern der Umgebung strömte der Adel nach Heiligendamm. Gleichzeitig entwickelten sich die Seebäder Norderney und Travemünde. Als 1825 die erste Spielbank in Travemünde eröffnet wurde, kamen auch andere zahlungskräftige Gäste aus Mittel- und Osteuropa. In Westerland begann 1855 und im Nordseebad Ording 1877 das Badezeitalter. Wie bei den Kurbädern machte der Besuch des Königlichen Hofes manches Seebad erst richtig populär, so z. B. Wyk auf Föhr, das Mitte des 19. Jahrhunderts vom dänischen König zur Sommerresidenz auserkoren wurde.[20]

19 Vgl. von Dörnberg, Adrian/Freyer, Walter/Sülberg, Werner: Reiseveranstaltermanagement, München/Wien 2012, S. 51 ff.

20 Auszüge aus dem 1987 erschienenen Buch der AMK Berlin „Reisen und Tourismus“.

Ein Mittelstand entsteht

Der Industrialisierungsprozess bewirkt den ersten Schritt heraus aus dem elitären Tourismus für Privilegierte. Neben Adel und Bildungsbürgertum entwickelt sich durch den Wirtschaftsaufschwung ein Mittelstand, der ebenfalls das Geld für Reisen auf bringen kann. Wer es sich leisten kann, reist in die Badeorte an Nord- und Ostsee (1913 sind das 700.000 Besucher), in die Sommerfrische in den Mittelgebirgen, in die Alpen oder an die See als preiswerte Alternative zur Badereise in den Kurort. Oder man unternimmt etwas ganz Besonderes: eine Seereise mit der Hamburg-Amerika Linie oder dem Norddeutschen Lloyd auf einem der schwimmenden Luxushotels. Beliebte Ziele für die begüterte Kundschaft sind Ägypten und Palästina.

Seebäderdienste von Hapag und Lloyd

Das Engagement der Hamburg-Amerikanischen-Packetfahrt-Actiengesellschaft (Hapag) und des Norddeutschen Lloyd in der Touristik reicht weiter zurück als der Start des Kreuzfahrtgeschäfts – und zwar als Passagierschifffahrten zu den Seebädern auf den ost- und nordfriesischen Nordseeinseln und nach Helgoland. Der Norddeutsche Lloyd berichtet schon unmittelbar nach seiner Gründung nicht nur über Fahrten nach New York und England und auf der Ober- und Unterweser, sondern auch zum Nordseeheilbad Norderney und wenig später nach Helgoland.

Zu den „Helgolandfahrern“ gehört seit 1868 regelmäßig auch die Hapag. Für Zehntausende von Menschen ist es die erste oder einzige Gelegenheit, mit Hapag und Lloyd eine Seereise anzutreten. Bei Lloyd liegt das Schwergewicht auf der Bedienung der Ostfriesischen Inseln, wobei auch Borkum und Wangerooge in die saisonalen Dienste einbezogen werden, bei der Hamburger Konkurrenz liegt der Schwerpunkt außer auf der Helgoland-Verbindung auf Fahrten zu den nordfriesischen Inseln Föhr, Sylt und Amrum. Vereinbarungen mit den Eisenbahnverwaltungen sorgten für die direkte Gepäckbeförderung von allen größeren Orten des Binnenlandes auf die Inseln sowie für die Verknüpfung der Fahrpläne der Bahn mit den Schiffsabfahrten. Wer nachts um 23.55 Uhr aus der Reichshauptstadt abfährt und damit Bremerhaven um 7.38 Uhr erreicht, ist bereits um 12 Uhr mittags in Norderney.

Badereisen zu den Nordseeinseln sind ein Saisongeschäft. Ein wirtschaftliches Problem ist die Auslastung der Schiffe im Winter. Mit Beginn der Wintersaison 1897/98 findet Lloyd für den Salon-Schnelldampfer „Najade“ (Sommerverkehr nach Norderney und Borkum) einen saisonalen Ausgleich: „Najade“ wird zwischen Neapel und Capri eingesetzt, und zwar offenbar mit so großem Erfolg, dass die Winterfahrten im Golf von Neapel in den folgenden Jahren – auch unter Einbezug des Nordsee-Bäderschiffes „Nixe" – auf das Anlaufen von Sorrent, Ischia und Amalfi ausgedehnt werden kann. Als Lloyd sein „Interesse" an der Reederei Societa Napoletane in Neapel vergrößert, kann der Touristenverkehr im Golf von Neapel „außerordentlich" gesteigert werden, auch dank der Verknüpfung mit dem eigenen Dampferdienst von Genua nach Neapel.

Die Hapag hat diese Probleme nicht mehr. Sie war bereits 1888 aus dem Nordsee-Bäderdienst ausgeschieden. 17 Jahre später, am 1. Januar 1905, übernimmt sie von Albert Ballin die „Nordsee-Linie-Dampfschiffs-GmbH", die sie dann als „Abteilung Seebäder-Dienst" weiterführt. Ein vertraglich gesicherter Friede mit Lloyd im Wettbewerb um die Bedienung der Nordseebäder wird indes erst nach dem Ersten Weltkrieg (1920) geschlossen: Hapag fährt seitdem nicht mehr zu den Ostfriesischen Inseln, Lloyd nicht mehr zu den nordfriesischen Inseln.

Das Jahrhundert des Tourismus

Die Industrialisierung im 19. und zu Beginn des 20. Jahrhunderts bewirkt eine radikale Änderung der Lebensverhältnisse in Deutschland. Nach einer kritischen Anfangsphase verbessern sich die sozialen Verhältnisse, was auch zu einer gewissen Belebung des Tourismus in Deutschland führt. Die Entwicklung des Eisenbahnwesens trägt ebenfalls wesentlich zur Mobilität bei. Innerhalb von vier Jahrzehnten war aus dem eher rückständigen Agrarland Deutschland eine der führenden Industrienationen geworden. Lebte 1871 erst jeder Zwanzigste in einer Großstadt mit 100.000 Einwohnern, war das 1914 bereits jeder Vierte. Zwischen 1872 und 1913 verfünffachte sich die Zahl der „Fremdübernachtungen" in Deutschland.

Und noch etwas hat uns das 20. Jahrhundert geschenkt: Ein Menschheitstraum hat sich erfüllt – der Traum vom Fliegen. Das Flugzeug ist zum Transportmittel aller Bevölkerungsschichten geworden. Die Welt hat sich geöffnet. Die Sehnsucht nach fernen Welten, die Neugier auf unbekannte Länder und fremde Kulturen, der Wunsch, den Zugvögeln zu folgen in warme Gefilde, ans blaue Meer und zu weißen Stränden, das liegt tief in uns.

Aber die Menschen konnten sich vor 150 Jahren die Erfüllung ihrer Träume nicht leisten, es fehlte ihnen an Zeit und Geld. Mobilität – ehedem das Privileg einer kleinen Schicht von Begüterten – wird im Laufe des 20. Jahrhunderts zu einem wichtigen Teil des Lebens, zu einer Selbstverständlichkeit für jedermann. Ferienerlebnisse sind heute unverzichtbar geworden. Es sind „die schönsten Wochen des Jahres", auf die man sich meist monatelang freut. Reisen rangiert vor vielen anderen Bedürfnissen des täglichen Lebens. Im Laufe von hundert Jahren ist aus dem Recht einiger

Privilegierter ein Konsumgut für jedermann geworden. Das 20. Jahrhundert wurde so zum Jahrhundert des Tourismus.

Urlaub für alle?

Seit 1873 wurden Urlaubsregelungen für Staatsbeamte und für Angestellte in der Privatwirtschaft (Privatbeamte) geschaffen. Seit diesem Zeitpunkt gewährt Siemens zum Beispiel den höheren Angestellten insgesamt 14 Tage Urlaub. Vor dem Ersten Weltkrieg erhalten zwei Drittel der Angestellten und fast alle Beamten bereits einen Urlaub von sieben bis vierzehn Tagen pro Jahr. Höhere Beamte und leitende Angestellte bekommen erheblich mehr. Die Arbeiter gehen dagegen – mit geringen Ausnahmen – leer aus. Die Chemnitzer Handelskammer erklärt 1906: „Es geht viel zu weit, einen Erholungsurlaub für Leute einzuführen, die nur körperlich tätig sind und unter die Gesundheit nicht schädigenden Verhältnissen arbeiten. Für Beamte, die geistig tätig sind und häufig Überstunden arbeiten müssen, die keine körperliche Ausarbeitung bei ihrer Tätigkeit haben, erscheint die Erteilung von Erholungsurlaub gerechtfertigt. Für Arbeiter ist ein solcher Urlaub in der Regel nicht erforderlich. Die Beschäftigung dieser Personen ist eine gesunde, eine geistige Anstrengung kommt nicht vor, auch von körperlicher Überarbeitung kann man nicht reden."

An einer Demokratisierung des Reisens sind weder der Staat noch die Industrie sonderlich interessiert. Vielmehr hält man durch das hohe Sozialprestige der touristischen Reisen die Beamtenschaft und den neuen Mittelstand bei Laune. Urlaub ist immer noch ein Privileg.

Urlaub für alle!

Die Durchsetzung eines generellen Anspruchs auf Urlaub gehört von Anfang an zu den Grundforderungen der deutschen Gewerkschaften. Sie haben nach ihrer Anerkennung 1918 auch erste Erfolge. 1929 enthalten bereits 98 Prozent aller Tarifverträge Urlaubsklauseln. Allerdings sind die erzielten Regelungen noch äußerst bescheiden: Die Urlaubsdauer ist gering, obgleich eine geringe finanzielle Abgeltung für nicht in Anspruch genommenen Urlaub möglich ist. Das nationalsozialistische Regime führt erstmals für fast alle Arbeiter einen Jahresurlaub von sechs bis zwölf Tagen ein. Inzwischen wird in Deutschland ein bezahlter Jahresurlaub von wenigstens vier Wochen gewährt.

Die ersten Ferien-Macher

Ein Jahr vor der Jahrhundertwende gründet Josef Hartmann, der seine Sporen in Carl Stangen's Reise-Bureau in Berlin verdient hat, in Köln ein eigenes Reisebüro, dem er später in Düsseldorf eine Filiale angliedert. Das

Reisebüro Hartmann entwickelt sich zu einer der ersten Adressen in Düsseldorf und Köln. Ein Jahr später gründet der Buchhändler Ernst Kelterborn die „Göttinger Verkehrszentrale“ und beginnt damit seine Karriere in der Reisebranche, die sowohl zur Gründung von Touristenzeitschriften als auch zur Gründung eines Reisebüroverbandes führt. 1905 übernimmt die Hamburg-Amerika Linie das Stangen’sche Reisebüro in Berlin, und im selben Jahr gründet der Norddeutsche Lloyd gemeinsam mit Thos. Cook & Son die Weltreise Union GmbH.

Die amtliche Statistik des Kaiserreiches erkennt das „Reisebüro“ erst ab 1907 als eigenständigen Gewerbezweig an. Bis dahin werden die Reisebüros in einer Gruppe mit den Lohndienern, Kofferträgern und Wach- und Schließgesellschaften zusammengefasst. 1907 werden offiziell erst 119 Reisebüros mit knapp 800 Mitarbeitern gezählt. Rund ein Drittel davon sind Zwei-Personen-Betriebe, wahrscheinlich Ehepaare. 42 Prozent beschäftigen zwischen drei und fünf Mitarbeiter, 19 Prozent zwischen sechs und zwölf Personen. Horst Egon Scholz schreibt in seinen Beiträgen zur Geschichte der deutschen Reisebüros: „Die deutsche Reisebürolandschaft bleibt zunächst ein Konglomerat von zum Teil zwar ungewöhnlich tüchtigen, in ihrer Zielsetzung jedoch recht unterschiedlichen Unternehmungen.“

Aus grauer Städte Mauern …

Anfang des Jahrhunderts entstehen auch SPD-Wandervereine, die Wandervogelbewegung (1901), die Jugendbünde und auch die Jugendherbergen (1909). Schlagwörter wie Volkstourismus und Sozialtourismus kommen auf, versuchsweise werden gewerkschaftseigene Reisebüros und Ferienheimgenossenschaften gegründet.

5. 1919 bis 1945: Reisen wird ein erreichbares Gut

Hohe Reparationszahlungen an die Siegermächte, eine fatale, rapide fortschreitende Geldentwertung, die erst Ende 1923 mit Einführung der Rentenmark ein Ende findet, eine hohe Arbeitslosigkeit und politische Unruhen machen den Deutschen das Leben in der Weimarer Republik schwer.

Die Eisenbahn wird modern

Der verlorene Krieg von 1914 bis 1918 hat tiefe Spuren im deutschen Eisenbahnwesen hinterlassen. Trotzdem werden neue Ideen in die Tat umgesetzt. Noch vor Kriegsende, am 1. Januar 1917, nimmt die „Mitteleuropäische Schlaf- und Speisewagen AG“ (Mitropa) ihren Dienst auf. Der deutsche Reichstag beschließt schon am 27. März 1917, die Bahnen der deutschen Länder unter einem Dach zu vereinigen. Die „Verreichlichung der Deutschen Bahnen“ wird jedoch erst zum 1. April 1920 mit der Gründung der Deutschen Reichsbahn verwirklicht.

Trotz der wirtschaftlich schwierigen Jahre erreicht der Eisenbahnverkehr Spitzenwerte: 1922 werden fast drei Milliarden Reisende befördert. Die Reichsbahn führt 1923 Fern-D-Züge ein. Stuttgart erhält einen neuen Hauptbahnhof. 1924 wird die Deutsche Reichsbahn in ein „selbstständiges“ Unternehmen, in die „Deutsche Reichsbahn-Gesellschaft“ umgewandelt. Auf der Bahnstrecke zwischen Hamburg und Berlin kommt das erste Zugtelefon zum Einsatz. Reichspräsident von Hindenburg eröffnet 1927 den Eisenbahndamm vom Festland nach Sylt. Der Diesel-Schnelltriebwagen „Fliegender Hamburger“ verkehrt ab 1933 regelmäßig zwischen Hamburg und Berlin.

Schifffahrt kommt wieder

Nicht nur die Bahn ist vom verlorenen Krieg gezeichnet, in noch größerem Maße trifft es die Schifffahrt. Sämtliche deutschen Schiffe über 1600 Bruttoregistertonnen müssen nämlich an die alliierten Siegermächte abgeliefert werden. Das ist das vorläufige Ende der deutschen Schifffahrt. Erst 1928 laufen die neuen Schnelldampfer „Bremen“ und „Europa“ des Norddeutschen Lloyd vom Stapel.

Luftverkehr beginnt

Aber es gibt auch Positives: Am 5. Februar 1919 beginnt zwischen Berlin und Weimar der erste regelmäßige Flugverkehr durch die Deutsche Luft-Reederei (DLR). Sechs Luftverkehrsgesellschaften einschließlich der DLR gründen am 28. August 1919 in Den Haag die „International Air Traffic Association“ (IATA). Im August 1920 eröffnen die DLR und „Det Danske Luftfartseleskab“ (DDL) die erste internationale Flugstrecke von Malmö/Kopenhagen über Warnemünde, Hamburg/Bremen nach Amsterdam, die sie „Europa Nordwestflug“ nennen. 1924 gelingt die erste Nonstop-Fahrt über den Atlantik mit einem Zeppelin.

1926 ist ein historisches Jahr für den Luftverkehr. Auf Druck des Reichsverkehrsministeriums wird aus den finanziell angeschlagenen Fluggesellschaften Junkers AG und Deutsche Aero Lloyd eine Firma: die Deutsche Luft Hansa AG. Im ersten Betriebsjahr legen die Flugzeuge der Luft Hansa 6,5 Millionen Kilometer zurück und befördern 56.268 Passagiere.

Charles Lindbergh fliegt 1927 nonstop in 33 Stunden von New York nach Irland und weiter nach Paris. Im darauffolgenden Jahr überqueren Köhl,

Fitzmaurice und von Hünefeld im Flugzeug den Atlantik erstmals in umgekehrter Richtung.

Die Luft Hansa eröffnet am 1. Mai 1932 einen Tagesdienst Berlin-München-Venedig-Rom. Die JU 52 von Luft Hansa wird international als Spitzenmaschine prämiert. Die Luft Hansa bricht 1933 mit der Heinkel HE 70 acht Geschwindigkeitsrekorde mit einer Spitze von 375 km/h und eröffnet am 5. Juni 1934 den „Blitzflugverkehr" zwischen Berlin, Frankfurt am Main, Köln und Hamburg.

Das Luftschiff LZ 129 „Hindenburg" schwebt 1936 in 50 Stunden von Frankfurt nach New York. Mit dem Zeppelin-Absturz Anfang Mai 1937 in Lakehurst endet die regelmäßige Personenbeförderung mit Luftschiffen.

Die Luft Hansa schreibt sich ab 1934 Lufthansa. Sie fliegt am 10. August 1939 zum ersten Mal mit einer 4-motorigen Focke-Wulf FW 200 nonstop von Berlin nach New York.

Begrenzter Reiseverkehr

Mit dem Ende der Inflation beginnt die Wirtschaft wieder zu genesen. Trotz hoher Arbeitslosigkeit verreisen immer mehr Deutsche. 1925 wird eine bisher erhobene Zwangsgebühr für Reisen ins Ausland aufgehoben. Aber prinzipiell bleibt der Tourismus auch noch während der Weimarer Republik (1919 – 1933) ein Privileg für die Besserverdienenden. In dieser Zeit wird die Diskrepanz zwischen den touristischen Wünschen und Freizeitbedürfnissen breiter Schichten und dem, was dieser Teil der Bevölkerung sich zeitlich und finanziell leisten kann, immer größer.

In Berlin findet 1928 die erste Automobil-Ausstellung statt und lenkt die Blicke aufs Auto. Der New Yorker Börsenkrach vom 25. Oktober 1929 löst die Weltwirtschaftskrise aus und gefährdet auch die Reisebranche. In Deutschland werden 4,4 Millionen Arbeitslose registriert.

1932 wird der erste Teilabschnitt der Autobahn von Köln nach Bonn eröffnet.

Im Juli 1931 verordnet die Regierung, dass jeder Auslandsreisende eine Gebühr von 100 Reichmark zu zahlen hat. 1932 wird diese Gebühr auf 200 Reichsmark angehoben, und 1933 kommt schließlich die sogenannte „Tausend-Mark-Sperre", eine Gebühr, die den von Deutschland nach Österreich reisenden Bürgern auferlegt wird und den Verkehr nach Österreich praktisch zum Erliegen bringt.

Aber auch in diesen Jahren gibt es Leute, die über genügend Geld verfügen. So findet beispielsweise eine Gesellschaftsreise mit dem Lloyd Triestino nach Indien, Burma und Ceylon statt, die Rückreise erfolgt mit einem Schiff der Hamburg-Amerika Linie, die 82 Tage dauert und den damals sehr stolzen Preis von 5670 Reichsmark kostet. Für dieses Geld konnte man auch ein kleines Häuschen kaufen.

Mit Hitler wird alles anders

Als Adolf Hitler am 30. Januar 1933 an die Macht kommt, greift der Nationalsozialismus in die Strukturen des öffentlichen Lebens ein. Gewerkschaften werden zerschlagen. Reglementierungen durch Partei und Staat werden Alltag. Die Menschen, die Wirtschaft und vor allem die Verkehrseinrichtungen werden auf ein Ziel ausgerichtet: auf den Krieg.

Die nationalsozialistische Organisation „Kraft durch Freude" (KdF) wird als Reiseunternehmen etabliert. Dennoch behaupten sich auch private Reiseveranstalter wie Dr. Carl Degener mit seinen Ferienzügen, aber auch die etablierten Unternehmen wie MER (Mitteleuropäische Reisebüro), Hapag und Lloyd.

Die Ferien-Macher bis 1945

Die deutsche Reisebranche hat sich aus drei Transportunternehmen entwickelt, der 1847 gegründeten Hamburg-Amerikanischen-Paketfahrt-Aktiengesellschaft, der HAPAG, dem 1857 in Bremen gegründeten Norddeutschen Lloyd, und der Deutschen Bahn. Um ihre Leistungen überall in Deutschland zu verkaufen, arbeiten sie mit Verkaufsagenturen, die sie in zahlreichen Orten einsetzten.

Zu Zeiten Kaiser Wilhelms II. Anfang des 20. Jahrhunderts gab es einige tüchtige Reisebürounternehmer, über die Karl Fuß im 1960 erschienenen Werk „Die Geschichte der Reisebüros" ausführlich schreibt. Das sind vor allem Carl Stangen in Berlin und Friedrich Gustav Adolf Hessel in Dresden. Beide waren nicht nur Vertreter der deutschen Großreedereien, Hamburg-Amerika Linie und Norddeutscher Lloyd, sie veranstalten auch selbst Sonderreisen und arbeiten auf Bestellung schon damals die kompliziertesten Reiseprogramme in alle Teile der Welt aus. Auch das Reisebüro Rominger in Stuttgart gehört dazu.

Das waren jedoch Einzelerscheinungen. Tatsächlich spielten die Reisebüros noch keine große Rolle. 1907 zählte man in ganz Deutschland gerade einmal 119 Reisebüros. Die Großen im Tourismus waren die beiden genannten Reedereien, die nicht nur Auswanderer in die Neue Welt beförderten, sondern auch schon vor hundert Jahren Vergnügungsreisen für die gut zahlende Kundschaft veranstalteten. Reisen, die wir heute Kreuzfahrten nennen.

Mitteleuropäisches Reisebüro

1910 engagiert sich erstmals die Bahn über ihre eigentliche Transportfunktion hinaus auf dem touristischen Sektor. Die Königlich-Bayerische Staatseisenbahn gründet am 15. Juli 1910 die Bayerische Reisebüro GmbH, die Vorgängergesellschaft des Amtlichen Bayerischen Reisebüros (ABR). Gesellschafter sind außer der Bayerischen Bahn der Norddeutsche Lloyd, Thos. Cook & Son und die Bayerische Handelsbank. 1922 zählt auch die Hamburg-Amerika Linie zum Kreis der Gesellschafter.

Der Königlich-Bayerische Ministerialrat Ludwig Ruckdeschel, der sich schon 1910 bei der Umwandlung des Reisebüros Schenker & Co in das Amtliche Bayerische Reisebüro (ABR) engagiert hat, plädiert noch während des Ersten Weltkrieges für eine nationale Reiseorganisation, die von den Staatsbahnen der Länder getragen werden soll. Das Ministerium in Berlin besteht allerdings darauf, dass auch andere große Verkehrsträger daran beteiligt werden. So kommt es am 17. Oktober 1917 in Berlin zur Gründung des Deutschen Reisebüros (DR) durch die Staatsbahnen der Länder, den Norddeutschen Lloyd und die Hamburg-Amerika Linie. Das Stammkapital beträgt eine Million Reichsmark. Der Zweck des Unternehmens ist die Förderung und Erleichterung des Reiseverkehrs in und nach Deutschland. Dem Deutschen Reisebüro wird das Recht auf Einrichtung und Betrieb von Reisebüros außerhalb der Bahnhöfe im In- und Ausland übertragen, es darf für den Fahrkartenverkauf auch Lizenzen an Reisebüros vergeben. Die Staatsbahnen ringen sich zu einer revolutionären Entscheidung durch: Das Reisebüro erhält erstmals als Entgelt für die eigenen Aufwendungen eine Provision direkt von den Eisenbahngesellschaften. Bis dahin musste der Kunde beim Kauf einer Fahrkarte im Reisebüro eine zusätzliche Verkaufsgebühr entrichten.

Schon sechs Monate nach der Gründung des Deutschen Reisebüros wird der Kreis der Gesellschafter erweitert. Die Königlich-Ungarischen Staatsbahnen und das ungarische nationale Fremdenverkehrsunternehmen IBUSZ beteiligen sich am Deutschen Reisebüro. Das Unternehmen wird deshalb in Mitteleuropäisches Reisebüro (MER) umbenannt. 1920 kommt noch das Österreichische Verkehrsbüro als Gesellschafter hinzu. Im selben Jahr übernimmt das MER in Berlin das Amtliche Bayerische Reisebüro am Potsdamer Bahnhof und das Reisebüro Mitropa. Am 1. Januar 1923 stellt sich die Gesellschafter-Zusammensetzung des Mitteleuropäischen Reisebüros wie folgt dar:

- Deutsche Reichsbahn 39,1 Prozent,
- IBUSZ 15,6 Prozent,
- Hamburg-Amerika Linie 12,5 Prozent,
- Norddeutscher Lloyd 12,5 Prozent,
- Sächsisches Wirtschaftsministerium 4,7 Prozent,
- Preußisches Ministerium für Handel und Gewerbe 3 Prozent,
- Bayer. Staatsministerium für Handel, Industrie und Gewerbe 2,4 Prozent,
- Ungarische Staatsbahnen 1,2 Prozent,
- Württembergisches Staatsministerium 0,8 Prozent,
- Badisches Finanzministerium 0,8 Prozent,
- Oldenburgisches Ministerium des Verkehrs 0,8 Prozent,
- Mecklenburg-Schwerin'sches Finanzministerium 0,8 Prozent,
- Kaschau Oderberger Eisenbahn 0,6 Prozent,
- Jadranska Plovidba Dampfschiffs AG 0,1 Prozent,
- Hessisches Ministerium der Finanzen 0,1 Prozent.

Wachstum

1924 bezieht das MER ein neues Direktionsgebäude in der Berliner Voßstraße. Weitere Reisebüros werden in Frankfurt, Köln und Berlin eröffnet. Das MER hat 184 deutsche und 354 ausländische Vertretungen. Die MER-Büros bieten Fahrkarten für 21.000 Eisenbahnstrecken im In- und Ausland an. In Spitzenzeiten werden bis zu 60.000 Platzkarten und 5.000 Betten im Schlafwagen pro Tag verkauft.

In den 20er-Jahren wird auch der Verkauf von Pauschalreisen beim MER forciert. Dabei wird besonderer Wert darauf gelegt, dass die Freizügigkeit des Reisenden nicht eingeschränkt wird. Er kann auch noch während der Reise den Aufenthalt beliebig verkürzen oder verlängern – vorausgesetzt, er teilt seine Änderungswünsche rechtzeitig mit.

Auslandsbüros

Das MER treibt unterdessen den Ausbau seines Netzes im In- und Ausland kräftig voran. Im Jahre 1926 engagiert es sich in den Vereinigten Staaten. In New York wird die Tochtergesellschaft Amerop Travel Service gegründet. Filialen werden in Los Angeles, Cleveland und Chicago eröffnet. 1929 werden Büros in London, Rom und Paris eingerichtet. Die Zahl der Inlandsvertretungen steigt auf 245, die der Auslandsvertretungen auf 754.

1929 wird dem MER die Generalvertretung für den Vertrieb der Eintrittskarten zu den Oberammergauer Festspielen außerhalb Bayerns übertragen. Angesichts der großen Nachfrage und der begrenzten Bettenkapazität im Festspielort werden die Karten nur als Paket in Verbindung mit Übernachtung und Verpflegung verkauft. Tausende reisen 1930 in Sonderzügen des MER nach Oberammergau. Auch die Eintrittskarten für die Bayreuther Festspiele werden über das MER vertrieben; rund 30 Reichsmark kostet zu dieser Zeit eine Karte für eine Wagneroper.

Weltweite Vertragshotels

Das MER findet auf dem internationalen Reisemarkt immer stärkere Akzeptanz, über 6.000 Vertragshotels in aller Welt nehmen die MER-Übernachtungsgutscheine an. 1932 schreibt das MER erstmals eine Flugpauschalreise aus mit Luft Hansa nach Italien. Bald darauf erscheint der „Reisekalender" des MER, der 157 Programme von Nordeuropa bis Nordafrika enthält.

Während des NS-Regimes entwickelt sich das MER trotz der Konkurrenz durch „Kraft durch Freude" erfolgreich weiter. 1937 veranstaltet es fast 1200 Gesellschaftsreisen, an denen knapp 50.000 Gäste teilnehmen.

Weniger Gesellschafter

Die Zahl der MER-Gesellschafter ist inzwischen geschrumpft. Die Reichsbahn hält nun mit 44,1 Prozent den größten Anteil, gefolgt von den beiden Reedereien mit je 16,7 Prozent und IBUSZ mit 16,2 Prozent. Weiter beteiligt sind das Österreichische Verkehrsbüro, die Ungarischen Staatsbahnen und die Jadranska Plovidba.

Das MER verfügt zu Beginn des Zweiten Weltkrieges über ein dichtes Netz von Filialen und Vertretungen. Es betreibt eigene Filialen in Berlin, Wien, Frankfurt, Heidelberg, Köln, Linz, London, Paris, Mailand, Rom, New York, Los Angeles und Buenos Aires.

Der Krieg verändert alles

Mit dem Ausbruch des Krieges 1939 kommt der Reiseverkehr sukzessive zum Erliegen. Die Hauptstadt Berlin ist dem Bombenhagel der Alliierten ausgesetzt. Am Abend des 23. November 1943 wird das Direktionsgebäude des Mitteleuropäischen Reisebüros (MER) am Leipziger Platz in Berlin bei einem Luftangriff zerstört. Die Unternehmensleitung findet eine notdürftige Unterkunft in einem Gebäude im Güterumschlagsbereich des Anhalter Bahnhofs in der Möckernstraße. Finanzabteilung und Buchhaltung werden nach Wien verlegt. Da die Angriffe auf Berlin immer heftiger und gefährlich werden, siedelt die MER-Direktion Anfang Februar 1944 nach Bentschen über, einem kleinen Ort in der Nähe von Posen, im damaligen Reichsgau Wartheland. Am Bahnhof Bentschen werden ein Speise- und ein Schlafwagen für den Fall bereitgestellt, dass eine kurzfristige Abreise notwendig wird. Das für die Finanzen in Wien eingerichtete Ausweichbüro wird im August 1944 nach München-Solln verlegt. Im Januar 1945 rücken die russischen Truppen immer weiter vor. Am 21. Januar 1945 werden die beiden vorsorglich stationierten Waggons an einen Flüchtlingszug angehängt. Die MER-Direktion begibt sich wieder auf Tournee, über Guben nach Fürstenberg an der Oder, Berlin und Uckro bei Halle nach Doberberg-Kirchhain. Am 9. Mai 1945 ist der Krieg endgültig zu Ende.

Neues Leben nach 1945

In Berlin etabliert sich die nach Uckro geflüchtete MER-Direktion erneut. Am 1. November 1945 wird die Mitteleuropäische Reisebüro GmbH ins Handelsregister beim Amtsgericht Berlin-Charlottenburg eingetragen. Hierbei wird Bezug genommen auf die gleichzeitig dort erfolgte Ursprungsgründung im Jahre 1917.

Gleichzeitig entwickeln die über Wien nach München verschlagenen Direktionsangehörigen eigene Aktivitäten. Sie wollen die Leitung des MERs an sich reißen und holen sich zunächst eine Betriebsgenehmigung für die Amerikanische Besatzungszone. Um auch in der Britischen Zone arbeiten zu können, verlegen sie ihre Direktion nach Detmold. Dort lagern nun auch sämtliche Unterlagen, Dokumente und Jahresabschlüsse, die Auskunft über die finanzielle Situation und die Vermögenswerte des MERs geben. Diese Unterlagen werden jedoch im Rahmen der Anmeldepflicht für das Gesamtunternehmen in der ehemaligen Reichshauptstadt benötigt. Jetzt entwickelt sich nicht nur zwischen den Berliner Direktionsmitarbeitern und denen in Detmold eine Konkurrenzsituation, sondern auch zwischen den Alliierten entsteht eine immer deutlichere Distanz. Die amerikanischen und britischen Besatzungsbehörden verbieten die Zusammenarbeit Detmold/Berlin und lehnen erst recht die Unterordnung des in den beiden Westzonen ansässigen MER unter die MER-Direktion in Berlin strikt ab. So gibt es nach einem Bericht der MER-Direktion Berlin an die US-Besatzungsbehörden in Berlin vom 2. Juli 1946 drei Direktionen des MER, und zwar:

- Berlin: interalliierte Zone Großberlin und russische Besatzungszone,
- Detmold: britische Besatzungszone,
- Frankfurt: amerikanische Zone.

Von den Auswirkungen des 2. Weltkriegs wird das MER besonders hart getroffen. Aufgrund eines Beschlusses des Alliierten Kontrollrates verliert das MER 1946 seine sämtlichen Auslandsniederlassungen und muss seine Tätigkeiten auf das Inland beschränken. Zugleich wird es umbenannt in Deutsches Reisebüro (DER). Erst 1954 mit Inkrafttreten der Pariser Verträge erhält das DER die Erlaubnis zur Wiederaufnahme von Auslandsgeschäften. Die MER-Zentrale in Ost-Berlin und die auf dem Gebiet der damaligen DDR befindlichen Reisebüros werden enteignet, als Staatsbetriebe fortgeführt und 1964 in VEB Reisebüro der Deutschen Demokratischen Republik umbenannt. Seit der Wiedervereinigung Anfang 1990 firmiert das Unternehmen als Reisewelt bzw. Europäische Reisebüro GmbH und 100 Prozent-Beteiligung der Kaufhof-Tochter ITS Reisen GmbH. 1995 werden die ostdeutschen Reisewelt-Büros an den Handels-Konzern REWE veräußert, der seit 1990 die Reisebürokette Atlasreisen von 20 auf über 500 Vertriebsstellen ausgebaut hatte und ab 1996 auch die übernommenen Reisewelt-Büros sowie die Reisebüros von Kaufhof und Horten unter der Marke „Atlasreisen" fortführt. Ironie der Geschichte: Eine konzerninterne Wiedervereinigung fand im Jahr 2000 statt, als REWE auch das DER von der Deutsche Bahn AG erwarb und die DER Reisebüros ihre alten Filialen in den neuen Bundesländern – nun unter der Marke Atlasreisen agierend – wieder integrieren konnten. Dieses Ziel hatte die Treuhandanstalt 1990 durch Nichtanerkennung der Restitutionsansprüche des DER noch verweigert. 2013 wurde im Zuge eines komplett neuen Markenlaunches der DER Touristik alle Atlasreisen Büros in „DER Deutsches Reisebüro" umbenannt.

Dr. Carl Degener

Dr. Carl Degener war in den 20er-Jahren Direktor des Bremer Arbeitsamtes. Er war mit Wilhelm Scharnow befreundet, der nach 1945 mit seinen Scharnow-Reisen bekannt wurde. Degener stellt immer wieder fest, dass breite Schichten der Bevölkerung voll unerfüllter Reisewünsche sind: Er will etwas für sie tun, denkt an eine Art Sozialtourismus.

Dabei kommt ihm die Idee, ein Reisesparen für Arbeiter und Angestellte einzuführen. Er wendet sich an das Spitzengremium der deutschen Sparkassen, die Gefallen an seinen Vorschlägen finden und mit ihm 1929 in Berlin die „Deutsche Reisespar GmbH" gründen. Carl Degener wird Direktor der neuen Firma und gibt seine Tätigkeit als Arbeitsamtschef in Bremen auf. Das Reisesparen allein entspricht aber nicht so ganz seinen Vorstellungen. Er will den Leuten eigentlich nicht nur das Sparen für die Reise nahebringen, er will ihnen auch konkrete Reisen anbieten. Bei den Gesprächen mit den Vertretern der deutschen Fremdenverkehrsgebiete stößt er zunächst auf Skepsis und Widerstand. Und doch ist es 1931 schließlich soweit: Seine Reisesparmarken sind im Umlauf, und nun soll es so richtig losgehen. Aber inzwischen hat die allgemeine Wirtschaftskrise den Sparkassen jede Zuversicht genommen. Sie sind unter den gegebenen Umständen nicht mehr an kurzfristigem Zwecksparen interessiert und begraben das Projekt kurzerhand.

„Volksreisen für den kleinen Mann"

Doch Degener lässt sich nicht entmutigen. Er eröffnet am 1. Mai 1932, obwohl er wenig Geld hat, in einem Nebenzimmer des Café Bauer, Unter den Linden in Berlin, ein Reisebüro. Er bietet „Volksreisen für den kleinen Mann" an. Er konzentriert sich auf einen Zielort, Golling im Salzburger Land, organisiert Sonderzüge und bringt schon im ersten Jahr seiner Selbstständigkeit 500 Urlauber dorthin. Er kalkuliert nach dem Prinzip „großer Umsatz – kleiner Nutzen". Eine Reise von Berlin in die Alpen mit einem Aufenthalt von acht Tagen ist bereits für 69,- Reichsmark zu haben. 1934 verhängt die nationalsozialistische Regierung eine Sperre der touristischen Auslandsausgaben. Für geplante Auslandsreisen wird eine Hinterlegung von 1000 Reichsmark verlangt, um ein Auslandsvisum beantragen zu können. Nun kann Degener seine Kunden nicht mehr über die Grenze schicken.

Ruhpolding

Als Ersatz entscheidet er sich für das unbekannte Ruhpolding am Flüsschen Traun. Einen Ort, den man damals eigentlich nur als „Kuhdorf" bezeichnen konnte – ein Dorf mit hundert Seelen, 123 Pferden und über 2000 Stück Vieh. Degener schafft innerhalb von vier Wochen Platz für 400 Personen. Die Bauern ziehen in ihre Ställe. Die Gäste beziehen die Wohnstuben und sind begeistert. Die Dörfler erkennen schnell ihre Chance und beginnen noch im selben Jahr mit dem Bau eines Kurhauses. Zu den neun Dorfkneipen kommen schon bald Pensionen und Hotels. Die Gästezahl steigt von Jahr zu Jahr. 1938 sind es 13.000 Urlauber, die mit Degener nach Ruhpolding reisen. Als die Nationalsozialisten bald nach der Machtübernahme ihr Kraft durch Freude-Programm auf die Beine stellen, kommt Degener in eine schwierige Lage. Mit den subventionierten KdF-Preisen kann er nicht konkurrieren. Eine KdF-Reise nach Oberbayern kostet einschließlich Gebirgsausflug 39 Reichsmark. Für dieselbe Reise muss er 69 Reichsmark verlangen, wenn er auf seine Kosten kommen will. Er entschließt sich, nicht mehr auf die Arbeiter und Angestellten mit schmalem Geldbeutel zu setzen, sondern sich seine Kunden unter den Besserverdienenden zu suchen. Erneut geht seine Rechnung auf: Dr. Carl Degener wird nach KdF der führende Reiseveranstalter Deutschlands.

KdF-Reise – ein Geschenk des Führers

Zu den Parolen der Nationalsozialisten gehört die Ankündigung, man werde die bürgerlichen Privilegien aufbrechen. Um das wirkungsvoll zu demonstrieren, entschließt sich die NSDAP-Führung zu verbesserten Urlaubsregelungen und zur Entwicklung eines „Volkstourismus". Natürlich spielt im Dritten Reich auch die Überlegung eine Rolle, dass ein massiver Widerstand der Arbeiterschaft gegen die neue Regierung die Aufrüstung und die Kriegspläne der Reichsregierung gefährden könnte. Es soll ein Weg gefunden werden, die Sympathie der Arbeiterschaft zu gewinnen, ohne die Löhne zu erhöhen. Das ist wegen der Aufrüstungsmaßnahmen nicht möglich. Die Regierung entschließt sich, bestimmte Konsumgüter zu verbilligen, die nicht die wehrwirtschaftlichen Interessen stören und zugleich einen hohen Prestigewert besitzen. Das sind Reisen, Autos und Radios. In diesem Zusammenhang wird eine deutliche Verbesserung der Urlaubsregelungen durchgesetzt: Fast alle Arbeiter erhalten erstmals sechs bis zwölf Tage Urlaub im Jahr. Der Deutschen Arbeitsfront, ein Ersatz für die aufgelösten Gewerkschaften, wird die Organisation für Freizeit und Reisen „Kraft durch Freude" (KdF) angegliedert. Diese feiert die Urlaubsregelung und die KdF-Reisen als ein Geschenk des Führers an seine Arbeiter.

Sparen für die Reise

Die KdF greift auf Degeners Reisesparidee zurück. In allen größeren Betrieben wird das KdF-Reisesparen eingeführt. Millionen von Arbeitern und Angestellten sammeln nun KdF-Reisemarken. Die Unternehmen beteiligen sich an diesem System und füllen durch eigene Beiträge die Urlaubskassen zusätzlich auf.

Preiswerte Reisen

Am 12. Februar 1934 verlässt der erste KdF-Sonderzug den Anhalter Bahnhof in Richtung Bayern. 80.000 Menschen reisen im selben Jahr mit KdF per Schiff nach Madeira. Im Jahr 1937 verreisen insgesamt 150.000 Leute mit Kraft durch Freude. Dr. Bodo Lafferentz, Leiter des Amtes „Reisen, Wandern und Urlaub" der Deutschen Arbeitsfront und Schwiegersohn von Winifred Wagner, gibt schon 1936 Zahlen bekannt: 7,5 Millionen Menschen sind bisher mit KdF verreist, darin sind allerdings viele Tagesausflüge enthalten. 6.000 bis 7.000 Urlauber pro Woche machen eine einwöchige Hochseefahrt ab Hamburg oder Bremen in die norwegischen Fjorde. KdF befördert pro Jahr mehr Menschen auf Schiffen als sämtliche deutsche und englische Reedereien zusammen mit ihren sogenannten Gesellschaftsfahrten.

Bis zum Ausbruch des Krieges 1939 sind über 750.000 Deutsche auf KdF-Schiffen gereist. Der Gästeansturm bei KdF kommt nicht überraschend, denn die einwöchige Kreuzfahrt ab Hamburg oder Bremen kostet nur 60 Reichsmark pro Person, eine 18-tägige Fahrt nach Madeira 120 Reichsmark. Für eine einwöchige Bahnfahrt nach Reit im Winkl einschließlich Unterkunft und Verpflegung zahlt der Teilnehmer nur 28 Reichsmark. Die niedrigen Preise sind möglich, weil KdF vom NS-Staat und aus der

Kasse der Deutschen Arbeitsfront mit 100 Millionen Reichsmark jährlich subventioniert wird. In den Jahren 1934 bis 1939 hat KdF insgesamt 9 Millionen Deutsche befördert, wovon allerdings mehr als die Hälfte Tagesausflügler waren.

Ein tragisches Ende nahm das KdF-Paradeschiff der staatlichen Urlaubsflotte, die „Wilhelm Gustloff“. Das Schiff sollte 5.000 Flüchtlinge, fast nur Frauen und Kinder, im Januar 1945 aus Ost- und Westpreußen nach Kiel bringen. Dabei wird es von einem sowjetischen U-Boot in der Ostsee angegriffen und versenkt. 3.800 Menschen finden den Tod in der eisigen See.

Der große Krieg regiert die Welt

Am 1. September 1939 beginnt mit dem deutschen Angriff auf Polen der Zweite Weltkrieg. Der organisierte Reiseverkehr kommt zum Erliegen, private Reisen werden stark eingeschränkt.

Die Lufthansa versucht, während der Jahre des Zweiten Weltkriegs den Dienst auf verschiedenen europäischen Strecken aufrechtzuerhalten. Wegen fehlenden Fluggeräts ist sie jedoch gezwungen, 1942 ihr Streckennetz drastisch zusammenzustreichen. Vor allem die Verbindungen ins neutrale Ausland sind sehr wichtig und werden deshalb fortgesetzt. Geflogen wird noch nach Schweden, in die Schweiz, nach Spanien und Portugal. Der letzte registrierte Flug der Lufthansa vor dem Ende des Zweiten Weltkrieges kommt allerdings woanders her: Er startet am 5. Mai 1945 von Oslo und endet in Flensburg.

Im Eisenbahn-Personenverkehr beginnt das Ende im Sommer 1944. Im Januar 1945 bricht schließlich das Fernzugnetz vollständig zusammen. Am 8. Mai 1945 ist der mörderische Krieg zu Ende. Er hinterlässt ein zerstörtes Deutschland.

6. Die Zeit nach 1945

Die Siegermächte teilen Deutschland in vier Besatzungszonen auf. Die Deutschen haben Hunger und zum Verreisen weder Geld noch Zeit. Trotz der Zerstörung von rund 40 Prozent aller Bahnanlagen und 25 Prozent aller Lokomotiven fährt die Bahn schon bald wieder. Am 1. Oktober 1946 verkehrt der erste Interzonen-Zug Amsterdam-Hannover-Berlin. Die Reisebüros öffnen bald wieder ihre Türen, Fahrkarten werden benötigt. Kleinere Urlaubsreisen in die Umgebung kommen schon 1947 wieder auf den Markt.

Im Osten beginnt der Freie Deutsche Gewerkschaftsbund (FDGB) 1947 mit dem Angebot von Erholungsreisen. Im Westen geht es erst nach der Währungsreform 1948 wieder so richtig los. Im August 1948 beginnt die Deutsche Zentrale für Fremdenverkehr mit der Werbung im Ausland für Reisen nach Deutschland. Weihnachten 1948 fährt der erste Sonderzug der Vorgängergesellschaft der Touropa mit 1.200 Gästen von Hamburg nach Ruhpolding. 1952 reisen mit dem einzigen bundesweit tätigen Reiseveranstalter Touropa schon wieder 194.000 Deutsche in die Ferien.

Neuer Anfang mit Touropa

Carl Degener muss wegen seiner Mitgliedschaft in der NSDAP und seiner berufsständigen Position innerhalb der Nazihierarchie nach 1945 einige Zeit in einem Internierungslager verbringen. 1947 kehrt er nach Ruhpolding zurück und bringt als erstes sein Reisebürogeschäft wieder in Gang. Sein Ruhpoldinger Kurhaus war inzwischen, wie der Spiegel 1956 berichtete, ein Tummelplatz hoher amerikanischer Offiziere und deutscher „Fräuleins" geworden. Degener schwebt vor, eine große Reiseorganisation auf privatwirtschaftlicher Basis aufzubauen, so etwas wie „Kraft durch Freude", aber ohne den Staat, ohne Subventionen. Er träumt von eigenen Hotels, Omnibussen, Sonderzügen, Schiffen, ja sogar Flugzeugen. Degener war ein Visionär, der seinem Freund Willy Scharnow davon vorschwärmte. Der erklärte ihn für verrückt.

Angesehene Verkehrswissenschaftler vertreten die Ansicht, der Fremdenverkehr sei der Wirtschaftszweig, der als erster in eine Depression komme und als letzter vom Aufschwung erfasst werde. Reisen sei für die Deutschen auf Jahre hinaus Luxus, den man sich nicht leisten könne.

Die Wirklichkeit sieht anders aus. Wenige Wochen nach der Währungsreform meldet sich Degener im Juli 1948 bei Emil Kipfmüller in Hamburg, den er gut aus der gemeinsamen Zeit in Berlin kennt. Kipfmüller ist nicht nur Hapag-Direktor mit Zuständigkeit für den Seebäder-Dienst, er ist auch der erste Geschäftsführer der am 1. Januar 1948 gegründeten Hapag-Lloyd-Reisebüro-Organisation. Hapag und Lloyd hatten ihre im Westen Deutschlands ansässigen Reise- und Passagebüros zusammengelegt. Hapag-Lloyd veranstaltet auch schon wieder Reisen, z. B. von Hamburg nach Westerland, in den Harz und nach Mittenwald. Degener und Kipfmüller treffen sich im Hapag-Haus am Ballindamm, wo Degener seine Ideen darlegt. Seine Kreativität und die erfolgreichen Sonderzugprogramme vor dem Kriege sprechen für ihn. Er ist sich aber darüber im Klaren, dass das schönste Programm nichts taugt, wenn der Vertrieb nicht funktioniert. Den Vertrieb hat Kipfmüller zu bieten. Schnell werden sich die beiden handelseinig. Noch im Juli 1948 wird die gemeinsame Tochter Hapag-Lloyd/Dr. Degener

Reisen gegründet. Am 4. September 1948 startet der erste Sonderzug nach Ruhpolding. Ausgangsstationen sind Hamburg und Dortmund, Anmeldungen werden von allen Reisebüros in Deutschland entgegengenommen. Buchungszentralen sind die Hapag-Lloyd-Reisebüros, die auch für die Seereisen des Norddeutschen Lloyd als Generalagenten tätig sind.

Der Alleingang des Gesellschafters Hapag-Lloyd mit Degener ruft beim DER und beim ABR helle Empörung hervor. Nach der Zwangsentflechtung des MER durch die Alliierten hat das DER gerade mühsam und mit Hilfe treuer DER-Agenturen die DER-Organisation wieder zusammengezimmert. Die Stärke der DER-Organisation kann nur in der gemeinsamen Förderung gemeinsamer Vorhaben liegen, ob es sich nun um den Verkauf von Bahnfahrkarten handelt oder den Vertrieb noch zu schaffender „DER-Werte". Da platzt der Alleingang von Hapag-Lloyd hinein. Am 24./25. September 1948 kommt es zu einer stürmischen Sitzung des Arbeitsausschusses der DER-Vertretungen in Hamburg. Fritz Käppler, DER-Chef aus Frankfurt, und Emil Kipfmüller stehen einander zunächst ohne jede Kompromissbereitschaft gegenüber. Hapag-Lloyd hat eigene Interessen und denkt nicht daran, sich dem DER unterzuordnen. Dabei muss man wissen, dass auch für ein Touristik-Programm von Hapag-Lloyd der Reisevertrieb über DER-Agenturen wichtig war. Die DER-Organisation droht, auseinander zu brechen in eine DER/ABR- und in eine Hapag/Degener-Gruppe. Da ergreift Karl Fuß die Initiative. Nach der ergebnislosen Sitzung sucht er zusammen mit seinem Vize Eberhard Koch Emil Kipfmüller auf und versucht, ihm eine DER freundliche Lösung abzuringen. Der besteht auf seinem Vertrag mit Degener, aber Fuß findet eine Kompromissformel: Wenn schon einer der Gesellschafter mit Degener in eine Kooperation gehe, dann könnten das die anderen auch tun.

Fuß schlägt eine Arbeitsgemeinschaft aus DER, ABR, Hapag Lloyd und Dr. Degener vor, die dann tatsächlich am 12. Oktober 1948 in München aus der Taufe gehoben wird. Gesellschaftszweck ist die Veranstaltung von regelmäßig durchgeführten Sonderzugreisen. Alleiniger Geschäftsführer ist Dr. Carl Degener. Degener kann seine Forderung, auch eigene Reisebüros betreiben zu dürfen, nicht durchsetzen. Die drei Reisebüroketten lehnen das kategorisch ab. Er empfindet das als eine deutliche Herabstufung und ist verärgert. Aber es bleibt ihm sein Reisebüro in Ruhpolding und die Chance, mit dem künftigen Gästevolumen zusätzliche Geschäfte vor Ort zu machen, was ihm in vollem Umfange gelingen soll.

Die Geschäftstätigkeit des neuen Unternehmens beginnt sofort. Schon zu Weihnachten 1948 fährt der erste Sonderzug mit 1200 Gästen in Ruhpolding ein. Für die 949 Kilometer lange Strecke von Hamburg nach Oberbayern braucht der Zug fast 23 Stunden, weil ein Großteil der Brücken, Gleisanlagen und Stellwerke noch nicht wiederhergestellt ist. Es sind Wagen der Dritten Klasse mit Holzbänken. Die alten Eisenbahnwaggons aus dem Krieg werden innerhalb von wenigen Monaten verbessert. Die Holzbänke erhalten eine Polsterung, für die Fahrten während der Nacht werden sogar probeweise Hängematten gespannt, die sich aber nicht bewähren.

Incoming-Geschäft für Touropa

Während sich Degener und die drei Reisebüroketten mit dem Aufbau eines Urlaubsprogramms für die Bundesbürger beschäftigen, trommeln die ausländischen Reiseveranstalter American Express und Thomas Cook für Reisen nach Deutschland. 1949 wirbt die Amexco mit der Anzeige: „Reisen Sie mit uns nach Deutschland, es ist die letzte Gelegenheit, die Ruinen zu besichtigen. Die Deutschen haben fast alle Kriegsschäden in ihrem Land wieder beseitigt. Im nächsten Jahr wird von diesen interessanten Dingen nicht mehr viel zu sehen sein." Degener will das Reisegeschäft nach Deutschland nicht anderen überlassen und beschließt 1951 mit seinen Mitgesellschaftern, für die Werbung und Betreuung ausländischer, vorwiegend amerikanischer Gäste in Frankfurt eine Incoming-Abteilung einzurichten. Die Herren zerbrechen sich den Kopf über einen passenden Namen. ABR-Chef Karl Fuß hat die zündende Idee: Touropa. Der Name ist so gut, dass die Gesellschafter im selben Jahr beschließen, ihre Arbeitsgemeinschaft DER Gesellschaftsreisen ebenfalls in Touropa umzutaufen.

Privatwirtschaft hilft der Bahn

Der Touropa-Gründer Dr. Carl Degener verfügt über eine unermüdliche Energie. Seine Kreativität und sein Verhandlungsgeschick zeigen sich auch im Verhältnis zur Deutschen Bundesbahn. Er schafft es, den technischen Verwaltungsapparat der Bahn fast unbegrenzt für seine Ziele einzuspannen. Die Bundesbahn-Hauptverwaltung stellt Degener die benötigten Sonderzüge zu äußerst günstigen Bedingungen zur Verfügung. Er erhält einen Gruppenrabatt von 50 Prozent auf den Normalpreis und darüber hinaus „gewisse Provisionen als Starthilfe". 1949 bringt Degener mit den Sonderzügen mehr als 40.000 Feriengäste nach Ruhpolding und in andere Urlaubsorte. 1952 benötigt die Touropa bereits 500 Sonderzüge, um 174.000 Gäste zu befördern. Dabei waren die unbequemen Dritte-Klasse-Abteile auch angesichts der immer noch langen Fahrtzeiten eine reine Qual. 1953 schlägt Degener deshalb vor, für die Touropa komfortable Sonderzüge zu bauen. Die Bauräte in der technischen Abteilung der DB-Hauptverwaltung lehnen es kopfschüttelnd ab, sich von einem Laien Ratschläge erteilen zu lassen. Aber Degener setzt sich durch; er besorgt sogar die Finanzierung der Sonderzüge. Die Touropa beschafft für den Bau von 80 Spezialwaggons einen Kredit in Höhe von 15 Millionen DM zu äußerst günstigen Bedingungen. Die Touropa übernimmt den größten Teil der Zinsen für den Bankkredit und verpflichtet sich, die Kosten für die Ausstattung der Waggons selbst zu tragen. Das sind immerhin noch einmal 3 Millionen DM. Darüber hinaus verpflichtet sich die Touropa, die Waggons auf eigene Rechnung jährlich überholen zu lassen. Jedes Abteil wird statt mit den bisherigen Holzbänken mit sechs Polstersitzen versehen, die abends in Liegen verwandelt werden. Jeder Spezialzug führt sowohl einen Speisewagen als auch einen Friseurwagen. Schon bald kommen neun Touropa-Sonderzüge zum Einsatz. 1960 gibt es eine weitere Verbesserung durch den Einbau sogenannter Vorzugsabteile.

Touropa-Entwicklung

Der Ausbau des Reiseangebots der Touropa geht mit Riesenschritten voran. Jedes Jahr gibt es neue Ziele oder Reisekombinationen. Ob es 1954 kombinierte Bahn-, Bus- und Schiffsreisen nach Mallorca sind, Kreuzfahrten 1955 mit der „Pace" nach Spanien, Nordafrika und Korsika, der Beginn regelmäßiger Flugreisen 1956 oder 1957 die Ausdehnung des Flugprogramms durch das Gemeinschaftsunternehmen von Touropa, Scharnow und Hummel „Deutsche Flugtouristik", ganz gleich was die Touropa anfasst, es wird zum Erfolg. 1949 hatte Degener mit dem Nürnberger Reiseunternehmer Hans Bauernfeind um zehn Flaschen Sekt gewettet, dass die westdeutschen Reiseunternehmer innerhalb von fünf Jahren 500.000 Gäste auf die Reise schicken würden. Die Deutschen werden reisen wie noch nie, wenn sie erst wieder „satt zu essen haben." Bauernfeind hat die Wette verloren. 1954 reisen 800.000 Deutsche in den Urlaub.

Am 28. Dezember 1960 stirbt der Mitbegründer der Touropa, ihr Ideengeber und Motor, Dr. Carl Degener, im Alter von nur 60 Jahren. Was Cook im vergangenen Jahrhundert in England für den organisierten Gruppentourismus war, das ist mit Carl Degeners Leistungen im 20. Jahrhundert in Deutschland vergleichbar. Degener ist der Vater der deutschen Reisebranche. Es war seine Idee, deutsche Urlauber mit Sonderzügen in den Süden zu bringen. Er war der Schöpfer und die Seele der Touropa. Und er entwickelte Ruhpolding zum erfolgreichsten Ferienort deutscher Urlauber in den Alpen.

ABR– eine amtliche bayerische Angelegenheit

Während im übrigen Nachkriegsdeutschland touristische Unternehmen und Strukturen neu entwickelt werden, knüpft man in Bayern an die Tradition an und macht da weiter, wo man durch den Krieg aufhören musste. Das ABR heißt nicht nur Amtliches Bayerisches Reisebüro, es hat auch quasi-amtlichen Charakter. Die Städte München und Nürnberg gehören zu den Gesellschaftern und unterstützen ihre Reisetochter, wo immer es möglich ist. Im Touropa-Gesellschafterkreis hat das ABR eine schwächere

Position als das DER und Hapag-Lloyd, weil die Bayern in den Jahren nach dem Kriege kaum zu den Touropa-Kunden gehörten. Bayern ist zunächst touristisches Empfangsland für die Deutschen nördlich des Mains, weniger ein touristischer Versender. Das ABR kümmert sich deshalb schon bald um Angebote für die bayerischen Kunden, auf die das Touropa-Programm nicht zugeschnitten ist. So werden Südtirol und Norditalien bedeutende Ziele im ABR-eigenen Touristikkatalog. Das ABR erwirbt Feriensiedlungen in Norditalien und bietet sie dem DER und auch der Touropa an, damit diese sie in ihre eigenen Programme aufnehmen.

Im Jahr 1997 beschließt die Bundesbahn, ihre bayerische Tochter in das DER einzubringen. Das ist für das bayerische Nationalbewusstsein natürlich ein Sakrileg, kaufmännisch macht es aber Sinn. Deshalb ist ABR seit 1997 nur noch die bayerische Hausmarke des DER, firmierend unter der Marke „DER Reisebüro“.

Aus MER wird DER-West und DER-Ost

Mit dem Ende des Zweiten Weltkrieges ist auch die zentrale Organisation des Mitteleuropäischen Reisebüros zerstört. Es bilden sich die so genannten Zonendirektionen in Berlin, Detmold und Frankfurt/Main, zeitweise auch in Neustadt an der Weinstraße. Der Alliierte Kontrollrat, der die Entflechtung der deutschen Konzerne betreibt, beschließt 1946 die Umbenennung des MER in Deutsches Reisebüro (DER) unter gleichzeitiger Beschränkung der Tätigkeit auf Deutschland. Das Monopol auf den Verkauf von Fahrausweisen der Deutschen Reichsbahn wird aufgehoben.

Deutsches Reisebüro

Aber schon ein Jahr später, 1947, wird mit dem Wiederaufbau einer zentralen DER-Organisation begonnen. Die DER-Zonendirektionen Detmold und Frankfurt/Main werden in Frankfurt zur DER-Direktion vereinigt. Im selben Jahr werden die im Ostsektor Berlins angesiedelte ehemalige MER-Zentrale und die auf dem Gebiet der DDR befindlichen Reisebüros zu Staatsbetrieben. Die Reisebüroorganisation wird 1964 in „Reisebüro der Deutschen Demokratischen Republik“ umbenannt.

Die im Westen verbliebenen ehemaligen MER-Vertretungen wollen weiter mit dem DER zusammenarbeiten, das seinerseits jedoch wegen der alliierten Auflagen in dieser Hinsicht nicht aktiv werden kann. Gegen eine Initiative von unten können die Behörden jedoch nichts unternehmen. Deshalb beschließen die Agenturen am 11. Mai 1947 in Frankfurt/Main, im Verbund der DER-Organisation zu bleiben. An dieser ersten DER-Vertreterversammlung nehmen 83 Reisebüroinhaber teil. Im Protokoll der

Versammlung heißt es dazu: „Die Erkenntnis, dass die deutschen Reisebüros in einer Dachorganisation zum eigenen Nutzen und im Interesse eines Wiederaufbaus zusammengefasst werden müssen, hat die versammelten Vertreter zur Zeichnung des nachstehenden gemeinsam gefassten Beschlusses veranlasst: ‚Zur Erhaltung der Tätigkeit des DER hinsichtlich der fachlichen und betrieblichen Betreuung der Vertretungen der vereinigten britischen und amerikanischen Zonen erklären die anwesenden Vertreter ihre Bereitschaft, freiwillig im Verband der DER-Organisation zu bleiben.'" Aus dem Kreis der Mitglieder wird ein Arbeitsausschuss gebildet, der dem DER beratend zur Seite stehen soll.

Der Vertrauensbeweis der DER-Partner im schwierigen Jahr 1947 ist die eigentliche Wiedergeburt des Unternehmens. 1948 wird gemeinsam mit dem ABR, Hapag-Lloyd und Dr. Carl Degener die Arbeitsgemeinschaft DER Gesellschaftsreisen gegründet, aus der 1951 die Touropa hervorgeht.

Das DER öffnet sich 1948 auch für eine weitere Reisevariante, den Bustourismus. Am 25. Juni 1948 wird gemeinsam mit der Europäischen Reiseversicherung AG die Deutsche Touring GmbH in Frankfurt am Main gegründet.

Mitte 1952 ändern sich die Besitzverhältnisse am DER. Die langjährigen Gesellschafter IBUSZ, die Ungarischen Staatsbahnen und Jadranksa Plovidba werden ausbezahlt. Gesellschafter des DER sind jetzt nur noch die Deutsche Bundesbahn, die Hamburg Amerika Linie und der Norddeutsche Lloyd sowie das Amtliche Bayerische Reisebüro ABR.

Sonderreisen

1952 kommt zu den Gesellschaftsreisen eine weitere Geschäftserweiterung: Sonderreisen aus speziellem Anlass. Sonderzüge des DER bringen fast 5.000 Pilger nach Lourdes, 8.000 Gläubige zum Katholikentag nach Berlin und über 500 Sportbegeisterte zu den Olympischen Sommerspielen nach Helsinki. Im Jahr darauf wird eine Abteilung für Studien- und Kongressreisen gegründet, die sich im Laufe der Zeit zu einem wichtigen Standbein des DER entwickelt.

Auslandsbüros

Mit den Pariser Verträgen am 23. Oktober 1954 erhält Deutschland seine Souveränität zurück. Das DER bekommt seine alten Rechte. Es darf nun auch international tätig werden. Noch im selben Jahr eröffnet das DER in Rom seine erste Auslandsfiliale nach dem Zweiten Weltkrieg. 1955 vereinbart das Unternehmen mit dem tschechoslowakischen Verkehrsbüro Cedok den gegenseitigen Verkauf von Bahnfahrkarten und touristischen

Arrangements. Ähnliche Verträge werden in der Folgezeit mit Intourist, der staatlichen Reisebüroorganisation der Sowjetunion, mit Rumäniens Verkehrsamt Carpati, Bulgariens Balkantourist, Polens Orbis und mit IBUSZ in Budapest geschlossen.

Ab 1960 ist das DER Generalbevollmächtigter der Deutschen Bundesbahn, die DER-Vertretungen sind Verkaufsagenturen und unmittelbare Vertragspartner der Bahn. Das DER besorgt aber auch weiterhin das Inkasso für die Bahnwerte.

Das DER als Reiseveranstalter

Mit dem Wirtschaftsaufschwung entwickelt sich für das DER ab 1965 neben dem Urlaubstourismus erneut ein zusätzliches Geschäft. Zehntausende ausländische Arbeitnehmer wollen ihre Ferien zu Hause verbringen und reisen mit Sonderzügen des DER nach Italien, Spanien, Griechenland und in die Türkei. Auch Charterflugzeuge werden für die Gastarbeiter eingesetzt. Die vom DER gecharterten Sonderflüge führen nach Istanbul, Madrid, Ankara und Barcelona, und es kommen interessante Teilnehmerzahlen zusammen. Mehr als 3.000 Passagiere fliegen 1967 nach Spanien, mehr als 5.000 in die Türkei. Im selben Jahr nutzen 40.000 Gastarbeiter die Eisenbahn nach Jugoslawien, Spanien, Portugal und Marokko. 1967 ist das DER Mitbegründer von Airtours International, 1968 ist das DER maßgeblich an der Gründung der TUI sowie 1971 an der Gründung der „Studiengesellschaft zur Automatisierung von Reise und Touristik“ (Start) beteiligt.

Ausbau der DER Touristik

1968 werden Sonderreisen zu großen sportlichen Ereignissen wie den Olympischen Spielen und Fußball-Weltmeisterschaften aufgenommen. Auch das Hobbyprogramm des DER sowie die Studien- und Kongressreisen, die Touristikprogramme des DER in die Sowjetunion und nach Irland entstehen, für die das DER Marktführer wird. 1974 wird erstmals eine DER-Reiseakademie veranstaltet. Sie findet in Zürich mit über 400 Touristikern statt und macht die Verkaufsmitarbeiter der DER-Agenturen in spielerischer Weise mit dem DER-Programm vertraut.

ABC – das große USA-Geschäft

Als am 1. April 1973 das Bundesverkehrsministerium mit einer ersten Liberalisierung des Luftverkehrs beginnt und sogenannte „Advanced Booking Charter“ (ABC) genehmigt, verbündet sich das DER mit ABR und Hapag-Lloyd und gründet eine Arbeitsgemeinschaft zur Planung und Durchführung dieser neuen Art von preiswerten Flügen in die USA. Die drei Gesellschafter verhindern, dass sich die TUI diesem Geschäft ebenfalls zuwendet, mit dem Argument, es handele sich nur um den Transport und nicht um Produktion und Verkauf touristischer Pakete. Die ABC-Flüge bergen ein erhebliches Charterrisiko in sich, aber sie werden auf Anhieb ein Erfolg. Bereits im ersten Jahr reisen 8.000 Passagiere nach New York, Los Angeles, Chicago und nach Kanada. 1974 sind es schon fast 30.000, und 1976 hat sich die Zahl verdoppelt. Das ABC-Geschäft stellt sich als eine Art Pokerspiel heraus. Insgesamt werden nämlich mehr Charterflugzeuge für den Verkehr von Deutschland nach den USA unter Vertrag genommen, als die verschiedenen ABC-Veranstalter in der Summe tatsächlich füllen können. Deshalb ist es eine reine Nervensache, möglichst lange die unter Vertrag genommenen Charterkapazitäten zu halten und sie im Falle ungenügender Buchungszahlen erst im letzten Moment zurückzugeben, wenn die Stornierung noch kein Geld kostet. Wer noch die Nerven hat und über freie Kapazität verfügt, bekommt dann von denjenigen, die das Rennen aufgegeben haben, die gebuchten Passagiere überstellt. Meistens ist das DER der Sieger, weil es auch bei geringen Buchungszahlen das Risiko hoher Stornokosten nicht scheut und zum Schluss seine Maschinen mit Hilfe der anderen ABC-Veranstalter und der zahlreichen Angehörigen der in Deutschland stationierten US-Streitkräfte füllt.

ABC-Chef Peter Landsberger macht beim DER Karriere. Vom Prokuristen über den Direktor wird er 1986 zum DER-Geschäftsführer. 1994 geht er zwar als ITS-Chef nach Köln, aber er kommt schon 1996 zurück, um den Vorsitz der DER Geschäftsführung anzutreten. Er konnte zu diesem Zeitpunkt nicht ahnen, dass er im Jahr 1999 als Geschäftsführer der Rewe Touristik die Arbeit sowohl des DERs als auch der ITS koordinieren würde.

Derpart

Auch in Deutschland setzt das DER neue Zeichen. Wie schon bei den Einzelhändlern zu beobachten, geraten auch die Reisebüros unter zunehmenden Druck, dem sie nur durch gemeinsames Handeln im Rahmen von Kooperationen oder Genossenschaften begegnen können. Das DER ergreift die Initiative und bietet dem mittelständischen Reisebürogewerbe eine neue und zukunftsgerechte Kooperation an. Das geschieht im April 1979 auf der DER-Tagung in Den Haag/Scheveningen. Das Angebot stößt bei den DER Agenturen auf großen Widerhall.

Für das DER selbst geht es auch darum, seine „Mutterfunktion“ für die Reisebüros zu erhalten, da die Generalagentur der Bahn und die Abrechnungsstelle für Bahnfahrkarten auf Dauer eine zu schmale Basis sind. Als Reiseveranstalter spielt das DER in den Reisebüros mit seinen vielfältigen Programmen zwar eine nicht unbedeutende Rolle, aber es ist schon erkennbar, dass die Bedeutung der größeren Veranstalter und der Fluggesellschaften zunehmen wird. Deshalb ist es für das DER von entscheidender Bedeutung, die Reisebüros über die bisherige DER-Agentur hinaus enger an sich zu binden.

Und so kommt es am 18. Juli 1979 in Stuttgart zur Gründung des Franchisesystems Derpart Reisevertrieb GmbH. Das Ziel des DER für die neue Kooperation lautet: Die geschäftlichen Verbindungen zu den DER-Agenturen vertiefen und festigen und ihnen in partnerschaftlicher Zusammenarbeit eine direkte Beteiligung im Bereich des nationalen und internationalen Reisemarktes eröffnen. Beabsichtigt sind gemeinsamer Einkauf, intensive Schulungen und Analysen für einen optimalen Betriebsablauf bis hin zum Kauf und Betrieb von Reisebüros. Das Gründungskapital beträgt zunächst 800.000 DM. Das Interesse an Derpart ist so groß, dass schon während des ersten Jahres das Stammkapital auf 1,6 Millionen DM erhöht werden muss. Ende 1979 sind 153 Inhaber von DER-Agenturen mit 300 Betriebsstellen und einem Kapital von 786.000 DM (49,12 Prozent) an Derpart beteiligt, ein Jahr später sind es 185 Vertretungen mit 360 Reisebüros. Das Stammkapital beträgt mittlerweile 2 Millionen DM. Ende 1999 gehören 215 Reisebürogesellschafter mit 410 Vertriebsstellen zu Derpart. Sie sind mit 50 Prozent an dem Unternehmen beteiligt. 2012 erwirtschaften 480 DERPART-Reisebüros einen Gesamtumsatz von 1,51 Milliarden Euro.

Dertour verkauft Reisebausteine

Der 1973 gegründete Bausteinveranstalter DER-Touristik (ab 1985 unter der Marke Dertour fortgeführt) war 1999 der viertgrößte deutsche Veranstalter hinter TUI, C&N und LTU-Touristik, hatte aber als Spezialveranstalter ein zwar hoch attraktives, aber eingeschränktes Sortimentsportfolio, da Dertour bis zu diesem Zeitpunkt aufgrund des Gesellschaftervertrages mit der TUI keine Zielgebiete auf Charterflugstrecken in Mittelmeer-Destinationen (einschließlich Nordafrika und Kanarische Inseln) anbieten durfte.

Damit konnte Dertour nicht die klassischen Massenmärkte bedienen und konzentrierte sich bereits in den 70er-Jahren auf damalige Randmärkte wie Nordamerika (auch Charter), Fernreisen weltweit in Linienflugziele, Städtereisen, Individual-Destinationen wie Irland, Osteuropa (u. a. UdSSR und DDR vor der Wende), Aktivitäts-Tourismus für Golf, Reiten, Rad, Boote, Wellness- und Gesundheitsreisen, Sport- und Kultur-Events sowie erdgebundene Reisen aller Art auf dem europäischen Kontinent – alles tageweise buchbar mit flexibler An- und Abreise. Dertour entwickelte sich in vierzig Jahren zum Marktführer in den meisten Segmenten und blieb in einigen über viele Jahre sogar fast konkurrenzlos. Aber die Kompetenz für die Massenprodukte in die klassischen Sonnenziele fehlte und war bei allem Bemühen nicht aufholbar.

Der Wunsch einen klassischen Pauschalveranstalter aus dem Verkaufserlös der TUI-Anteile hinzuzukaufen und damit auch das konzerninterne Reisebürosortiment anzureichern, wurde von der DB und ihrem Eigentümer Bundesrepublik Deutschland zurückgewiesen. Der Verkaufserlös der TUI-Anteile, die bis 1998 auf 20 Prozent angewachsen waren, war bereits in den Verlusten der DB AG untergegangen und eine Genehmigung für Investitionen in Touristikunternehmen angesichts der Finanzlage der DB vom verantwortlichen Verkehrsministerium nicht zu erhalten.

Die Bahn verkauft ihre Tochter

Nachdem die Deutsche Bahn AG und ihre Tochtergesellschaft Deutsches Reisebüro GmbH mit ihren umfangreichen Reisebürobeteiligungen (DER, ABR, Rominger, DERPART) und dem Baustein- und Fernreisenveranstalter Dertour als Gesellschafter bei der TUI ausgeschieden war und sich die restlichen DER-Gesellschafter Lufthansa und Hapag Lloyd 1998 zurückgezogen hatten, stellte sich die Frage nach der zukünftigen strategischen Ausrichtung. Viele Veranstalter und Leistungsträger hatten ein starkes Interesse, das hochwertige dichte und starke Reisebürovertriebsnetz des DER mit Filial- und Franchisebüros für sich zu nutzen und sich damit zu verbünden.

Die DB entschloss sich daher 1999, das DER mit allen Beteiligungen zu veräußern. An dem Bieterverfahren beteiligten sich viele renommierte Reiseunternehmen wie Kuoni, eine spanische Investoren-Gruppe und die C&N Touristic, die damit die Marktführerschaft der TUI brechen wollte. Das Höchstgebot kam zunächst vom britischen Veranstalter Airtours, der im Jahr zuvor die Beteiligung an FTI erworben hatte und deren Vertriebsschwäche über den DER-Reisebürovertrieb kompensieren wollte.

Rewe kauft DER

Den Zuschlag zum Erwerb per 1.1.2000 erhielt aber der erst kurz vor Ende der Bieterfrist in den Wettbewerb eingestiegene Lebensmittelkonzern REWE, dem bereits seit 1995 der Pauschalreisenveranstalter ITS sowie fast 600 Atlas-Reisebüros gehörten. Noch zum gleichen Stichtag beteiligte sich das DER über den Veranstalter Dertour mehrheitlich an ADAC Reisen. Über den größten europäischen Automobilclub mit aktuell mehr als 18 Millionen Mitgliedern erschloss Dertour ein neues bislang eher Pkw-affines Kundensegment. Weitere Informationen zum touristischen Engagement der REWE Group befinden sich auf Seite 156 ff.

Hapag-Lloyd Reisebüro: die Tochter ist älter als die Mutter

Die während des Zweiten Weltkriegs gegründete Deutsche Amerika Linie, die sich die Reisebüros von Hapag und Lloyd aneignete, kann aus naheliegenden Gründen keine Tätigkeit mehr entfalten und schließt 1947 ihre Pforten. Dadurch fallen die Reisebüros wieder an die Hamburg-Amerika Linie und den Norddeutschen Lloyd zurück.

Beide Firmen gründen 1948 die Hapag-Lloyd Reisebüro OHG. Der Auf- und Ausbau verläuft mit großem Erfolg, sodass das Hapag-Lloyd Reisebüro zum größten Reisebüro in Deutschland wird.

Mit der Erholung und dem Wiederaufbau der deutschen Wirtschaft wachsen sowohl das Privatreise- als auch das Geschäftsreisevolumen. Während Anfang der 70er-Jahre die räumliche Trennung der sogenannten Firmendienste vom Ladengeschäft vollzogen wird, wird Ende der 90er-Jahre sogar eine firmenrechtliche Trennung beider Geschäftsbereiche vorgenommen. Die Spannung zwischen Selbstverständnis und Ehrgeiz der TUI und den auf Gewinn ausgerichteten Gesellschaftern begleitet Hapag-Lloyd genauso wie das DER oder ABR. Die Rechte auf eigene Reiseausschreibungen in vertraglich festgelegten Bereichen werden auch von Hapag-Lloyd voll ausgeschöpft, da die Rentabilität in der Reiseveranstaltung höher liegt als in der Vermittlung von Reisen.

Für die Veranstaltung von Fachstudien- und Kongressreisen wird in Frankfurt der „Wirtschaftsdienst Studienreisen" betrieben und in New York 1953 die Tochtergesellschaft Trade and Industry Tours (TITA) gegründet. Die TITA geht wiederum 1979 in New World Travel auf (Mehrheitsbeteiligung des DER).

Die Flugreisen des Hapag-Lloyd-eigenen Programms „Reisen à la carte" werden 1967 in die neu gegründete Airtours International eingebracht. Der verbleibende Teil, der zum Schluss nur noch ein Hotelangebot für anspruchsvolle Individualisten ist, wird 1972 eingestellt.

In den 70er- und 80er-Jahren wird im europäischen Ausland und in den USA eine Expansion betrieben. Claus Wülfers, späterer Geschäftsführer der Hapag-Lloyd Fluggesellschaft und dann Touristikvorstand der Hapag-Lloyd AG, eröffnet Reisebüros in London, Brüssel, Luxemburg und Zürich. In den USA entsteht eine kleine Reisebürokette mit Büros in New York, Hackensack (New Jersey), Philadelphia, Atlanta und Charlotte (North Carolina). Die wirtschaftlichen Ergebnisse bleiben jedoch unbefriedigend, weil Hapag-Lloyd nicht bereit ist, sich mit größeren Beträgen in bereits bestehende und gut laufende Reisebüros einzukaufen. Die bei Null anfangenden Reisebüros im Ausland haben kaum eine Chance, mit den dort etablierten Wettbewerbern Schritt zu halten. Claus Wülfers verkauft in den 90er-Jahren die von ihm selbst ins Leben gerufenen europäischen Hapag-Lloyd Reisebüros. Die Büros in den USA werden an Euro Lloyd Reisebüro verkauft.

Bahnreisespezialist Ameropa

Die der Deutschen Bahn gehörende Ameropa bietet hauptsächlich Urlaubsreisen mit der Eisenbahn an. Wer von den Ameropa-Kunden nicht mit der Bahn in den Urlaub fährt, reist mit dem eigenen Auto und kauft nur das Aufenthalts-Angebot. Insgesamt sind es Jahr für Jahr über 500.000 Menschen, die sich Ameropa anvertrauen. Die Ameropa wurde 1951 von dem Wiesbadener Reiseunternehmer Walter Schmülling, der WIR-Reisebürogenossenschaft sowie von Georg W. Emich gegründet. Emich hatte vor dem Krieg für das Mitteleuropäische Reisebüro in Berlin und für die Deutsche Fremdenverkehrswerbung in London gearbeitet. Nach Kriegsende ist er für das Deutsche Reisebüro und für das Reisegeschäft der Amerikaner – RTO (Rail Transport Office) – tätig. Er verfügt über gute Kontakte zu britischen und amerikanischen Reiseveranstaltern.

Um das Tätigkeitsfeld auszuweiten, tritt Ameropa 1952 an Karl Seifried heran, der im Juni 1952 unter Einbringung seines eigenen Unternehmens vierter Gesellschafter der Ameropa wird. Karl Seifried, ein ehemaliger Luftwaffen-Pilot, hatte 1948 in Frankfurts Schweizer Straße mit einem umgebauten Wehrmachtsomnibus sein Busunternehmen Merkur Autobusreisen begonnen. Er veranstaltete Ausflugs- und Urlaubsreisen in die nähere und weitere Umgebung. Bald nach Aufnahme seiner Tätigkeit in der Ameropa stellt Seifried fest, dass die Geschäfte längst nicht so gut laufen, wie man ihm das zuvor dargestellt hat. Am Ende der Sommersaison 1953 stapeln sich die unbezahlten Rechnungen. Die Kasse ist leer. Deshalb wollen die Gesellschafter im September 1953 Konkurs anmelden.

Seifried ist der einzige, der dagegen ist. Er übernimmt die Firma und reist zu den Gläubigern landauf, landab und versichert ihnen, er werde jeden geschuldeten Pfennig zurückzahlen, allerdings brauche er etwas Zeit. Die Gläubiger vertrauen ihm, und er schafft es mit seinem unermüdlichen Fleiß, die Karre aus dem Dreck zu ziehen. 1957 hat er alle Altschulden getilgt.

Zusätzlich zum Incoming-Geschäft mit den hauptsächlich aus den USA kommenden Besuchern entwickelt er ein Programm für Urlaubsreisen mit der Bahn. Er betreibt in Frankfurt mehrere Reisebüros und nimmt 1964 auch die Wahl in den Vorstand des Deutschen Reisebüro-Verbandes an, dem er vier Jahre lang angehört. 1973 entschließt sich Karl Seifried im

Alter von 59 Jahren, die Ameropa an die Deutsche Verkehrs-Kreditbank, die hundertprozentige Tochter der Deutschen Bundesbahn, zu verkaufen. Das Incoming-Geschäft gliedert Seifried vor dem Verkauf der Ameropa aus. Die dafür gegründete Firma Seifried Travel Service STS verkauft er 1986, inzwischen 72 Jahre alt, an die Deutsche Touring.

Als Reiseveranstalter der Deutschen Bahn hat Ameropa sich auf Deutschlandreisen spezialisiert. Ameropa zählt im Jahre 2012 insgesamt 500.000 Gäste und erzielt einen Umsatz von 106 Millionen Euro.

ADAC Reisen München

Der erste Fernreisespezialist nach 1945 sitzt in München und ist in der deutschen Tourismusbranche wohlbekannt. Es handelt sich um Hans Zwiesler, der Hotelplan in Bayerns Metropole leitet und die Hotelplan-Fernreise-Programme in die deutschen Reisebüros bringt. 1953 hat Zwiesler bei Hotelplan begonnen, er wechselt 1959 zum ADAC, der bereits 1929 in Stuttgart sein erstes Reisebüro eröffnet hatte. Er macht den ADAC auf Anhieb zum deutschen Vorzeigeveranstalter von Fernreisen, hinter dem die Airtours-Gruppe in Düsseldorf, das DER und Hapag-Lloyd, mit ihrem Programm „Reisen à la carte" zunächst herhinken. 1967 kommt Zwiesler auf einer Einkaufsreise durch einen Flugzeugabsturz in den Anden ums Leben. Bald darauf verblasst auch die große Zeit der ADAC Reisen. Die Münchner registrieren zurückgehende Teilnehmerzahlen. Die regionalen und örtlichen ADAC-Geschäftsstellen werden zwar gern von den Autofahrern für Routenplanungen und Bestellungen von Autofähren benutzt, aber eine überregionale Bedeutung für den deutschen Tourismus hat der ADAC nicht wieder erlangt. Es ist deshalb auch keine Überraschung, dass der Automobilclub im Jahr 2000 dem DER eine Mehrheitsbeteiligung an seiner Reisetochter einräumt.

Der ADAC als Interessenvertretung der deutschen Autofahrer, auch der Auto-Touristen ist außerordentlich wichtig. Er bezieht Stellung zu allen verkehrspolitischen Fragen und fordert die Rechte der autofahrenden Bürger ein. Auch die hilfreichen gelben Engel und der Pannenservice auf den deutschen Autobahnen und die ADAC-Staumeldungen müssen dankbar erwähnt werden. Der ADAC hat damit eine wichtige Funktion im deutschen Tourismus.

Auch per Bus geht's in die Ferien

Um 1900 gab es noch dampfbetriebene Omnibusse, aber der 1886 von Daimler und Benz erfundene Verbrennungsmotor führt schon bald auch zur Entwicklung von benzingetriebenen Omnibussen. Neben dem Überlandverkehr werden diese Omnibusse auch für Ausflugsfahrten eingesetzt. Sogenannte „Fremdenrundfahrten“ mit Omnibussen werden Anfang des 20. Jahrhunderts in allen großen deutschen Städten angeboten. Auch einige Privatunternehmer engagieren sich schon bald, etwa Matthias Holzmair und Rudolf Schoenecker, auf die das noch heute bestehende Unternehmen Autobus Oberbayern in München zurückgeht, Friedrich Jasper in Hamburg und Ludwig Fels mit der Wiesbadener Autoverkehrsgesellschaft.

Fernreisen mit dem Omnibus entwickeln sich erst in den 30-Jahren. Der Ausbau des europäischen Straßennetzes und der Bau der Autobahnen geben dazu den Anstoß. Gleichzeitig konzipiert die Industrie leistungsfähige Fernreisebusse. Der robuste Dieselmotor ermöglicht den wirtschaftlichen Einsatz von Bussen in großem Stil. Für den Omnibus bleibt im Wesentlichen der Ausflugsverkehr in den Zielgebieten.

Einige Privatunternehmen bieten allerdings Omnibus-Fernreisen an – und das mit gutem Erfolg. Zu diesen gehören die schon erwähnte Firma Autobus Oberbayern mit Fahrten von München nach Italien, Ruoff in Stuttgart mit Reisen nach Österreich, in die Schweiz und nach Italien, Josef Grein in Leverkusen mit Reisen in den Schwarzwald und die 1925 von Josef Renner und Otto Eydner gegründete Isaria Verkehrsgesellschaft in München mit Fahrten nach Venedig und Rom. Zu den Pionieren im Omnibusfernreiseverkehr gehört auch der schon zuvor erwähnte Carl H. Wolters in Bremen-Brinkum mit einem umfangreichen Programm nicht nur zu innerdeutschen Zielen, sondern auch nach Paris, Wien, Italien und Skandinavien. Das aber sind die Ausnahmen. Fernreisen mit dem Omnibus spielen bis 1945 im deutschen Tourismus keine große Rolle. Die Eisenbahn beherrscht die Szene.

Deutsche Touring GmbH, Frankfurt am Main

Schon 1948 gründet das Deutsche Reisebüro DER unter Leitung seines Geschäftsführers Fritz Käppler die Deutsche Touring Gesellschaft (DTG). Dabei tun sich die DER-Gesellschafter Hapag und Norddeutscher Lloyd zwar schwer mit ihrer Zustimmung, aber Käppler setzt sich schließlich durch und macht auch zusätzlichen Druck, um noch vor der erwarteten Währungsreform die genehmigten sechs Omnibusse zu kaufen. Das DER hält 51 Prozent an der Touring, die anderen 49 Prozent verteilen sich auf die Bahn, die Bahntochter Deutsche Verkehrs-Kreditbank und die Europäische Reiseversicherungs AG. Letzteres Engagement ist eine Kuriosität, das bis heute anhält. Die Europäische Reiseversicherung ist sonst an keinem anderen Reiseunternehmen beteiligt, und es ist eigentlich auch nicht einzusehen, warum sie sich an einem Busunternehmen beteiligen sollte. Es dürfte sich dabei um eine Gefälligkeit gegenüber dem Großkunden Deutsche Bahn gehandelt haben und um ein gewisses Interesse, mit der Bahn intensive Kontakte zu pflegen. Der Gesellschaftszweck der Deutschen Touring ist der Ausländerreiseverkehr, also die Beförderung ausländischer Touristen in Deutschland und Europa. 1951 wird der Betrieb der Europabus-Linien aufgenommen. In den späteren Jahren kommt der Gastarbeiterverkehr dazu. Aber die Bahn hat sich inzwischen von der Deutschen Touring getrennt. Mehrheitsgesellschafter ist heute die Eurosur S.A, die Europäische ist weiterhin mit 17,18 Prozent an der Deutschen Touring beteiligt.

Lokalmatadore

Im Gegensatz zur Entwicklung der Reiseveranstalter, die zunächst durch Fahrgemeinschaften und dann durch Zusammenschlüsse immer größer und flächendeckender werden, bleibt der Aktionskreis der Omnibusreiseveranstalter eng begrenzt. Dieter Gauf, Hauptgeschäftsführer des Internationalen Bustouristik Verbandes (RDA), beschreibt das einleuchtend: „Es gibt nur lokale Busreiseveranstalter. Das Bundesgebiet teilt sich auf in etwa 100 Sprengel. In jedem dieser Sprengel gibt es ein bis zwei Marktführer und zehn weitere Busveranstalter." Im Jahr 2011 gab es in Deutschland 4.100 Busunternehmen, die im so genannten Gelegenheitsverkehr tätig waren. Sie beförderten 79 Millionen Fahrgäste und erwirtschaften rund 2 Milliarden Euro Umsatz pro Jahr.

Ferienzielreisen

In den 50er-Jahren entwickelt sich besonders die Ferienziel-Aufenthaltsreise. Es sind die Omnibusunternehmer, die als erste die Costa Brava für den deutschen Touristen entdecken. Sie nehmen Hotels unter Vertrag und unterhalten An- und Abreiseverkehre. Aber zehn Jahre später ist die Costa Brava ein Ziel für die Charterflieger, und der Bustourismus dorthin muss Marktanteile abgeben. Mit dem weiteren Ausbau der europäischen Autobahnen, auch in Frankreich, wird die Costa Brava schließlich ein Reiseziel vorwiegend für Autofahrer. Die deutsche Busbranche hatte 1997 am Spanienurlaub der Deutschen noch einen Anteil von 10,8 Prozent, 1998 sind es 7,5 Prozent und 1999 nur noch traurige 5,7 Prozent.[21]

Die Omnibusunternehmer betreiben nicht nur die „Zielfahrten", sie veranstalten auch Rundreisen, Studienreisen und die Kombination von Busrundreise und Aufenthalt an von der Pauschaltouristik weniger erschlossenen Küsten, aber auch Tagesausflüge und Transfers. Gefragt und beliebt bei den Deutschen ist auch die Reise mit dem eigenen Club, mit dem Verein, die Reise in der geschlossenen Gruppe, die sich über ein langes

21 Quelle: Studienkreis für Tourismus, Forschungsgemeinschaft Urlaub und Reisen.

Wochenende oder eine ganze Woche erstreckt. Hier handelt es sich um den Zweit- oder Dritturlaub. Heute hat der Omnibus unter den touristischen Verkehrsmitteln einen Marktanteil von neun Prozent. In dieser Nische hat er einen sicheren Platz, der ihm von niemandem streitig gemacht wird.

Paketreiseveranstalter

Paketreiseveranstalter – das ist eine Bezeichnung, die von Veranstaltern von Omnibusreisen besetzt ist, obwohl doch eigentlich jede Pauschalreise eine Paketreise ist. In der englischen Sprache wird die Pauschalreise tatsächlich „package tour" genannt. In Deutschland hat sich unter dem Namen Paketreiseveranstalter Unternehmen gebildet, die Reiseleistungen für Reisegruppen einkaufen, zu einer Pauschalreise bündeln, also „verpacken" und das fertige Produkt nicht selber in den Markt bringen, sondern es Busunternehmen zum Verkauf anbieten. Diese schreiben die Reisen dann unter eigenem Namen aus, komplettieren das eingekaufte Produkt lediglich durch die eigene Leistung, nämlich die Beförderung der Gäste.

Die Paketreiseveranstalter haben sich zu unangenehmen Konkurrenten der traditionellen Bustouristikunternehmen entwickelt, weil sie kleine Betriebe ohne Ausbildung und Erfahrung in die Lage versetzen, ihren größten Mitbewerbern mit attraktiven Angeboten Konkurrenz zu machen. Die Paketreiseveranstalter sind auch deshalb ernst zu nehmende Konkurrenten, weil sie durch die Bündelung vieler Einzelgruppen und die Konzentration auf bestimmte Ziele zu großen Teilnehmerzahlen mit entsprechend günstigen Einkaufspreisen kommen.

Unter den Mitgliedern des Bustourismus-Verbandes RDA in Köln sind etwa 70 Paketreiseveranstalter. Der Verband der Paketreiseveranstalter zählt 15 ordentliche und 35 außerordentliche Mitglieder.

Rotel Tours – Schlafen in Schubladen

Georg Höltl gehört zu den Pionieren des Tourismus in der zweiten Hälfte des 20. Jahrhunderts. Er lässt sich in keine Kategorie der Reiseveranstalter einordnen und ist bis heute ein Einzelkämpfer geblieben. Seine von einem Reisebus gezogenen dreistöckigen „Schlafanhänger" reizen zum Spott, haben sich aber im Markt durchgesetzt und erfreuen sich bei seiner Kundschaft großer Beliebtheit. Bereits als 19-Jähriger fährt Höltl 1947 seine ersten Pilgergruppen mit dem Omnibus nach Altötting. Er besitzt einen mit Holzgas betriebenen Omnibus, mit dem er auch Linienfahrten im Bayerischen Wald, von Tittling nach Passau durchführt. Er ist Busunternehmer und Busfahrer zugleich. Für die 22 Kilometer lange Pilgerreise nach Altötting braucht er einen Kubikmeter Buchenholz, das sind 13 Sack kleines Würfelholz. Mit der wirtschaftlichen Wiederbelebung entwickelt sich auch das Interesse an längeren Reisen. Deshalb gründet Höltl 1950 die Firma Höltl-Auto-Reisen und veranstaltet nun in größerem Umfang Ausflugs- und Pilgerfahrten ins In- und Ausland. Sie dürfen jedoch nicht viel kosten, denn Niederbayern profitiert lange nicht vom deutschen Wirtschaftswunder. Deshalb wird auf teure Hotels verzichtet, man übernachtet in Zelten, was für ältere Fahrgäste bei nasskaltem Regenwetter und Frost eine ziemliche Strapaze darstellt.

Nach einer Unwetterkatastrophe im Oktober 1958, bei der alles unter Wasser steht, überlegt Höltl, wie er auch ohne Zelte preiswerte Reisen anbieten könnte. Er kommt auf die Idee, einen Schlafanhänger zu bauen. 1959 ist es dann soweit. Der Schlafanhänger ist dreistöckig und bietet Schlafgelegenheiten für 40 Personen. Die erste 38-Tagesfahrt mit seinem fahrbaren Hotel macht Höltl ins Heilige Land. Es wird ein großer Erfolg. Von 1959 bis zum Ausbruch des Sechs-Tage-Krieges 1967 fährt Höltl hundertmal auf dem Landweg über den Balkan und die Türkei nach Jerusalem. Die 25-tägige Reise einschließlich acht Tagen in Jerusalem kostet 580 DM. Inzwischen sind die Höltl-Busse auf allen Straßen der Welt anzutreffen, auf der alten Seidenstraße, in Pakistan, Indien und China, in Russland, Australien, Nord- und Südamerika. Die schubladenähnlichen (Größe: 2 m x 0,75 m x 0,75 m) Schlafkabinen sind zwar nichts für Leute, die zur Platzangst neigen – und die Schlafanhänger werden weiterhin als Brieftauben-Transporter belächelt –, aber Rotel Tours ist trotzdem eine Erfolgsstory unserer Zeit. 300.000 Menschen sind innerhalb von 50 Jahren mit Rotel Tours verreist, Georg Höltl ist mit 72 Jahren immer noch aktiv in seiner Firma, bei deren Aufbau und Entwicklung ihm seine Frau Centa tatkräftig geholfen hat. Höltl hat das verdiente Geld in einige Hotels angelegt, sich aber auch als Mäzen betätigt. Das Museumsdorf Bayerischer Wald und das Passauer Glasmuseum sind ihm zu verdanken. Georg Höltl hat inzwischen aus Altersgründen die Leitung der Firma an seinen Sohn Peter Höltl übertragen, ist aber weiter im Unternehmen tätig.

7. Die erste Gründungswelle ab 1953 und die TUI

Am 6. Januar 1953 wird die Vorläufergesellschaft der Deutschen Lufthansa gegründet, die Aktiengesellschaft für Luftverkehrsbedarf. Ebenfalls im Jahr 1953, fünf Jahre nach Gründung der Touropa, formieren sich die anderen Gründungsgesellschaften der TUI, Hummel Reise, Scharnow Reisen und auch Hetzel Reisen, die 1986 zum ersten großen Insolvenzfall der deutschen Reisebranche werden. Die ersten Flugreisen nach Mallorca werden von Dr. Tigges-Fahrten angeboten. In München findet die erste deutsche Verkehrsausstellung nach dem Krieg statt. Ein VW-Käfer kostet 4.200 DM.

Der Aufbau des vom Krieg stark gezeichneten Landes läuft auf allen Gebieten auf Hochtouren. Die Wirtschaft festigt den guten Ruf von Made in Germany. Verkehr und Touristik florieren. Ab Mai 1954 gibt es Devisenerleichterungen für den privaten Reiseverkehr. Jeder Bundesbürger kann bis zu 1.500 DM in jede konvertierbare Währung umtauschen. Dreizehn Länder haben ihre Grenzen für die Deutschen geöffnet. Auch die Schifffahrt kommt wieder in Fahrt. Der Norddeutsche Lloyd nimmt mit der „Berlin“ den Nordatlantikdienst wieder auf. Die Deutsche Lufthansa beginnt am 1. April 1955 den planmäßigen Flugverkehr. Im selben Jahr werden vier Charterfluggesellschaften gegründet, von denen nur zwei überleben.

Die Vorläufer der TUI

Die Entwicklung des Tourismus ist auch eine Geschichte der Zusammenschlüsse. So wie die Touropa schon ein Zusammenschluss von drei Unternehmen war, ist auch die TUI das Ergebnis einer Zusammenlegung von verschiedenen, am Markt längst erfolgreichen Unternehmen. Die TUI ist also keine neue Firma, sie bündelt vielmehr vorhandene Potentiale.

Dr. Tigges-Fahrten

Die Dr. Tigges-Fahrten sind das älteste Unternehmen unter den Ursprungsfirmen der TUI. Dr. rer. pol. Hubert Tigges, geboren 1895, kam aus der katholischen Jugendbewegung Quickborn und der katholischen Studentenbewegung Unitas.

Einfache Unterkünfte, einfache Kost

1928 gründen Dr. Hubert Tigges, 33, und seine Frau Maria die Dr. Tigges-Fahrten in Wuppertal. Die erste Fahrt führt von Elberfeld nach Simonshall in der Eifel. Es ist eine siebentägige Wanderfahrt, die 25 Reichsmark kostet. Für 38 Reichsmark geht es nach Flandern, und sieben Tage Paris und Versailles kosten 51 Reichsmark. Übernachtet wird in Jugendherbergen, soweit vorhanden, sonst in einfachen Gasthäusern oder auch Alpenhütten. Bei den Fahrten nach Paris wird in Zelten im Bois de Boulogne übernachtet. In den ab Elberfeld geltenden Preisen sind „alle Eisenbahn-, Dampfer-, Straßenbahn- oder Autofahrten, Unterkunft und Verpflegung, die Eintrittsgelder und eventuelle Visumgebühren“ enthalten.

Wissenschaftliche Studienreisen

Im Laufe der nächsten Jahre wird das Programmangebot ständig erweitert. Die Reisen werden durch Vorträge und Arbeitsgemeinschaften mit den Teilnehmern gründlich vorbereitet. Geschichte, Kunst, Landschaft und soziale Bedingungen sollen den Reisenden nahegebracht werden. Ab 1933 wird das Ehepaar Tigges von Alois G. Fischer unterstützt, dem Bruder von Maria Tigges. Fischer ist Realschullehrer mit den Fächern Geografie und Mathematik. Er wird 1935 Prokurist der Firma und kümmert sich vornehmlich um die geschäftlichen Belange des Unternehmens. Aber nicht selten begleitet er auch die Tigges-Gäste als Reiseleiter. Trotz der einengenden Praktiken des Nationalsozialismus können sich die Tigges-Reisen auch nach 1933 zunächst weiterentwickeln. 1934 fährt Tigges zum ersten Mal nach Spanien und wird damit zum ersten deutschen Reiseveranstalter, der Gäste nach Mallorca bringt. Die 15-tägige Gruppenreise mit Bahn und Schiff kostet 168 Reichsmark.

Neuer Anfang 1948

Noch 1948, im Jahr der Touropa-Gründung, erstehen die Dr. Tigges-Fahrten aufs Neue. Alois Fischer wird Mitinhaber und zweiter Geschäftsführer. Die erste Reise nach dem Krieg führt ins Kleine Walsertal.

Heiliges Jahr

1950 erhält der Tourismus aus der damals noch jungen Bundesrepublik ins Ausland seinen ersten bedeutenden Wachstumsschub – es ist das Heilige Jahr. Hauptziel ist natürlich Rom. Übernachtungen in der Schweiz, in Österreich und Norditalien kommen dazu. Aus Nordrhein-Westfalen bringt Tigges in zahlreichen Sonderzügen tausende Pilger in die Heilige Stadt, und wird so zum führenden nichtkirchlichen Veranstalter von Pilgerreisen in Westdeutschland.

Richtige Partner in Italien und Frankreich

Die Organisation läuft selbst während der Zeiten großen Andrangs etwa zu Ostern, Pfingsten oder im Heiligen Jahr – perfekt. Der Grund dafür liegt vor allem an den beiden ebenso zuverlässig wie präzise arbeitenden Agenturpartnern. In Rom ist das der Wiener Ernesto Cockstein. Als Oberst in der Abwehrabteilung des Oberkommandos bei Admiral Canaris hatte er sich 1944 dem Widerstand angeschlossen. Er gehörte zu dem kleinen Kreis von Offizieren, die dafür sorgten, dass Rom unbeschädigt in alliierte Hände fiel. Er wird dafür nach dem Krieg hochdekoriert und kann in Ruhe seine Reiseagentur aufbauen. Sie arbeitet selbst im Chaos des Heiligen Jahres 1950 mit militärischer Präzision. Ähnlich gute Erfahrungen macht Tigges in Frankreich mit dem vor Mussolini geflohenen römischen Adligen Aquaviva und dessen Agentur Tromsatours.

Später fahren Tigges-Sonderzüge auch nach Lourdes und Fatima. Ins Heilige Land fliegt man mit mehreren Zwischenlandungen. Selbstverständlich werden auch alle Pilgergruppen von Studienreiseleitern begleitet. Bei der Bewertung der Firma im Zusammenhang mit der TUI-Gründung hatten die Teilnehmerzahlen von Tigges ein nicht zu unterschätzendes Gewicht.

Die ersten Flugreisen nach Mallorca

1953 findet die erste Flugreise nach Mallorca statt. Geflogen wird allerdings nur zwischen Barcelona und Palma. Der größte Teil der Reise wird mit der Bahn zurückgelegt. Reiseleiter Walter Hombitzer entdeckt im stillen Fischerdörfchen El Arenal ein kleines weißes Hotel in einsamer Strandlage. Er schaut es sich an, verspricht dem Hotelier namens Riu, es als Tigges-Quartier zu empfehlen, und gibt ihm seine Visitenkarte. Die Familie Riu ist heute einer der wichtigsten Aktionäre der TUI und zugleich der größte Partner der gemeinsam mit der TUI betriebenen Hotels.

Flugpartner Karl Herfurtner

Da Tigges die neuerdings möglichen Charterflugreisen unbedingt ins Programm nehmen will, beschließt der traditionelle Buspartner der Dr. Tigges-Fahrten, Karl Herfurtner, es mit einer Luftreederei zu wagen. Ende 1955 stehen die ersten drei Vickers Viking mit je 36 Plätzen auf dem Düsseldorfer Flughafen. Mit der Auslastung hat Tigges keine Probleme – dauert doch ein Mallorca-Umlauf einen ganzen Tag. Zudem können mit der Anschaffung einer neuen Maschine, neue Zielgebiete ins Programm aufgenommen werden. Die zweimotorige Viking ist für Tigges ideal: So viele Plätze wie im Omnibus, und der Preis nach Mallorca ist auch nicht viel höher als der für eine Busreise. Bei Studienreisen kann das von Hubert Tigges gewünschte Gruppenprinzip gewahrt bleiben, keine fremden Gäste stören. Natürlich tragen die Maschinen am Rumpf die Aufschrift „Dr. Tigges-Fahrten". Das Geschäft läuft gut.1957 zählt man in Wuppertal 35.000 Gäste, davon sind über 25 Prozent Flugreisende.

Flugzeugkatastrophe mit Herfurtner und Transavia

Der Zusammenbruch der Luftreederei Herfurtner kommt Ende 1957 mit dem Absturz eines amerikanischen Verkehrsflugzeug Douglas DC 4 in Düsseldorf. Die Ansicht, die gut gebuchten Programme auf jeden Fall durchführen zu müssen, verführt Tigges in aller Schnelle zur Gründung einer Auffanggesellschaft. Man gibt ihr den Namen Transavia. Doch die völlige Unkenntnis der Tigges-Leute im Fluggeschäft und das fehlende finanzielle Polster zwingen Alois Fischer, die Notbremse zu ziehen. Man liquidiert die Transavia und verliert dabei viel Geld. Bei der weiteren Programmdurchführung wird die LTU zum Retter in der Not. Sie übernimmt für kurze Zeit einen Teil des Flugzeugparks und stundet Tigges die Flugkosten. Man braucht viele Jahre, ehe die Schulden aus diesem Abenteuer beglichen sind.

Vertriebsprobleme

Im Gegensatz zu seinen späteren Mitbewerbern hat sich Tigges immer nur als nordrhein-westfälischer Regionalveranstalter gesehen. Ausgangspunkt aller Bus-, Bahn- und später auch Flugreisen ist Düsseldorf. Einige Flugreisen werden ab Frankfurt ausgeschrieben, da Tigges dort ein eigenes Reisebüro betreibt. Mit zunehmender Ausweitung des Angebotes zeigt sich, dass der Vertrieb über nur 13 eigene Reisebüros und einige nicht ans DER-System gebundene Agenturen zum Schwachpunkt wird. Das bundesweite Agenturnetz des DER, welches Touropa, Scharnow und Hummel exklusiv anbietet, bleibt für Tigges versperrt. Erst nach Gründung der TUI 1968 dürfen Tigges-Reisen auch dort verkauft werden.

Erstmals überwintern auf Mallorca

Im Winter 1962 bietet Tigges gemeinsam mit Riu-Hotels erstmals auf dem deutschen Markt Langzeiturlaub auf Mallorca an. Die Vorteile für den Hotelier liegen auf der Hand: Er braucht sein Hotel nach Beendigung der Sommer-/Herbstsaison nicht mehr zu schließen. Er kann seine Angestellten halten und durch Präsenz im Winter seine Werbung einfacher und durchgehend gestalten. Für die deutschen Rentner und Pensionäre sind es attraktive und preiswerte Angebote, die sie zum Überwintern in der Sonne veranlassen.

Dr. Tigges kommt zu TUI

Sieben Jahre später, 1968, werden die Dr. Tigges-Fahrten (1967: 40.000 Gäste) in die TUI Gründung eingebracht. Die Familienmitglieder werden Teilhaber von TUI, was sie zu keinem Zeitpunkt bereut haben dürften.

Als Tigges in der TUI aufgeht, haben sich die Zeiten geändert. Konkurrenz ist auf den Markt gekommen. Es gibt erste Personalsorgen, steigende Preise, Charterketten wollen gefüllt sein, die Einflussnahme in den Zielgebieten wird schwieriger. Durch den Zusammenschluss kann der Fortbestand gesichert werden. Dr. Hubert Tigges stirbt 1971 im Alter von 85 Jahren, sein Schwager Alois Fischer 1996 im Alter von 92 Jahren. Die 15 Reisebüros der beiden Familien unter der Firmenbezeichnung Reisebüro Dr. Tigges bleiben zunächst im Eigenbesitz. Im Jahre 1985 werden 50 Prozent an Kühne & Nagel verkauft. Mittlerweile haben sich sowohl die Familie Tigges als auch Kühne & Nagel von ihren Anteilen getrennt. Die Reisebüros gehören nun zu Thyssen-Krupp und führen zum Teil noch den traditionsreichen Namen.

Tigges-Studienreisen bei TUI

Als 1979 die TUI beschließt, die bis dato relative Eigenständigkeit ihrer Veranstalter aufzugeben und als Profit Center nach Hannover zu holen, verlässt Reinhold Tigges, Sohn des Firmengründers, resigniert sein Unternehmen.

Für Tigges in Hannover sind mehrere gefährliche Konkurrenten aufgetaucht: Es sind die TUI-Geschwister Touropa, Scharnow, Hummel und Transeuropa. Zwar kann Tigges das Studienreiseprogramm mit Erfolg ausbauen, aber die attraktiven und begehrten Erholungsangebote wecken auch die Begehrlichkeit der anderen Marken, vor allem der Touropa. Immerhin ist Tigges mit dem Bade- und Erholungsprogramm auf knapp 100.000 Buchungen gekommen.

Riu Hotels für alle TUI Veranstalter

Ab 1980 dringt der mallorquinische Hotelier Luis Riu darauf, dass Tigges auf seinen Exklusivitätsanspruch bei den Riu-Hotels verzichtet, um diese auch den anderen TUI-Veranstaltern zugänglich zu machen. Die Expansion der Riu-Gruppe zwingt die TUI dazu, dessen Bettenkapazitäten auch für Touropa und Transeuropa zu öffnen. Folge: Das wirtschaftliche Standbein von Tigges knickt ein. Ein erheblicher Teil seiner Gäste wandert ab an die Mitbewerber im eigenen Haus, vor allem an Touropa.

Als man schließlich die Gesamtkosten für die gleichzeitige Ausschreibung der ehemaligen Tigges-Hotels in den Katalogen der anderen TUI-Veranstalter ermittelt hat, beschließt der Aufsichtsrat, ab 1983 das gesamte Bade- und Aufenthaltsangebot von Tigges an Touropa zu überstellen.

Tigges nur noch Studienreisenveranstalter

Tigges ist wieder zum reinen Studienreiseveranstalter geworden. Auf den Einwand, dass Tigges damit seine wirtschaftliche Grundlage entzogen bekäme, da die Studienreisen unmöglich den hohen TUI Gemeinkostenanteil verkraften könnten, sichert ihm der Vorstand zu: „Kein Problem. Wir leisten uns Tigges Studienreisen, so wie man sich einen Brillanten leistet!"

Tigges ohne Namen

Als sich 1990 der TUI-Aufsichtsrat dafür entscheidet, die traditionsreichen Namen Touropa, Scharnow, Hummel und Transeuropa zugunsten der einheitlichen Marke TUI aufzugeben, wird nach einigem Zögern auch der Qualitätsbegriff „Dr. Tigges" eingestellt. Ausschlaggebend dafür ist angeblich der Einwand eines Aufsichtsratsmitglied gewesen: „Was wird Frau

Scharnow sagen, wenn sie erfährt, dass ihr Name von der Bildfläche verschwindet und der von Tigges bleibt!“ Was zu befürchten war, tritt kurze Zeit später ein: Die Zahl der Teilnehmer an TUI-Studienreisen geht rapide zurück.

Tigges ist wieder da

Erst sechs Jahre später – 1996 – legt man in Hannover den Rückwärtsgang ein. Völlig unerwartet und wie Phönix aus der Asche erscheint „Dr. Tigges“ wieder auf den Katalogtiteln. Ob dieser traditionsreiche Name noch Kunden anziehen würde? Der neue Tigges-Chef hat Glück: Es geht tatsächlich wieder bergauf.

Verkauf an den Konkurrenten

Aber die TUI stellt fest, dass die Nische „Studienreise“ nicht so ganz in ihr Programm passt. Deshalb beteiligt sie sich ab 1. Januar 1998 mit 35 Prozent am Kieler Studienreisen-Spezialisten Gebeco und bringt ihre Tigges-Abteilung in dieses Unternehmen ein. Die Kieler schicken ihre knapp 40.000 Gäste so gut wie ausschließlich auf Fernreisen. Der Tigges-Schwerpunkt liegt dagegen auf Studienreisen innerhalb Europas. Gebeco wurde 1978 gegründet und bezeichnete sich als europäischer Marktführer im China-Tourismus (siehe Seite 179).

Scharnow-Reisen

Gründung 1953

Der Erfolg der Touropa, die seit 1948 eindrucksvoll im Reisemarkt expandiert und im Jahre 1953 bereits 238.000 Gäste zählt, lässt andere aktive Reiseunternehmer nicht ruhen. Die Touropa hat vorgemacht, wie es geht: Man muss sich mit anderen zusammentun, um mächtig zu werden. Aber es dauert doch fünf Jahre, bis ernsthafte Konkurrenten auf dem Markt erscheinen. Am 2. Juli 1953 treffen sich am Hannoverschen Maschsee die Vertreter von vier Firmen, um Nägel mit Köpfen zu machen: Hanns-Albrecht Seiffert von der Ferienreise GmbH Bielefeld (später Walter Kahn Reisebüro), Karlheinz Cares vom Reisebüro Bangemann in Hannover, Theo Drechsler vom Essener Reisebüro und Herbert Pittwohn vom Reisebüro Scharnow in Bremen. Alle vertretenen Unternehmen sind nicht nur als Reiseanbieter, sondern auch als Reiseveranstalter tätig. Für ihren lokalen und regionalen Markt arbeiten sie mit Sonderzügen der Deutschen Bundesbahn, die noch vom alten Holzklassenstandard sind. Die Fahrgäste sitzen sich so eng gegenüber, dass man spöttisch vom „Kniescheiben-Express“ spricht.

Touropa ist inzwischen allerdings dabei, mit großem finanziellen Aufwand das Zugmaterial und den Reisekomfort erheblich zu verbessern. Die vier Männer am Maschsee wissen, dass sie Touropa nur mit vereinter Kraft Paroli bieten können. Sie vereinbaren deshalb, ihre Veranstaltertätigkeiten zusammenzulegen. Natürlich gibt es ein Gerangel um den gemeinsamen Namen, denn jeder von ihnen ist ja schon in seinem jeweiligen Markt etabliert.

Wilhelm Scharnow setzt sich durch. Am 20. November 1953 erfolgt in Bremen die Eintragung ins Handelsregister, am 23. November wird in Bielefeld der Gesellschaftsvertrag der Scharnow-Reisen GmbH KG mit Sitz in Hannover unterzeichnet. Erster Geschäftsführer ist Wilhelm Scharnow. Hannover soll der norddeutsche Gegenpol zur Münchner Touropa werden. 1954 wird Walter Kahn, der Eigentümer des gleichnamigen Reisebüros, zusätzlich in die Geschäftsführung der Scharnow-Reisen berufen.

10 Tage für 89,50 DM

Der erste Katalog besteht aus einem achtseitigen Faltblatt mit Angeboten an die Nord- und Ostsee, nach Oberbayern, Tirol, Kärnten, ins Salzkammergut und nach Italien. Scharnows erstes Ferienziel ist das bayrische Waging am See. Er schafft damit das Gegenstück zu Touropas Ruhpolding. Der Preis für eine zehntägige Bahnreise einschließlich Unterkunft und Vollpension beträgt 89,50 DM. Der im Sommer 1954 erscheinende Katalog ist bereits 24 Seiten stark und enthält auch Ziele in die Schweiz und nach Jugoslawien. Im ersten Jahr zählt Scharnow-Reisen 112.000 Gäste, ein Beweis für die richtige Gründungsentscheidung, denn die Summe der Gäste der vier Gründungsgesellschafter hatte im Jahr zuvor nicht einmal die Hälfte dieser Zahl erreicht.

Flugreisen mit Touropa und Hummel

Zwei Jahre später werden gemeinsam mit den Konkurrenten Touropa und Hummel-Reise die ersten Flugreisen angeboten. 1958 wird in Hannover das schmucke Geschäftsgebäude „Haus der Reise“ an der Vahrenwalder Straße bezogen. Im selben Jahr wird Hanns-Albrecht Seiffert vom Prokuristen zum Generalbevollmächtigten der Scharnow-Reisen befördert.

Die gemeinsamen Flugreisen mit Touropa und Hummel-Reise führen 1959 zur Gemeinschaftsgründung „Deutsche Flugtouristik“, die sich jedoch nicht bewährt und drei Jahre später wieder aufgelöst wird.

1962 mit LTU nach Spanien

Dafür beginnt Scharnow 1962 eigene Charterflugreisen. Es geht vorwiegend mit der LTU nach Mallorca, Tunesien und an die Costa del Sol. Die Geschäfte laufen gut. Die Gesellschafter haben erkannt, welch wichtige Rolle Hanns-Albrecht Seiffert im Unternehmen spielt. Sie berufen ihn 1963 zum Geschäftsführer der Scharnow-Reisen. Walter Kahn scheidet 1964 als Geschäftsführer aus dem Unternehmen aus und zieht sich ins Privatleben zurück.

Obwohl die gemeinsame „Deutsche Flugtouristik“ nur drei Jahre Bestand hat und 1962 eingestellt wird, tun sich Touropa und Scharnow 1965 erneut zusammen, dieses Mal, um „TS Fernreisen“ zu entwickeln (TS = Touropa und Scharnow), was ihnen auch gelingt. Es werden Gruppenreisen mit Linienmaschinen in die USA, Fernost und Afrika veranstaltet. Wobei sich wieder einmal zeigt, dass gemeinsames Handeln zu größeren und schnelleren Erfolgen führt.

Deshalb ist dann auch die Gründung der Touristik Union International (TUI), die am 1.12.1968 erfolgt, folgerichtig. Erster TUI-Vorstand wird Hanns-Albrecht Seiffert, Wilhelm Scharnow der erste Aufsichtsratvorsitzende.

Hummel auf Reisen

Gründung 1953

Einige Monate vor Bildung der Scharnow-Reisen in Hannover gründen in Hamburg die Tageszeitungen „Die Welt“ und „Hamburger Abendblatt“ und das Reisebüro Lührs in Wandsbek (Inhaber: Hans Benthien) eine gemeinsame Reiseveranstalterfirma. In Anlehnung an das weltbekannte Original des Wasserträgers Hummel und an den Hamburger Gruß „Hummel Hummel“ nennen sie die gemeinsame Firma Hummel-Reise und wählen die Figur des Wasserträgers zum Markenzeichen.

Die Firmengründung erfolgt am 1. März 1953. Sechs Monate später, am 1. September 1953, wird der Gesellschafterkreis um das Hannoversche Reisebüro Strickrodt erweitert. Der Wettbewerb zwischen Strickrodt und seinem Konkurrenten Reisebüro Bangemann hat sich durch dessen Aktivitäten bei Scharnow-Reisen erheblich verschärft.

Strickrodt-Chef Hans-Joachim Strickrodt ist gerade 27 Jahre alt und sprüht vor Unternehmungslust. Ihm vertrauen die Hummel-Gesellschafter das gemeinsame Unternehmen an, dessen Sitz nun von Hamburg nach Hannover verlegt wird. Auf den Briefbögen und den Prospekten wird fortan die Figur des Hamburger Wasserträgers gegen den dicken Brummer, die Hummel aus Hannover, ausgetauscht.

Im Gründungsjahr 1953 werden 1.500 Teilnehmer auf die Reise geschickt. Die Sonderzüge, die bisher das Reisebüro Strickrodt in den Schwarzwald und nach Elmau in Tirol schickt, laufen nun unter dem Hummel-Symbol. 1956 nimmt Hummel bereits Mallorca ins Programm. Die Reise führt mit der Bahn nach Genf, von dort mit dem Verkehrsflugzeug DC-3 zur Insel, nach sechs Tagen geht es per Schiff nach Genua und mit der Bahn zurück nach Deutschland.

Flugreisen ab 1959

Angesichts der Auslastungsrisiken im wachsenden Flugcharterverkehr sucht aber auch Hummel nach einer Zusammenarbeit mit den Wettbewerbern. 1959 beteiligt sich das Unternehmen an der „Deutschen Flugtouristik", die bis 1962 am Leben bleibt und von Hans-Joachim Strickrodt geleitet wird. 1961 legt Hummel ein Flugprogramm mit Linienmaschinen auf und geht eine Zweckgemeinschaft mit Dr. Tigges, Transeuropa und Hetzel zur Durchführung von Charterflugreisen ein. Mit Dr. Tigges-Fahrten kommt es 1966 auch zu einer Zusammenarbeit auf dem Langstrecken-Chartersektor. Man fliegt gemeinsam Ostafrika an.

Im Dezember 1968 wird die Touristik Union (TUI) gegründet, in der nun Hummel aufgeht. Die Hummel-Gesellschafter werden TUI-Gesellschafter, und Hummel Reise ist von nun an eine Marke der TUI.

Hummel bei TUI

Neuer Geschäftsführer wird Dr. Klaus Dietmar Kesper. Kesper war eigentlich Zoologe, hatte über afghanische Bergziegen promoviert, er wäre gern Zoodirektor geworden. Doch irgendwie landete er dann bei den Dr. Tigges-Fahrten in Wuppertal. Dort war er für alles, was mit der Abwicklung der Flugreisen zusammenhing, verantwortlich. An der Bildung der Flug-Zweckgemeinschaft von 1961 hatte er großen Anteil, ebenfalls an der Zusammenarbeit Tigges/Hummel im Fernreisebereich. Kesper kannte sich sehr gut aus im Hummel-Programm, vor allem im Flugangebot der Hannoveraner. Kaum selbst in Hannover, gründet Kesper für Hummel eine Jugendreisetochter, die kurze Zeit später den Namen Twen Tours bekommt. Zu deren Betreuung holt er sich Fritz Liesen vom Bonner Jugendfahrtendienst.

Drei weitere ehemalige Tigges-Kollegen lockt er ebenfalls an die Leine. Innerhalb der TUI spricht man bald von der Tigges-Mafia, denn außer den

Hummel-Leuten sind Dr. Jürgen Fischer und der Bereichsleiter Einkauf, Wolfgang Fritzsche, ebenfalls aus Wuppertal gekommen. Der kleinste der TUI-Gründer hält überproportional viele Führungspositionen besetzt, während etwa die große Touropa nur durch Dr. Walter Vogel im Vorstand vertreten ist.

Hummel baut inzwischen sein Flugprogramm weiterhin mit Fantasie und Konsequenz aus, vor allem auf den Kanaren, in Griechenland und am Schwarzen Meer. Die Inseln La Palma und Kos sind reine Hummel-Entdeckungen.

Interner Wettbewerb

TUI-Chef Seiffert beobachtet Kespers Expansionspolitik mit großem Misstrauen, zeichnet sich hier doch zum ersten Mal einer der Hauptschwachpunkte des Firmenzusammenschlusses deutlich ab: Es ist die teure Konkurrenz der Geschwister untereinander. Ganz besonders gefährdet scheint ihm vor allem Scharnow zu sein, seine eigene touristische Heimat.

Angeblich um kostspielige Ausschreibungsdoubletten in den Veranstalterkatalogen zu vermeiden, drängt Seiffert daher Hummel ab 1970 langsam aus dem Flugangebot der TUI. „Seiffert nimmt jetzt Rache für früher: Er will Hummel kaputtmachen!“, sagt Kesper nach einer Sitzung mit dem Vorstand in interner Runde.

Hummel als Bahnreiseveranstalter

„Wir müssen das Ruder völlig herumwerfen. Da seit Neckermann hier alles nur noch über den Flug redet, ist die Bahn unsere einzige Chance!“ Der Flugexperte Dr. Kesper, Duz- und Skatfreund mancher Airline-Chefs, mutiert buchstäblich über Nacht zum Bahnexperten. Die DB-Zentrale in Frankfurt verfolgt Kespers touristische Wendemanöver mit großer Aufmerksamkeit, denn mit Touropa als Bahnveranstalter war man alles andere als zufrieden. Die Buchungszahlen für den Alpen-See-Express gingen kontinuierlich zurück. Hinzu kam die Abwanderung der Urlauber von der Schiene auf den eigenen PKW. Dass Vogel als Vertreter der DB in den TUI-Vorstand gekommen war, hatte auf die Programmentwicklung der Veranstalter kaum noch Einfluss, gegenüber Seiffert war er machtlos. „Das Schönste an Hannover ist für mich die Maschine nach München!“, pflegte Vogel jedem zu sagen, mit dem er im TUI-Haus ins Gespräch kam.

Als schließlich Kesper in der Frankfurter DB-Zentrale seine Aufwartung macht – in der bescheidenen Erwartung, einige Konditionen ein wenig verbessern zu können –, empfängt man ihn am Main wie einen verlorenen Sohn. Man feiert die Hummel-Reise. Da die DB-Touristiker sofort erkennen, dass sie in Kesper einen außergewöhnlich kreativen, charismatischen und vor allem auch in Bahndingen sachkundigen Partner gefunden haben, entscheiden sie sich zu fast sensationell marktoffenen Formen der Zusammenarbeit, wie es das bisher bei der Bahn noch nicht gegeben hat.

Es dauert kein Jahr, und „Überall ist Bahnland", vom Harz bis Transsibirien, von Galizien bis Polen. Der „dicke Grüne", der Hummel-Katalog, ist in kürzester Zeit bei den Reisebüroverkäufern zur Bibel des Bahntourismus geworden. Es braucht nur irgendwo in der Welt ein Zug zu fahren, schon machen die Hummel-Touristiker daraus ein Programm. Dabei ist es gleich, ob nun die Anreise mit der Bahn, dem eigenen Wagen oder dem Fährschiff erfolgt. Kesper selbst identifiziert sich völlig mit seinem Produkt. Er bevorzugt grüne Kleidung und wird scherzhaft wegen seiner Leibesfülle genauso genannt wie der immer stärker werdende Hummel-Katalog: „Der dicke Grüne".

Hummel öffnet Polen für den Tourismus

Als 1970 nach Abschluss des Warschauer Vertrags der Regierung Brandt mit der Volksrepublik Polen erstmals Urlaubsreisen in die ehemaligen deutschen Ostgebiete möglich werden, gelingt es Hummel 1971, ein kleines Polenprogramm auf die Beine zu stellen. Zwei Jahre später dampft ein eigener Liegewagen-Sonderzug einmal in der Woche nach Allenstein. Sogar die DDR hat dazu ihr Okay gegeben.

1974 fährt ein weiterer Hummel-Zug nach Schlesien. Die von der TT-Line 1991 in Betrieb genommene Fährschiffverbindung Travemünde-Gdingen mit der „Nils Holgerson" wird nahezu komplett von Hummel belegt. Dieses Schiff setzt Hummel übrigens mehrfach zum Jahreswechsel für Pkw-Fährschiff-Kreuzfahrten unter anderem nach Marokko ein.

Inmitten des Kalten Krieges finden so auf touristisch-friedliche Weise die ersten Begegnungen zwischen Tausenden aus ihrer Heimat vertriebenen Deutschen mit den jetzigen Bewohnern Pommerns, Ostpreußens und Schlesiens statt. Damals ein mutiges, aber auch riskantes politisches Experiment. Doch letztlich wird es ein voller Erfolg.

Hummel hat sich in der Zeit des Kalten Krieges eine derartige Monopolstellung im Tourismus von der Bundesrepublik nach Polen geschaffen, dass selbst die gestrengen DDR-Zöllner an der Grenze nach Polen Hummel als ihren „eigentlichen Arbeitgeber" betrachten.

Der polnische Partner von Hummel, das staatliche Reisebüro Orbis, wird von Hummel-Mitarbeitern langfristig und systematisch ins Handwerk westlicher Veranstaltertouristik eingeführt — in Warschau und in längeren Kursen in Hannover. Das aber ist nur möglich, weil die führenden Touristiker von Orbis von Anfang an mitziehen. Den polnischen Touristikern ist die politische Pionierleistung der Hummel-Reisen sehr bewusst. Sie sorgen dafür, dass Hummel-Chef Kesper 1985 den Polnischen Verdienstorden in Gold erhält, die höchste Auszeichnung Polens für Ausländer.

Die Entwicklung zur TUI

Touropa, Scharnow, Hummel arbeiten zusammen

Schon Anfang der 60er-Jahre kommt es zu einer Zusammenarbeit zwischen Touropa, Scharnow und Hummel. Es geht um einen wirtschaftlichen Einsatz von Sonderzügen und der Reduzierung der Charterrisiken. Diese Entwicklung wird verstärkt durch den Einstieg branchenfremder, kapitalstarker Unternehmen, der Versand- und Kaufhäuser, in das flugtouristische Reisegeschäft. Die neuen Mitbewerber erringen in kurzer Zeit beträchtliche Marktanteile. Sie treten mit einem kostengünstigeren Vertrieb, modernen Produktionsformen, einer starken Finanzkraft und einer auf Aufkommensbündelung ausgerichteten Geschäftspolitik mit hohem Auslastungsfaktor und hohem Auslastungsrisiko in das Reisegeschäft ein. Die konventionellen, miteinander konkurrierenden Veranstalter sind dieser Entwicklung nicht gewachsen. Jeder für sich ist nicht stark genug. Nur durch Bündelung der Kräfte und der Marktanteile glaubt man, die gleichen Risiken eingehen und die notwendigen Investitionen für eine wettbewerbsfähige moderne Produktion aufbringen zu können.

Fusion der Gründungsgesellschaften

Die Überlegungen münden 1968 zunächst in einen Freundschaftsvertrag zwischen Touropa und Scharnow, dem sehr schnell die totale Fusion folgt, in die neben Touropa und Scharnow auch die Hummel Reisen und die Dr. Tigges-Fahrten einbezogen werden. Sie blicken auf eine 20-jährige beachtliche Aufwärtsentwicklung zurück. Im letzten Jahr ihrer Selbstständigkeit haben sie insgesamt 949.452 Gäste auf die Reise geschickt mit einem Gesamtumsatz von über 427 Millionen DM. Dem nun entstehenden Konzern geben die Gründer den Namen Touristik Union International (TUI), die sie in Hannover ansiedeln, wo zwei der vier Unternehmen bereits ihren Sitz haben. Die TUI wird eine Finanzholding in der Rechtsform der GmbH KG mit Lenkungsaufgaben gegenüber den zunächst selbstständig bleibenden und dezentral arbeitenden Tochtergesellschaften. Die Gesellschafter der fusionierten Einzelfirmen werden Gesellschafter der TUI. Von der Gründung einer Aktiengesellschaft wird Abstand genommen mit der offiziellen Begründung, man wolle spätere Kapitalerhöhungen erleichtern.

Tatsächlich aber wollen sich die bisherigen Anteilseigner ihren Einfluss auf das neue Unternehmen und mithin auch auf die Unternehmensleitung sichern. Es geht einigen von ihnen – wie die folgenden 25 Jahre zeigen – darum, der TUI nur einen begrenzten Bewegungsspielraum zu geben, damit sich die eigenen Interessen und Aktivitäten frei entfalten und nicht von der TUI konterkariert werden können. Durch Satzung und Einfluss werden der TUI schon im Moment der Gründung Fesseln angelegt, die sie immer wieder an der Ausschöpfung aller ihrer Möglichkeiten hindern. Die Interessen der Gesellschafter genießen häufig eine höhere Priorität als die des Unternehmens.

TUI – Vorstand und Aufsichtsrat

Die Gründung der Touristik Union International (TUI) erfolgt zum 1. November 1968, die Altgesellschafter unterzeichnen den Gesellschaftsvertrag am 13. November desselben Jahres. Das Kommanditkapital beträgt 10.832.000,00 DM; es wird im Jahr darauf auf 15 Millionen DM erhöht. Wilhelm Scharnow wird zum Vorsitzenden des aus fünf Personen bestehenden Aufsichtsrates berufen. Den Vorstand bilden Hanns-Albrecht Seiffert (Vorsitzender), einer der überzeugtesten Initiatoren des Zusammenschlusses, Herbert Degener und Dr. Walter Vogel. Seiffert ist bislang Hauptgeschäftsführer der Scharnow Reisen, Degener und Vogel kommen aus der Geschäftsführung der Touropa. Seiffert übernimmt unter anderem die Finanzen („Wer auf dem Geldsack sitzt, bestimmt auch, wofür es ausgegeben wird"), Degener die Touristik und Vogel den Transport.

Unternehmensziele

Im Vordergrund aller geschäftspolitischen Überlegungen der TUI stehen die Markenpolitik, die Stärkung der einzelnen Veranstalter sowie die Einführung zusätzlicher Veranstalter-Töchter. Vogel: „Der Begriff TUI muss für unsere Veranstalter eine Art Wollsiegel werden, welches dem Verbraucher allerhöchste Qualität signalisiert." Weitere erklärte Ziele sind:

- die Verlagerung des Schwergewichts der Produktion von der Bahn auf den Flug,
- die Einrichtung zentraler Leitstellen, um Rationalisierungseffekte und Leistungsverbesserungen besonders bei den Transportmitteln zu erzielen,
- der Ausbau von Stabsabteilungen, um die Marktbeobachtung, Marktforschung und Unternehmensplanung zu verbessern,
- die Nutzung aller Möglichkeiten der elektronischen Datenverarbeitung mit Fernspeicherung auf einem Großcomputer,
- die Ablösung bisheriger handgestrickter Organisationsabläufe durch zeitgemäße Formen.

Unter der Leitung des dynamischen und zielstrebigen Hanns-Albrecht Seiffert nimmt die TUI vom ersten Tag ihres Bestehens den ihr gebührenden Platz in der deutschen Tourismusbranche ein. Was Seiffert für gut und richtig für die TUI erkennt, vertritt er mit aller Konsequenz und setzt es durch.

Von den Reisebüros verlangt er absolute Loyalität und eine vorbehaltlose Unterstützung der TUI. Das hält ihn aber nicht davon ab, im Oktober 1969 einen Vertrag mit den Raiffeisenbanken über den Verkauf von TUI-Reisen zu schließen.

Seiffert weiß, was für die Entwicklung der TUI wichtig ist: die richtigen Leute und genügend Geld! Es ist keine Überraschung, dass Geschäftsführer Herbert Degener das Klima in Hannover in mehrfacher Hinsicht nicht sonderlich behagt. Er will zurück nach München, will sich dort selbstständig machen und beginnt mit einigen TUI-Gesellschaftern Gespräche über den Verkauf seiner Anteile. Das ist Seiffert nur recht.

Unterkapitalisierung

Wenn die TUI ihre Rolle als Großproduzent touristischer Erzeugnisse ausbauen und eine wettbewerbsbedingte Diversifikation ansteuern soll, dann setzt das Geschlossenheit ihrer Gesellschafter und die Zuführung von weiterem Kapital voraus. In einer Branche, in der die langfristige Kapazitätssicherung im Hotel- und Flugbereich zu einem entscheidenden Wettbewerbsfaktor geworden ist, kann die TUI mit einem Umsatz von 600 Millionen DM im Jahr 1970 und einem Kapital von 15 Millionen DM nur als unterkapitalisiert bezeichnet werden. Seiffert schwebt eine Kapitalerhöhung auf 30 Millionen DM vor. Damit ist ein Teil der Altgesellschafter möglicherweise überfordert. So kommt es im Mai 1971 zunächst nur zu einer Kapitalerhöhung um 7,5 Millionen DM auf 22,5 Millionen DM.

Zu diesem Zeitpunkt hat Herbert Degener seine TUI-Anteile von 4,604 Prozent an die drei Reisebüros ABR, DER und Hapag-Lloyd verkauft, die dadurch ihre Anteile an der TUI auf je 15,474 Prozent erhöhen. Gleichzeitig verkauft das Reisebüro Strickrodt seine Anteile von 4,604 Prozent an die Verlags-Reisebüro GmbH (Springer), die nun auf 14,796 Prozent kommen.

Seiffert stellt wegen des steigenden Kapitalbedarfs der Gesellschaft auch die Aufnahme von Gesellschaftern aus nichttouristischen Kreisen zur Debatte. Er beginnt auch Gespräche mit der von Quelle und Karstadt betriebenen Transeuropa. Seiffert will einer Phalanx der Kaufhäuser und Versandhäuser gegen die konventionellen Reiseanbieter zuvorkommen.

Mitten in diese Überlegungen und Diskussionen platzt die Nachricht vom Tode von Hanns-Albrecht Seiffert, der am 26. Oktober 1971 überraschend und viel zu früh einem Herzleiden erliegt. Das trifft das Unternehmen völlig unvorbereitet, es verliert seinen führenden Kopf, den Mann mit Visionen und Durchsetzungsvermögen.

Neue Angebote

Airtours International

Im November 1970 wird der erst drei Jahre alte Veranstalter von Flugpauschalreisen mit Linienmaschinen, Airtours International GmbH & Co KG, in die TUI eingebracht. Airtours International war 1967 aus der in Düsseldorf ansässigen Veranstaltergemeinschaft Airtours Flugreisen mit Hans Schmidt vom Reisebüro Hartmann als Impulsgeber und den Reisebüroketten ABR, DER und Hapag-Lloyd entstanden. Airtours war jahrzehntelang ein Sonderfall innerhalb der TUI. Die Firma durfte weiterhin selbstständig in Frankfurt wirtschaften und wurde erst 2009 in das Mutterhaus nach Hannover geholt und ist weiter die Marke für individuelle Luxusreisen.

TUI-Hotels und Robinson Clubs

1970 findet die Geburt eines weiteren wichtigen TUI-Kindes statt. Ende Dezember gründen die TUI und die Steigenberger Hotelgesellschaft die Robinson Hotels GmbH KG. Unternehmenszweck ist die Entwicklung und Führung neuartiger Ferienhotels. Die besonderen Erfahrungen der Muttergesellschaften in der Touristik und in der Hotellerie sollen gemeinsam genutzt werden. Das erste Projekt ist die Führung des Vier-Sterne-Strandhotels Jandia Playa auf Fuerteventura.

1989 – Robinson betreibt inzwischen 15 Clubs – probt der Steigenberger Schwiegersohn Wolfgang Momberger den Aufstand. Er moniert zu hohe Verwaltungskosten, die Vertriebsbeschränkung auf TUI und angebliche Kompetenzüberschreitungen der Geschäftsführung. Tatsächlich will Steigenberger die Robinson-Verwaltung und damit die Führung übernehmen. Der Streit endet mit dem Ausscheiden Steigenbergers aus dem Unternehmen.

Die nun hundertprozentige Tochter der TUI wird in den Folgejahren weiterentwickelt. Parallel zur Entwicklung der Robinson Clubs baut die TUI ständig ihren Einfluss auf die Ferienhotellerie in den wichtigsten Zielgebieten aus. Sie beteiligt sich an den Hotelketten Riu, Iberotel und an den Grupotels, sie baut mit Partnern die Kärntner Bauerndörfer und die Grecotels auf.

Konzentration innerhalb der TUI

Die 1968 bei der Gründung der TUI groß angekündigten Maßnahmen lassen lange auf sich warten. Zwar verlieren die eingebrachten Töchter 1974 ihre juristische Selbstständigkeit, aber sie arbeiten weiter als eigenständige Abteilungen. 1976 macht der Vorstand einen ersten Versuch einer Markenzusammenführung, scheitert aber am Aufsichtsrat.

Zehn Jahre nach der Gründung der TUI im Jahr 1978 werden endlich die Zeichen für eine volle Ausschöpfung der wirtschaftlichen und organisatorischen Möglichkeiten gesetzt.

Die Einrichtung einer Hauptverwaltung in Hannover, die Zusammenführung aller Veranstalter als „Marken", jeweils im Range einer Hauptabteilung, sowie eine Neuordnung der Marken- und Marketing-Politik werden beschlossen. Dann dauert es immer noch zwei Jahre, bis auch die Touropa endlich von München nach Hannover verlegt ist.

Bis dahin hat die TUI an ihren verschiedenen Marken herumgedoktert. Zuerst ordnet sie den einzelnen Marken Kaufkraftgruppen zu, von Touropa für die Betuchten bis zu Transeuropa für die Schnäppchen-Jäger. Die Hotels werden von einer Marke zur anderen geschoben. 1981 entscheidet die TUI, nur noch die Touropa solle „Universalanbieter" bleiben, alle anderen müssten Spezialisten werden – Scharnow für Ferienwohnungen, Hummel für die Bahn- und Autourlauber, Tigges für Studienreisen und Transeuropa für „preisaktive" Flugreisen im Mittel- und Fernstreckenbereich.

Externe Unternehmensberater werden geholt

Mit dem Eintreten von Quelle, Karstadt und später Horten in die TUI beginnt in dem Unternehmen ein modernes, unternehmerisches Denken. Die Beratungsfirmen McKinsey und Roland Berger werden ins Haus geholt, um das Unternehmen gründlich durchzuforsten und festzustellen, wo man Fett angesetzt hat. Das führt zu einer Straffung der Firma und zu einer Verbesserung der Arbeitsabläufe.

Falsche EDV-Entscheidungen, ein verlustreiches Hotelengagement und ein ungenügendes Controlling der Auslandsbeteiligungen haben die TUI im Laufe der Jahre 100 Millionen DM und drei Vorstandsköpfe gekostet.

Die TUI muss sich Ende der 80er-Jahre auf einen schärferen Wettbewerb einstellen. Sie hat 1987 Marktanteile an Neckermann und die LTU-Gruppe verloren. Vom Kartellamt gibt es Hinweise, dass ihr straffes Agentursystem (2.700 Reisebüros) mit dem Vertriebsverbot für die stärksten Konkurrenten untersagt werden könnte. Der Wettbewerb über den Preis – jeder möchte der Billigste sein – erfordert eine Transparenz durch alle Wertschöpfungsstufen und eine Kalkulation der Reisepreise, die kurzfristige Preisanpassungen ermöglichen. Das setzt ein funktionierendes EDV-System voraus.

Erträge bleiben im Unternehmen.

Die TUI-Ergebnisse betragen in den 80er-Jahren durchschnittlich 30 Millionen DM pro Jahr. Von diesem Geld sehen die Gesellschafter allerdings wenig. Oft bekommen sie nur so viel, dass sie gerade mal ihre Steuern auf die Gewinne zahlen können. Der Rest bleibt bei der TUI und wird für notwendige Kapitalerhöhungen verwendet. Bis 1988 hat die TUI rund 80 Millionen DM in Hotels, Agenturen in den Zielgebieten und in ausländische Reiseveranstalter investiert.

TUI-Ferienexpress

Aber nicht alle Investitionen erweisen sich als richtig. Das zeigt sich am teuren Beispiel TUI-Ferienexpress. Dr. Klaus D. Kesper, Chef der Hummel-Reise, bekannt als der „Dicke Grüne" und als Bahnexperte aus Leidenschaft, macht sich 1973 Gedanken über einen TUI-Ferienexpress. Auf einem kleinen Blatt Papier zeichnet Kesper einen Eisenbahnwaggon und den Längsriss eines Abteils mit seinen Vorstellungen über die Einrichtungen dieses Abteils. Etwas später notiert er einige Abfahrts- und Zielbahnhöfe. Es ist die Geburtsstunde des TUI-Ferienexpress.

In der Frankfurter DB-Zentrale findet man Kespers Idee eines Privatzuges zwar sehr kühn und verweist auf den Alpen-See-Express unter den Fittichen des DER. Jedoch erinnert man sich auch daran, dass es in der Industrie schon lange Unternehmen gibt, die über einen eigenen Güterwagenpark verfügen und die gefahrenen Achskilometer in Rechnung gestellt bekommen. Die Sache ist im Prinzip also nicht neu und eigentlich ganz einfach. Und genauso wie die Kesselwagen von Hoechst oder Bayer will Kesper auch den Ferienexpress berechnet haben, für Reisen im In- und Ausland. Wichtig ist ihm vor allem die Tarifhoheit über den Zug. Nur so kann er erstmals für den Transport in der Nebensaison günstigere Fahrpreise ansetzen als in der Hauptreisezeit.

Die Bahn avisiert ihr Einverständnis. Bei der Investition handelt es sich um einen Auftrag über 35 Millionen DM. Dafür will die TUI 30 Pullman-Waggons und drei „Treffpunktwagen" bauen lassen. Ein solch aufwendiges Projekt bedarf natürlich der Zustimmung des Aufsichtsrates, die nach Vorlage der Rentabilitätsberechnungen erteilt wird. Vor der Auftragsvergabe überträgt der TUI-Vorstand das Projekt allerdings an die Abteilung Bahneinkauf, die sich mit allen weiteren Planungs- und Kalkulationsarbeiten beschäftigen soll.

Kesper ist über die kalte „Enteignung" seiner TUI-Zugidee zutiefst frustriert. Zudem misstraut er den „fantasielosen Beamten" der Zentrale und sagt gravierende Fehler in der weiteren Gestaltung des Zuges und in den Preisberechnungen voraus.

In der Tat, schon im Vorfeld gibt es eine kalkulatorische Panne nach der anderen: Man hat sich bei der Berechnung der Achskilometer vertan, hat die ausländischen Fahrtanteile zum Teil nur geschätzt und dabei die günstigste Variante in die Kalkulation aufgenommen. Für den Winter wird schließlich vergessen, die Skiabteile von der Sitzplatzkapazität abzuziehen. Außerdem erweisen sich später die Wartungs- und Reparaturkosten wesentlich höher als vorausberechnet. Ein späterer Hauptreklamationsgrund ist der fast ständige Ausfall der Klimaanlage im Sommer.

Zwischen Auftragsvergabe an die Bremer Waggon-Union 1978 und der Auslieferung der 30 Pullman-Wagen und drei Treffwagen vergehen zwei Jahre. Nun sind die Veranstalter, vor allem der Bahnspezialist Hummel, wieder gefragt und gefordert. Zu dem Zeitpunkt, zu dem kalkulatorisch das Kind bereits in den Brunnen gefallen ist, beruft man Kesper zum Chef des TUI-Bahnverkehrs im Range eines Bereichsleiters – ein später Akt der Wiedergutmachung. Das Streckennetz des TUI-Ferienexpress schließt die wichtigsten Reisetrassen der alten Bundesrepublik und die Strecken an die Mittelmeerküsten Jugoslawiens, Italiens, Frankreichs und Spaniens ein. Im Winter sind es die klassischen Skigebiete.

Die den Veranstaltern gegebenen Preise sind jedoch nicht die ursprünglich angenommenen, sondern die durch die Fehlerkorrekturen angehobenen Tarife. Sie sind deshalb zu teuer geraten. Dem Alpen-See-Express ist mit diesen TUI-Preisen kaum Konkurrenz zu machen. Hinzu kommt, dass inzwischen im erdgebundenen Urlaubsverkehr das eigene Auto die Fahrt mit der Eisenbahn verdrängt. Der Markt hat sich anders entwickelt, als die TUI bei ihrer Investitionsentscheidung angenommen hatte.

Es wird festgestellt, dass auch ohne die Fehler in der Tarifkalkulation der TUI-Ferienexpress mindestens fünf Jahre zu spät auf den Markt gekommen ist. So ist es kein Wunder, dass die TUI schon bald die Lust an ihrem Superzug verliert und ihren ganzen Fuhrpark an die Sonderzug-Betriebsgesellschaft, die beim DER angesiedelt ist, verkauft.

Horten Nachfolger von Karstadt

Karstadt muss sich 1976 auf Weisung des Kartellamtes von den TUI-Anteilen trennen, als es Neckermann Versand KG und Neckermann Reisen übernimmt. Die nun frei werdenden TUI-Anteile kauft ohne lange Bedenken das letzte noch nicht im Tourismus engagierte Kaufhausunternehmen, die Horten AG. Bis Horten eigene Reisebüros in seine Kaufhäuser setzen kann, muss erst so manches Unabhängige hinauskomplimentiert werden.

Karstadt ist für die TUI nicht nur ein kapitalkräftiger und selbstbewusster Gesellschafter gewesen, Karstadt hat auch seine Vertriebspotenz in den Dienst der TUI gestellt. Die TUI-Gesellschafter erwarten dasselbe von Horten. Horten selber verfügt über keine Reisefachleute und beauftragt Hapag-Lloyd Reisebüro mit dem Aufbau einer Horten-Reisebüro-Kette.

Horten spielt als Gesellschafter der TUI eine wichtige und ausgleichende Rolle, weil die Kaufhauskette nicht im selben Konflikt steht wie die anderen TUI-Gesellschafter, die mit eigenen Reiseprogramm-Überlegungen immer wieder von der TUI oder von den übrigen TUI-Gesellschaftern zurückgepfiffen werden. Touristische Akzente konnte Horten jedoch nie setzen. Erst mit der Auflösung von Horten bzw. mit dem Übergang der Horten AG zur größeren und mächtigeren Kaufhof AG und im Zusammenhang mit dem Einstieg der WestLB in die TUI scheidet Horten als Gesellschafter aus der TUI aus.

Divergierende Interessen der Gesellschafter

Dieselben Gesellschafter, die sich über eine erfolgreich operierende TUI freuen, blockieren das Unternehmen, wenn es um neue Vertriebswege und neue Märkte geht. Direktvertrieb ist für die TUI-Gesellschafter ein Tabuthema. Die Interessen der kleinen und großen Kapitaleigner klaffen weit auseinander. Die einen achten begierig darauf, dass die Kasse stimmt, die anderen bremsen die TUI, wenn sie sich auf Märkte begeben will, in denen sie selber tätig sind.

Im Gesellschaftsvertrag gibt es eine Konkurrenzklausel, die der TUI enge Fesseln und den Gesellschaftern Rechte auf eigene Reiseausschreibungen in gewissen Spezialmärkten einräumt. Diese Klausel würde einer kartellamtlichen Prüfung kaum standhalten, aber den Weg nach Berlin geht der TUI-Vorstand natürlich nicht. Die meisten Steine werden der TUI vom DER in den Weg gelegt. So bleibt ihr beispielsweise das USA-Geschäft und Städtereisen verschlossen. In Rom und am Golf von Neapel müssen nahezu alle TUI-Aktivitäten über das DER in Rom laufen, ähnliches gilt auch eine Zeit lang für Portugal.

1987 sieht die Differenzierung der einzelnen Veranstalter wie folgt aus:

- Scharnow ist der anerkannte Spezialist für Ferienwohnungen und damit unter anderem Hauptanbieter für die Autofahrer.
- Hummel deckt mit Verve die erdgebundenen Angebote ab.
- Transeuropa spricht wirkungsvoll jene Kunden an, die einen preiswerten Urlaub buchen möchten. Das sind vor allem Familien mit Kindern.
- Tigges ist der hochkarätige Studienreisespezialist und verbindet Verlängerungsangebote meist mit Hotels aus der Touropa-Palette.
- Touropa spricht schließlich das mittlere, gehobene und höchste Preissegment in der Nah- und Ferntouristik an.
- Airtours macht weiter wie bisher in der IT- und Individualtouristik.
- Hinzu kommen noch ein Kurprospekt sowie Twen-Tours und Hit.

Doch es gibt bei dieser Konstellation für die TUI ein ernst zu nehmendes Problem: Es sind die exorbitant hohen Kosten für die immer umfangreicher werdenden Haupt- und Sonderkataloge der einzelnen Veranstalter. Diese Kosten belaufen sich auf jährlich 70 Millionen DM für insgesamt 16 Millionen Kataloge, wobei deren Bewerbung und die Kosten für die EDV-Aufbereitung der Preistabellen noch nicht einmal eingerechnet sind.

Unter diesem Kostendruck befürwortet der TUI-Vorstand schließlich eine umfassende Reform der TUI-Produktpräsentation. Der Aufsichtsrat holt die Unternehmensberatung McKinsey ins Haus. TUI-Vorstand Gerhard Heine beauftragt die Hamburger Werbeagentur Springer & Jacobi mit der Erarbeitung einer neuen Konzeption des Gesamtangebots der TUI.

Schluss mit der Markenvielfalt

Das Resultat der viele Monate dauernden Untersuchungen wirkt auf die Touristiker und den Vertrieb wie ein Schock. Es heißt: totale Aufgabe der traditionellen Veranstalter-Individualität und völliges Verschwinden der alten Markennamen. Die Reiseangebote sollen in Länderkataloge verpackt werden, und es soll nur noch einen einzigen Absender geben: TUI. Lediglich Airtours, Robinson und Wolters dürfen eine Ausnahme bilden. McKinsey plädiert allerdings auch dafür, den Namen des Spezialisten Dr. Tigges beizubehalten.

Innerhalb der TUI gibt es eine Spaltung in zwei Lager. Die einen erklären kurzerhand: Der Verzicht auf so kostbare und international geachtete Namen wie Touropa, Scharnow, Hummel und Tigges gleiche einem bewusst herbeigeführten Selbstmord. Die Ansprache der verschiedenen Kundensegmente sei besser austariert als je zuvor, und die Reisebüros hätten auch gar nicht den Platz, um für jedes einzelne Land eine Stellfläche für Kataloge schaffen.

Schwer wiegend ist auch der Einwand, dass der Kunde in einem einzigen Neckermann-Katalog die ganze Reisewelt präsentiert bekomme, während er bei der TUI unter Umständen mehrmals ins Reisebüro müsse, wenn ihm bei seiner Planung ein weiteres Land eingefallen sei.

Doch auf der Gegenseite wiederholt man immer nur zwei Argumente: Das ist einmal der Hinweis auf die zu hohen Katalogkosten und zum anderen auf die Unmöglichkeit, in Zukunft in allen wichtigen Medien bundesweit für jeden einzelnen Veranstalternamen zu werben. Das sei nicht mehr zu bezahlen.

Aber auch ein drittes Argument, das die alten Veranstalter schon seit den 70er-Jahren immer wieder selbst provoziert haben, kommt jetzt wie ein Bumerang auf sie zurück – ihr ständiger Ruf nach einer ununterbrochenen Identitätskette für ihr Produkt. Perfekt hatte Tigges in Vor-TUI-Zeiten dieses Problem für sich gelöst: Der Kunde ging in ein Dr.-Tigges- Reisebüro, benutzte einen Tigges-Bus oder ein Tigges-Flugzeug, wurde von einem Tigges-Reiseleiter begleitet und konnte sogar in etwa einem Dutzend der Tigges-eigenen Hotels unterkommen. Von dieser ununterbrochenen Kette können 1987 die Veranstalter nur noch träumen. Auch die anderen großen Veranstalter verfügten früher über eine im Wesentlichen intakte Identitätskette, so sie denn vor Ort ihre eigenen Reiseleiter platzieren konnten. Unwiderruflich unterbrochen wird diese wichtige exklusive Veranstalterleistung bei der TUI durch die zentrale Reiseleiterorganisation, den TUI-Service. Der Kunde bucht im Reisebüro zwar noch immer seine Touropa- oder Scharnow-Reise, wird aber schon auf dem Flughafen von TUI-Stationsmitarbeitern empfangen und bei der Ankunft im Zielgebiet vom TUI-Service weiter betreut. Der Transferbus ist ein TUI-Bus, die Ausflüge laufen ebenfalls unter dem Namen TUI. Der eigentliche Veranstalter zeigt nur noch durch den Katalog seine Existenz. Im Zielgebiet dagegen sieht sich der Kunde ausschließlich und fest in den Händen der TUI.

TUI – Schöne Ferien

Die Kostenkeule und Markenidentitätskette haben schließlich bei Aufsichtsrat und Vorstand die bessere Durchschlagskraft. Die Marken verschwinden 1990 lautlos von einer Saison auf die andere, das TUI-Logo wird einem Facelifting unterzogen: „TUI – Schöne Ferien“, alle Welt hat’s begriffen: Die Buchungen steigen, die Kosten sinken. Der Zeitpunkt für die Markenumstellung war glücklich gewählt: Nur die Kunden in den alten Bundesländern mussten überzeugt werden, die Kunden in den neuen Bundesländern wurden gleich von der neuen *Einheits*marke TUI begrüßt.

Neuer TUI-Vorstand

Neuer TUI-Vorstandsvorsitzender ist Dr. Ralf Corsten, der als Unternehmensberater im Hotelbereich tätig war und 1989 von der Treuhand nach Berlin geholt wurde, um die Sanierung und Privatisierung der ehemals DDR-staatseigenen Interhotels in die Wege zu leiten. Mit Corsten beginnt eine neue Zeit für TUI, eigentlich entsteht mit ihm ein neues Unternehmen. Er befreit Deutschlands führenden Reiseveranstalter von der eigensüchtigen „Vormundschaft" durch die Gesellschafter – nur unter dieser Bedingung tritt er sein hoch dotiertes Amt an –, und er führt das Unternehmen zielsicher aus der familiären Atmosphäre in das Industriezeitalter. Ralf Corsten hat nicht viel Zeit, sich in seine neuen Aufgaben einzuarbeiten, denn unmittelbar nach seinem Start in Hannover beginnt der Konflikt der Gesellschaftern wegen der Übernahme von TUI-Anteilen durch die WestLB. Trotz der internen Auseinandersetzungen der Gesellschafter, von denen der TUI-Vorstand nicht unberührt bleibt, krempelt Corsten die TUI innerhalb weniger Jahre um. Er bringt die Hotelbeteiligungen in die Gewinnzone und erwirtschaftet Jahresgewinne, von denen die Gesellschafter bisher nur träumen konnten. So weist er für 1997 mit 171 Millionen DM den höchsten Gewinn auf, den die TUI bis je erzielen konnte.

Die WestLB verändert die Branchenlandschaft

Die Übernahme der TUI durch die WestLB liest sich wie eine Kriminalgeschichte, die 1992 beginnt.

Erster Akt

Die Westdeutsche Landesbank, kurz WestLB, hat – nicht zuletzt auf Empfehlung der nordrhein westfälischen Landesregierung – 34 Prozent an der in Düsseldorf beheimateten LTU erworben und die unternehmerische Verantwortung für die Fluggesellschaft übernommen. West LB-Chef Friedel Neuber hat einen hohen Preis für seine LTU-Anteile gezahlt und braucht eine bessere Auslastung seiner Flugzeuge, um vernünftige Jahresergebnisse zu erzielen. Dieses Mehr an Passagieren will er von der TUI haben, die jedoch an einer engeren Zusammenarbeit mit der LTU nicht interessiert ist. Dabei spielt natürlich der Einfluss des TUI-Gesellschafters Hapag-Lloyd mit den eigenen Fluginteressen eine Rolle.

Um die TUI zu einer stärkeren Nutzung der LTU-Flotte zu veranlassen, braucht Neuber einen bestimmenden Einfluss auf TUI. Ihn kann er nur erhalten, wenn es ihm gelingt, wesentliche Anteile an TUI zu erwerben. Das ist nicht einfach, weil sich die TUI-Gesellschafter untereinander ein gegenseitiges Vorkaufsrecht eingeräumt haben.

Über einen Umweg schafft die WestLB es doch. Die 16 kleinen TUI-Gesellschafter mit einem Anteil von 30,2 Prozent haben ihre TUI-Beteiligungen in der dafür eigens gegründeten Walter Kahn Verwaltungs GmbH & Co Beteiligungs KG, Braunschweig, zusammengefasst. Es gelingt der WestLB, sich mehrheitlich an der Kahn Beteiligungs KG, deren Geschäftsführer der TUI Aufsichtsrat und ehemalige TUI-Vorstand Manfred Rudolph ist, zu beteiligen. Der Preis pro TUI-Anteil ist immens. Während der Wert bei nüchterner Berechnung zwischen 3 und 4 Millionen DM für ein Prozent TUI liegen dürfte, bietet die WestLB für jeden Prozentpunkt 10 Millionen DM.

Noch während der ersten Gespräche, von denen nichts nach außen dringt, fragt Springer vorsichtig bei Hapag-Lloyd an, ob man am Kauf der Springer-Anteile auf Basis von 10 Millionen DM interessiert sei. Hapag-Lloyd weist das Angebot als völlig unrealistisch ab. Das führt dazu, dass auch Springer mit seinen zehn Prozent dem Liebeswerben der WestLB erliegt und Kasse macht.

Am 10. Dezember 1992 wird in einer außerordentlichen Gesellschafterversammlung die Katze aus dem Sack gelassen. Das Verhalten der Kahn-Gruppe löst bei den übrigen Gesellschafter Empörung aus. Hapag-Lloyd und die Bahn reklamieren das Vorkaufsrecht und wollen den Zutritt der WestLB verhindern. Manfred Rudolph erklärt für die Kleingesellschafter dagegen, dass keineswegs TUI-Anteile den Eigentümer gewechselt hätten, die Kahn-Beteiligungs KG bleibe TUI-Gesellschafter. Geändert hätten sich nur die internen Eigentumsverhältnisse bei der Kahn-Beteiligungs KG, und das unterliege nicht dem Vorkaufsrecht. Auch bei Hapag-Lloyd habe es eine Umstrukturierung im Kreis der Aktionäre gegeben, und kein TUI-Gesellschafter sei auf die Idee gekommen, deswegen Vorkaufsrechte an der TUI zu reklamieren. Das hört sich zwar plausibel an, überzeugt die empörten Gesellschafter aber nicht. Eine gerichtliche Klärung scheint unvermeidlich. Jede Seite will die andere wegen schwerer Satzungsverstöße aus der TUI ausschließen.

Der TUI-Vorstand lädt auf Antrag von ABR, DER und Hapag-Lloyd für den 17. März 1993 zu einer außerordentlichen Gesellschafterversammlung ein. Die Kahn-Gruppe und Springer mit zusammen 40,2 Prozent, und Hapag-Lloyd und Bundesbahn mit 34,8 Prozent stehen sich feindlich gegenüber. Jeder Gesellschafter hat einen oder mehrere Anwälte dabei, sodass über 50 Personen zur Gesellschafterversammlung erscheinen. Quelle und Horten (25 Prozent) halten sich aus dem Streit heraus, da gemeinsames Abstimmen zwischen beiden vertraglich vereinbart ist, in diesem Fall aber die Positionen zu unterschiedlich sind. Die Horten AG steht nämlich unter dem bestimmenden Einfluss der WestLB.

Hans-Jakob Kruse begrüßt die Anwesenden, wie es sich gehört: „Ich eröffne hiermit die außerordentliche Mitgliederversammlung der Touristik Union International, zu der auf Antrag von ABR, DER und Hapag-Lloyd fristgemäß und satzungskonform eingeladen wurde.“ Da erhebt sich Rechtsanwalt Joachim Theye aus Bremen, dem das Haus Springer durch die Zusammenarbeit mit Leo Kirch in München verbunden ist und das ihn für diese Sitzung dazugebeten hat, und erklärt: „Herr Kruse, Sie sind nicht befugt, diese Sitzung zu eröffnen. Sie sind nicht der Vorsitzende der Versammlung, sie sind nur der vermeintliche Vorsitzende. Laut Gesellschaftsstatut obliegt die Leitung der Gesellschafterversammlung dem Gesellschafter, der über die meisten Anteile an der Gesellschaft verfügt. Das bin ich. Ich eröffne hiermit die Sitzung.“ Es geht turbulent zu. Die Szene ist filmreif.

Da die Kahn-Gruppe eigentlich aus der TUI ausgeschlossen werden soll, kann Kruse ihr die Sitzungsleitung natürlich nicht überlassen. Er erkämpft sich wieder das Zepter. Um aus dem vorliegenden Buch kein nachträgliches Drehbuch über das Thema „Feindliche Übernahme der TUI durch die WestLB“ zu machen, sei hier nur das Ergebnis des touristischen Spiels von Kabale und Liebe vermeldet:

Nach monatelangen Verhandlungen vor und hinter den Türen und dem Hin- und Hergeschiebe von TUI-Anteilen zu dem von der WestLB vorgegebenen Liebhaberpreis sieht die Liste der TUI-Gesellschafter schließlich wie folgt aus:

- Westdeutsche Landesbank: 30 Prozent
- Hapag-Lloyd AG: 30 Prozent
- Quelle: 20 Prozent
- Deutsche Bundesbahn: 20 Prozent

Zweiter Akt

Das Bundeskartellamt in Berlin meldet Bedenken an und verfügt, dass die WestLB nicht gleichzeitig die Kontrolle über die LTU haben und bei der TUI mit Hapag-Lloyd (Flug) am Tisch sitzen dürfe. Die WestLB verspricht daraufhin, sich von der LTU zurückzuziehen, und parkt die LTU-Beteiligung bei einer Kölner Versicherungsgesellschaft und der Stadtsparkasse Düsseldorf.

Nachdem WestLB-Chef Friedel Neuber erkennt, dass aus dem geplanten Touristik-Konzern LTU/Hapag-Lloyd/TUI nichts werden kann, steuert er um. Statt mit 30 Prozent an der TUI beteiligt zu sein, will er nun die TUI total unter seine Kontrolle bekommen. Und das gelingt ihm auch durch die Übernahme von Hapag-Lloyd. Es ist gar nicht so schwer: Schon seit einigen Jahren wird darüber geredet, dass die Aktionäre von Hapag-Lloyd nicht abgeneigt seien, ihre Anteile zu verkaufen. In der Zeit der Not waren sie eingesprungen und hatten die Aktien von den beiden Großbanken sehr günstig gekauft. Nun hat sich der Aktienkurs erholt und notiert deutlich höher.

Friedel Neuber bringt die Preussag ins Spiel, ein Konzern, der sich bisher auf dem Gebiet der Montan- und Grundstoffindustrie betätigt hat und zum Einflussbereich der WestLB gehört. 34 Prozent der Preussag-Aktien sind in den Händen der Bank, der Rest verteilt sich auf Tausende von Einzelaktionären. Vorsitzender des Preussag-Aufsichtsrats ist Friedel Neuber. Er weiß, dass er als Chef der Landesbank, die sich überwiegend im Eigentum des Bundeslandes Nordrhein-Westfalen befindet, seine unternehmerische Tätigkeit nicht überziehen darf. Die Kritik ist sowieso unüberhörbar, dass ausgerechnet ein der SPD nahestehendes Institut dabei ist, einen Touristikkonzern zu schmieden. Es trifft sich gut, dass der Preussag-Vorstandsvorsitzende Dr. Michael Frenzel, einst enger Mitarbeiter von Neuber, den Industriekonzern umstrukturieren und auf wachstumsträchtige Dienstleistung ausrichten will. Die börsennotierte Preussag gilt bei Wertpapieranalysten nicht gerade als Zugpferd. Der Montanbereich weist große Konjunkturzyklen auf. Frenzel befürchtet, die Preussag könne wegen ihres niedrigen Börsenwerts auf feindlichem Wege übernommen und zerschlagen werden.

Aus Sicht der WestLB spielt außerdem eine Rolle, dass sie immer noch bei der LTU engagiert ist und ein stärkeres Einsteigen bei Hapag-Lloyd wieder das Kartellamt auf den Plan rufen würde, wie das schon beim ersten Anlauf auf die TUI der Fall war.

Dritter Akt

Im September 1997 erwirbt die Preussag 99,2 Prozent an der Hapag-Lloyd AG, im August 1998 kauft Hapag-Lloyd auf Veranlassung der Preussag von Quelle die 20-Prozent-Beteiligung an der TUI. Das Versandhausunternehmen muss sich sowieso von der TUI trennen, weil es dabei ist, sich an der Karstadt AG zu beteiligen, zu der wiederum Neckermann gehört. Auch hier hat das Kartellamt frühzeitig den warnenden Zeigefinger gehoben.

Zum 1. Oktober 1998 werden die Touristik-Töchter der Hapag-Lloyd AG mit Ausnahme der Frachtschifffahrt und Seetouristik mit der TUI zur Hapag Touristik Union (HTU) zusammengeführt.

Zum Ende des Jahres 1998 übernimmt die Preussag auch noch die Reisebürokette First, die einschließlich der Franchisebetriebe über stolze 575 Reisebüros verfügt. Verhandlungsführer der First-Gruppe ist wieder einmal Manfred Rudolph (ehemaliger TUI-Vorstand).

Vorstandssprecher der HTU wird Claus Wülfers, der stellvertretender Vorsitzender und Touristik-Vorstand der Hapag-Lloyd AG ist. Da 50 Prozent der TUI-Anteile offiziell von Hapag-Lloyd gehalten werden, fällt Wülfers die Sprecherrolle bei HTU zu. Doch noch ist das nicht das Ergebnis von Abwägungen und Beurteilungen. Die letzten 20 Prozent an der TUI, die bei der Bahn liegen, werden nach einem vergeblichen Preispoker der Bahn 1999 ebenfalls an die Preussag verkauft, die damit Alleineigentümer der TUI wird. Damit ist die Übernahmeschlacht beendet.

Die Revolution frisst ihre Kinder

Der interne Kampf um Posten und Zuständigkeiten tobt umso heftiger. Es geht insbesondere um die Eingliederung der Hapag-Lloyd Fluggesellschaft und um die Zusammenführung der unter dem Namen TUI Urlaubscenter, Hapag-Lloyd Reisebüro, Hapag-Lloyd Geschäftsreise, First Reisebüro und Thomas Cook in Deutschland operierenden Reisebüros. In diesem Schlachtgetümmel geht Hapag-Lloyd weitgehend unter. Die auf Privatkunden ausgerichteten Reisebüros werden in der TUI Leisure Travel und die Geschäftsreisen-Büros unter dem Namen TUI Business Travel (später TQ3) zusammengefasst.

Michael Frenzel baut die Preussag um

Das Gerangel in der HTU geht anders aus, als mancher erwartet hatte. TUI-Vorstand Karl Born nimmt seinen Hut und auch Claus Wülfers erreicht sein berufliches Ende. Mitte 1999 scheidet er mit 60 Jahren „auf eigenen Wunsch" mit den üblichen Bekundungen freundschaftlicher Verbundenheit aus dem HTU-Vorstand aus und wechselt in den Aufsichtsrat.

Zum Ende des Jahres 1999 wird HTU in TUI Group umgetauft. Damit ist der Übernahmekampf um die TUI beendet. Allerdings verschwindet dabei auch der traditionsreiche Name Hapag-Lloyd. Eine Marktstudie über den Bekanntheitsgrad hat gezeigt, dass die TUI ein weitaus stärkerer Begriff in Deutschland ist als der mit der Schifffahrt verhaftete Name Hapag-Lloyd.

Das Unternehmen heißt jetzt nur noch TUI Group. Insgesamt hat die Preussag 6 Milliarden DM in die TUI Group und ihre touristischen Töchter investiert.

Kauf der Thomson Travel Group

Für fast den gleichen Betrag kauft sie im Sommer 2000 die Thomson Travel Group hinzu und beteiligt sich am französischen Reisekonzern Nouvelles Frontières. Der Traditionskonzern wird mit einem Gesamtumsatz von rund 24 Milliarden DM zum kaum einholbaren Marktführer in der europäischen Touristik. Die TUI Group und Thomson Travel verfügen über 3.215 Reisebüros (davon 1.525 in Deutschland), 63 Veranstaltermarken, 78 Flugzeuge, 21 Incoming-Agenturen und 215 Hotels mit 97.000 Betten.

Seit Anfang 2001 spiegelt sich die neue Ausrichtung der Preussag auch in der Organisation wider. Um den teuren Thomson-Kauf zu finanzieren, trennt sich der Konzern von den meisten der angestammten Industrie-Geschäftsfelder. Die TUI Group als Zwischenholding wird aufgelöst, und die touristischen Beteiligungen TUI und Thomson werden direkt von der Preussag geführt. TUI-Chef Dr. Ralf Corsten und Thomson-Chef Charles Gurassa rücken in den Preussag-Vorstand auf.

TUI-Engagement in der Seetouristik

1980, im Jahr der Auslieferung des TUI-Ferienexpress, beteiligt sich die TUI an einem Kreuzfahrtschiff, das die bisher auf der Elbe und in der Helgoland-Fahrt tätige Hadag unter dem Namen „Astor" in Fahrt bringen will. In Hamburg hat eine gehörige Portion Lokalpatriotismus zu diesem Plan geführt, nachdem die Hamburg-Atlantik-Linie ihre Segel streichen musste und nur noch in Bremen deutsche Kreuzfahrttradition hochgehalten wird. Das „Astor"-Abenteuer ist nur von kurzer Dauer. Innerhalb eines Jahres wird das Schiff offiziell nach Südafrika verkauft. Tatsächlich landet es aber bei der Deutschen Seereederei in Rostock, von der die TUI das Schiff allerdings immer wieder für westdeutsche Passagier chartert.

Hapag-Lloyd Kreuzfahrten

Durch die Eingliederung der Hapag-Lloyd AG in die Preussag AG, die später in die TUI AG umfirmiert wird, hat die TUI neben einer großen Frachtschiffreederei wieder eigene Kreuzfahrtschiffe, die unter dem Namen Hapag-Lloyd Kreuzfahrten betrieben werden.

Im Gegensatz zu der generellen stürmischen Entwicklung im Kreuzfahrtenbereich hat das Geschäft bei Hapag-Lloyd in den letzten Jahren einen unbefriedigenden Verlauf genommen. Die Auslastung der Flotte von Hapag-Lloyd Kreuzfahrten ging im ersten Halbjahr 2013 von 75 auf 70 Prozent zurück. Der durchschnittliche Fahrpreis liegt bei 417 Euro. Für die Einführung der im Mai übernommenen „EUROPA 2" wurde ein ungewöhnlich hoher Werbeaufwand betrieben. Monatelang erschienen ganzseitige farbige Anzeigen in überregionalen Zeitungen. Das Schiff soll ein internationales Flair bieten und eine anspruchsvolle, kosmopolitische Zielgruppe ansprechen. Es soll auch in englischsprachigen Märkten wie USA, Großbritannien und in den Beneluxländern vermarktet werden. Der

Durchschnittspreis pro Passagier liegt bei 600 bis 700 Euro pro Tag. Eine siebentägige Reise soll 5.000 Euro kosten.

Zusätzlich wurde die „COLUMBUS 2“ von Oceania Cruises gechartert. Der Vertrag endet im April 2014. Die TUI hat für die neue „EUROPA 2“ und die „COLUMBUS 2“ in der Bilanz 2013 zunächst einen Verlust von 49 Millionen Euro eingestellt. Der TUI-Vorstand weiß, dass die Tochtergesellschaft Hapag-Lloyd Kreuzfahrten GmbH ein Sanierungsfall geworden ist. Im Rahmen des Maßnahmenpaketes „One TUI“ wurde im Mai 2013 ein Restrukturierungsprogramm in die Wege geleitet. Ein neuer Chef für Hapag-Loyd Kreuzfahrten wurde berufen. Sach- und Personalkosten sollen reduziert, die Auslastung der Flotte soll kurzfristig verbessert und die Flottenstruktur soll überprüft werden. Ein späterer Verkauf der Tochter wird vom TUI Vorstandssitzenden Friedrich Joussen nicht ausgeschlossen.

TUI Cruises

Dass man erfolgreich im Kreuzfahrtengeschäft operieren kann, beweist eine andere Abteilung im eigenen Hause. TUI Cruises mit „Mein Schiff 1“ und „Mein Schiff 2“ ist ein Musterbeispiel für erfolgreiches Management. Geschäftsführer Richard J. Vogel leitet das Joint Venture von TUI und Royal Caribbean Cruises seit Gründung im Jahr 2008. Auf die beiden ersten Schiffe, die für je ca. 50 Millionen Euro umgebaut wurden, folgen die Neubauten „MEIN SCHIFF 3“ (2014) und „MEIN SCHIFF 4“ (2015).

8. Die Lufthansa und der Tourismus – ein Auf und Ab

Produkt- und Vertriebspolitik der Lufthansa

Die Haltung der Deutschen Lufthansa zur Touristik nach Wiedereinführung der Lufthoheit im Jahre 1955 ist ausgesprochen wechselhaft. Jahrzehntelang fühlt sich die Lufthansa als reiner Transporteur. Ihre Kunden sind Geschäfts- und Privatreisende, letztere aber weniger Touristen als die oft in Statistiken auftauchende Gruppe von Besuchern von Verwandten und Freunden.

Für das touristische Geschäft betreibt die Lufthansa allerdings Tochter- oder Beteiligungsfirmen, die ein starkes Eigenleben entwickeln dürfen. Sie gründet 1955 die deutsche Flugdienst GmbH, aus der Condor hervorgeht. Sie beteiligt sich über die Global Tourist AG an deutschen Reisebüros wie Euro Lloyd und Kühne & Nagel, später auch am Deutschen Reisebüro. Sie erwirbt Anteile an Airtours International, und sie entwickelt in einem jahrelangen Prozess gemeinsam mit der Deutschen Bahn und TUI das Information- und Reservierungssystem Start. Auch das Verhältnis der Lufthansa zum Reisebüro-Vertrieb ist manchen Wechseln unterworfen. Einzelheiten über die Lufthansa und den verschiedenen Tourismussparten werden in den folgenden Kapiteln dargestellt.

Als die Vorgängergesellschaft der Lufthansa, die Luft AG, 1953 gegründet wird, beginnt Aero Express GmbH in München ihre Charterflüge für deutsche Touristen. Zwei Jahre später nimmt die Lufthansa ihren Flugbetrieb auf (1. April 1955).

Deutsche Flugdienst GmbH, Frankfurt am Main

Im selben Jahr gründet sie gemeinsam mit der Hapag, dem Norddeutschen Lloyd und der Deutschen Bundesbahn die Deutsche Flugdienst GmbH (DFG) in Frankfurt am Main. Die Gesellschafter DFG sind: die Lufthansa mit 26,5 Prozent, die Hapag mit 27,5 Prozent, der Lloyd mit 27,5 Prozent und die Bahn mit 18,5 Prozent. Es ist für die Lufthansa von entscheidender Bedeutung, dass sie auch im Touristikverkehr auf dem Markt erscheint, denn im selben Jahr werden auch die LTU und die Luftreedereien Krukenberg und Herfurtner gegründet.

Der erste Flug startet am 29. März 1956 von Frankfurt aus ins Heilige Land. Die Route führt über Madrid, Lissabon, Tanger und Istanbul: zehn Stunden reine Flugzeit. Weitere Ziele innerhalb des bescheidenen Streckennetzes sind Mallorca und Teneriffa. Als vier Jahre später die Geschäfte der DFG katastrophal schlecht laufen und die beiden Reedereien und die Bahn die entstandenen Verluste nicht mehr tragen bzw. ausgleichen wollen, übernimmt die Lufthansa Ende 1959 deren Anteile und führt die Geschäfte allein fort. In der Zwischenzeit haben die meisten neuen Charterflieger Konkurs anmelden müssen.

Condor Flugdienst GmbH, Frankfurt am Main

Einer, der auch neu auf dem Markt ist und keine rechte Freude an der Charterfliegerei entwickelt, ist Rudolf Oetker. Er betreibt eine kleine Gesellschaft, die Condor heißt. 1961 kauft ihm die Lufthansa diese Firma ab, vereinigt sie mit der DFG und lässt nun das Ferienfluggeschäft unter dem Namen Condor laufen. Mit diesem Namen verbindet sie eine alte Tradition: Vor dem Zweiten Weltkrieg hat die Lufthansa-Tochtergesellschaft Condor in Südamerika einen Liniendienst unterhalten. An die frühere Gesellschaft DFG erinnern heute noch die Flugnummern der Condor, die nicht mit CO, sondern mit DF (Deutsche Flugdienst) beginnen.

Im Jahr 1965 beginnt bei Condor mit der ersten Boeing B-727 das Jet-Zeitalter. Im Folgejahr werden die Langstrecken nach Bangkok, Ceylon, Kenia und in die Dominikanische Republik eröffnet. Lufthansa achtet darauf, dass Condor ihre schnell eingenommene führende Marktposition behält. Als sie 1967 befürchtet, dass Stuttgarter Südflug ein gefährlicher Konkurrent für Condor werden könnte, kauft sie das Unternehmen und legt die Airline still. Als die Charterfliegerei Anfang der 70er-Jahre durch eine neue Pleitewelle in Verruf gerät, schließt die Lufthansa mit der Condor einen Organschaftsvertrag, um aller Welt zu zeigen, dass die Mutter für eventuelle Verluste ihrer Tochter haftet. Außerdem wird immer wieder darauf hingewiesen, dass die technische Wartung der Condor-Flugzeuge von der Lufthansa-Werft betrieben wird und von Lufthansa-Crews geflogen werden. „Es war unser Ziel", sagt später Hans M. Bongers, LH-Vorstand und erster Aufsichtsratsvorsitzender von Condor, „den Bedarfsluftverkehr zu einem seriösen Verkehrszweig zu entwickeln, der in den Augen der Öffentlichkeit nicht als zweitklassig angesehen wird." Condor spielt bei der Entwicklung der deutschen Flugtouristik eine wichtige Rolle. Sie unterstützt die Reiseveranstalter bei der Suche nach neuen Reisezielen und fördert neue Programme durch Beteiligung an den Anlaufrisiken.

Sun Express, Antalya

Im Jahr 1990 gründet Condor gemeinsam mit Turkish Airlines die Sun Express mit Sitz in Antalya. Die Gründungsgesellschafter sind im Besitz von je 50 Prozent. Sun Express ist erfolgreich im Touristenverkehr zu den türkischen Ferienregionen. Sie verfügt über fünf Boeing B-737-800 und kann wegen ihres Firmensitzes in der Türkei dorthin auch von außerdeutschen Flughäfen fliegen.

Lufthansa und der externe Vertrieb

Die Entwicklung der Beziehungen zwischen Lufthansa und den deutschen Reisebüros – bei Lufthansa der „externe Vertrieb" genannt – ist eine Love Story. Wie bei allen Liebesgeschichten sind die Partner zu Beginn ganz eng miteinander verbunden, und wie so oft im Leben bleibt es nicht immer so.

Für die Lufthansa waren die Reisebüros wichtig, weil sie der preiswerteste Vertriebsweg und flächendeckend in Deutschland tätig waren. Sie waren werbend und verkäuferisch für die Lufthansa aktiv, wurden aber nur bezahlt, wenn sie ein Ticket verkauften. Hätte die Lufthansa versucht, den Flugscheinverkauf selbst zu betreiben, wäre das wesentlich teurer geworden. Für die Reisebüros ist der Verkauf von Flügen – im Vergleich zum niedrigen Umsatz von Bahnfahrkarten – hochinteressant. Sie fühlen sich als Handelsvertreter und sehen in ihren Handelsherren – also Bundesbahn, Lufthansa, Reiseveranstalter – vor allem ihre Schutzpatrone gegen alle Widrigkeiten dieser Welt. Die Bahn hat diese Funktion jahrzehntelang an ihre Tochter DER delegiert. Für die Reisebüros sind die Beziehungen zur Lufthansa deswegen nicht nur eine ökonomische, sondern auch eine emotionale Angelegenheit.

Es liegt im Zug der Zeit, dass es zu Interessenkollisionen kommt. Die internationale Marktentwicklung führt zu einem schärferen Wettbewerb, der sich auf die Preise und Verkaufskonditionen auswirkt. Und schließlich bietet die rasante Entwicklung der elektronischen Datenverarbeitung in den 90er-Jahren völlig neue und – das ist für die Reisebüros das Entscheidende – billigere Vertriebsformen, die ernst zu nehmen sind.

Die Reisebüros müssen erkennen, dass die Partnerschaft mit der Lufthansa dort ihre Grenzen hat, wo es um das liebe Geld geht und die Geschäftsinteressen nicht mehr identisch sind. Sie registrieren auch ein hohes Maß an Scheinheiligkeit, denn die Saubermänner in Deutschland gehören außerhalb der deutschen Grenzen zu den eifrigen Mitspielern beim Unter-Wasser-Schießen.

Erstmals wird 1982 der Lufthansa-Chefsessel politisch besetzt, was vielen innerhalb und außerhalb des Unternehmens nicht gefällt. Das Verhältnis zwischen der Lufthansa und den Reisebüros wird spannungsreicher. Heinz Ruhnau, zuvor Staatssekretär im Verkehrsministerium, holt eine Unternehmungsberatungsfirma ins Haus, die sich ihre Sporen schon bei anderen europäischen Fluggesellschaften verdient hat. Ein Standardthema ist der Reisebüro-Vertrieb, der angeblich zu teuer ist. Das spricht sich schnell herum. Der Direktverkauf wird bei der Lufthansa ein wichtiges Thema: Call Center werden geplant, und die bisher über Reisebüros und mit den Reisebüros gemeinsam gepflegten Beziehungen zu den Geschäftsreisekunden sollen direkt und enger geknüpft werden.

Nicht alle liegen auf dieser Linie. Außerdem gibt es da noch die Lufthanseaten, die sich kritisch zu der neuen Führungsbesetzung äußerten. Das ist nicht vergessen. Bei der Lufthansa rollen die Köpfe, eine ganze Führungsebene wird weggeschickt.

Die Reisebüros haben ab 1991 in Dr. Adrian von Dörnberg einen neuen Gesprächspartner auf LH-Vorstandsebene, der sich von den teuren Stadtbüros durch Verpachtung an Reisebüros befreit und die Lufthansa City Center aus der Taufe hebt. Auf von Dörnberg, folgt 1993 Hemjö Klein, den sich Jürgen Weber von der Bundesbahn holt. Weber hat am 1. September 1991 den Posten des Vorstandsvorsitzenden von Heinz Ruhnau übernommen. Mit ihm setzt die Lufthansa eine Phase der dringend gebotenen Sanierung und Erneuerung ein.

Hemjö Kleins Auftritte auf DRV-Tagungen und bei anderen Reisebüro-Veranstaltungen werden immer wieder zu wahren Events, seine Redebegabung ist phänomenal. Er versprüht Charme, dem sich kaum einer entziehen kann – aber am Ende weiß niemand recht, was er gesagt hat. Viele klatschen, weil es so schön war, obgleich er ihnen den Strick um den Hals gelegt hat. Es gelingt ihm 1996, die Reisebüros zur Einsicht zu bringen, dass neue Formen der Vergütung unvermeidbar sind, da die erst für die Lufthansa vertretbar und tragbar seien.

Mit Schaffung des neuen Direktvertriebskanals Internet wird ab 2005 den Reisebüros schließlich der Handelsvertreterstatus entzogen und keine Provisionsvergütung mehr gezahlt. Die Kunden müssen seitdem zusätzlich zum Preis des Linienflugtickets eine Servicegebühr an die Reisebüros entrichten. Dazu sind aber bestenfalls die Geschäftsreisekunden bereit, die von den Reisebüros weitere Mehrwertleistungen erhalten, während viele Privatkunden sich von den Reisebüros abwenden.

Touristische Beteiligungen der Lufthansa

Beteiligungen an Reisebüros

Die Lufthansa hat sich im Laufe der Jahrzehnte an verschiedenen Reisebürounternehmen beteiligt. Sie übernimmt von „Monsieur Felix“ die für sie gekauften bzw. gegründeten Reisebüro-Ketten Kühne & Nagel und Euro-Lloyd. Sie beteiligt sich 1979 am DER mit 10,8 Prozent und 1995 mit 33,3 Prozent und kauft sich 1984 mit 21,4 Prozent in die First-Reisebüro Kette ein. Doch noch vor der Gründung des Joint Ventures mit Karstadt/Neckermann, der C&N Touristik, werden diese Beteiligungen aus kartellrechtlichen Gründen wieder verkauft.

Lufthansa und die Reiseveranstalter

Ganz im Gegensatz zum amerikanischen Markt, wo die großen Fluggesellschaften schon Ende der 50er-Jahre mit eigenen Reiseprogrammen werben, hält sich die Lufthansa bemerkenswert lange mit einem eigenen Engagement im Tourismus zurück. Wie die Reiseveranstalter und die Reisebüros ist auch die Lufthansa davon überzeugt, dass die Arbeitsteilung im deutschen Tourismusgewerbe richtig ist: Transport, Unterbringung, Reiseveranstaltung, Reiseverkauf. Die deutschen Reisebüros, vertreten durch den Deutschen Reisebüro-Verband (DRV), wachen auch jahrzehntelang eifersüchtig darüber, dass keine Fluggesellschaft mit einem eigenen Reiseprogramm auf den Markt kommt. Sowie das eine Airline mal zaghaft versucht, wird ihr auf die Finger geklopft. Trotzdem ist es nur zu verständlich, dass die Fluggesellschaften daran interessiert sind, einen gewissen Einfluss auf diejenigen ausüben zu können, die ihnen die angebotenen Flugsessel abnehmen.

Eine verpasste Chance muss man der Lufthansa im Zusammenhang mit der Gründung von Airtours International bescheinigen. Die Gesellschafter der Düsseldorfer Airtours Flugreisen GmbH & Co KG unter Führung von Hans Schmidt vom Reisebüro Hartmann in Düsseldorf gründen 1967 mit dem Deutschen Reisebüro DER, dem Amtlichen Bayerischen Reisebüro ABR und Hapag-Lloyd Reisebüro eine gemeinsame Firma. Alle vier Firmen betreiben bisher Flugpauschalreisen mit Linienfluggesellschaften – jeweils unter eigenem Namen. Jeder von ihnen behauptet, er sei der Größte, Schönste und Erfolgreichste. Aber nun einigt man sich, und bringt die eigenen Aktivitäten in die gemeinsame Airtours International GmbH & Co KG ein. Die neue Firma Airtours International hat drei Produktgruppen: Städtereisen, touristische Zielgebiete und Fernreisen. Airtours leistet auf dem Gebiet der Linienflugpauschalreisen Pionierarbeit.

Ein großer Verdienst für die schnelle Entwicklung von Airtours kommt der Deutschen Lufthansa zu, die das Unternehmen vom ersten Tag an durch werbliche Unterstützung und durch ihre Auslandsbüros fördert. Airtours revanchiert sich, indem hauptsächlich mit der Lufthansa geflogen wird.

Schon nach gut zwei Jahren, im Jahre 1970, verkaufen die Airtours-Gesellschafter ihr Unternehmen an die TUI. Die Lufthansa schaut zu und unternimmt keinen Versuch, ihre weitere werbliche Unterstützung von einer Beteiligung an Airtours abhängig zu machen. Die TUI hätte sich die Ablehnung eines solchen Lufthansa-Wunsches zu diesem Zeitpunkt wohl kaum leisten können. Um die guten Beziehungen zur Lufthansa zu pflegen, wird ein Beirat ins Leben gerufen. Ihm gehört der Verkaufsvorstand der Deutschen Lufthansa an.

Im Jahr 1974 meldet der Vorstandsvorsitzende Dr. Herbert Culmann ein großes Interesse der LH an einem „Zusammentun mit DER/ABR/Halo, DB und TUI“ an; die Erwähnten zeigen aber keine sonderliche Begeisterung und reagieren mit Schweigen. Beinahe 20 Jahre gehen ins Land, in denen nichts passiert.

Als Hemjö Klein, von der Bundesbahn kommend, 1993 in den Lufthansa-Vorstand einzieht, zeigt er ebenfalls ein lebhaftes Interesse am touristischen Geschehen in Deutschland mitzuwirken. Die TUI geht auf die Lufthansa-Wünsche ein und verkauft ihr zum 1. Mai 1994 insgesamt 50 Prozent an Airtours International.

Lufthansa Tours

Trotzdem kündigt die Lufthansa noch im selben Jahr für 1995 ein eigenes Programm unter dem Namen Lufthansa Tours an. Die TUI meldet sich sofort und reklamiert, dass der neue Airtours-Gesellschafter wohl schlecht in Konkurrenz zur eigenen Tochtergesellschaft agieren könne. Man hat den Eindruck, dass bei der Lufthansa die eine Hand nicht weiß, was die andere tut. Jedenfalls schwenkt Lufthansa sofort ein und will nun das angekündigte Programm von Airtours produzieren lassen. Nur ist bei Airtours eigentlich niemand am Gelingen von Lufthansa Tours interessiert. Airtours bietet Reisen zu besonderen Veranstaltungen seit Jahren an, die Lufthansa nun lautstark als Neuigkeit ankündigt. Sie veranstaltet beispielsweise Reisen zu großen sportlichen Ereignissen oder sonstigen „Special Events". Warum soll Airtours nun sich selber Konkurrenz machen und derartige Programme noch einmal, nur ein bisschen anders und unter einem anderen Namen „Lufthansa Tours" auf den Markt bringen?

Auch beim Vertrieb stoßen unterschiedliche Interessen aufeinander. Airtours hat einen langjährig bewährten Vertriebsweg. Die Lufthansa will mit dem eigenen Programm in den Touristik-Reisebüros Fuß fassen und so den Vertrieb ihrer Flugscheine ausweiten. Aber es funktioniert nicht mit dem Verkauf ihrer Reiseprogramme. Das Ergebnis ist für erfahrene Touristiker nicht überraschend. Statt der 20.000 geplanten Gäste für 1995 kommen nicht einmal 10.000 Teilnehmer zusammen.

Es zeigt sich, dass Lufthansa und TUI nicht zusammenpassen. Als Lufthansa Anfang 1996 ihre Beteiligung an Airtours wieder aufgibt, wird Lufthansa Tours an die Veranstalter-Tochter des DER, Dertour, übertragen. Aber auch dadurch werden die Lufthansa-Programme nicht leichter verkäuflich. Schließlich werden einzelne DER-Programme mit dem Lufthansa-Titel versehen, damit die Lufthansa demonstrieren kann, dass sie auch im Tourismus präsent ist. Das DER kann zwar 1996 noch von der Lufthansa Zuschüsse für Marketing und Werbung kassieren, aber ein wirkliches Lufthansa eigenes Touristikprogramm gibt es ab 1997 nicht mehr.

Der Versuch der Lufthansa, in der Touristik mit einem eigenen Programm mitzuspielen, ist gescheitert. Als LH-Vorstand Hemjö Klein in der ersten Oktoberwoche 1998 aus dem Vorstand der Lufthansa ausscheidet, wird auch das kostspielige Abenteuer „Lufthansa Tours" offiziell beendet.

Lufthansa Partner Tours

Als 1994 die Lufthansa-Beteiligung an Airtours bekannt gegeben wird und Lufthansa gleichzeitig ein eigenes Programm auf dem touristischen Sektor ankündigt, führt das natürlich zu Verärgerung bei anderen Reiseveranstaltern, die auch schon lange mit der Lufthansa zusammenarbeiten. Das sind die Spezial- und Studienreise-Veranstalter. Um diese zu beruhigen, schlägt Lufthansa-Vorstand Hemjö Klein vor, eine weitere Produktlinie „Lufthansa Partner Tours", in den Markt zu bringen, und zwar im Rahmen einer Kooperation zwischen Lufthansa und einigen ausgewählten Spezialveranstaltern. Er will die Spezialveranstalter bei Laune halten, trotz seiner Teilhaberschaft an Airtours. Trotzdem geht der Schuss nach hinten los. Denn von den 20 bis 30 renommierten Spezialveranstaltern beruft er nur neun Firmen in den elitären Kreis derjenigen, die sich in der Sonne der Lufthansa-Sympathie aalen dürfen. Diese müssen allerdings auch jeder 100.000 DM in eine gemeinsame Kasse zahlen, in die Klein nochmals ein Mehrfaches dessen einzahlt. Dafür werden aufwändige Reisekataloge gedruckt.

Aber gleichzeitig stößt Lufthansa die übrigen Veranstalter vor den Kopf, die nicht zu dieser ausgesuchten Gruppe gehören, ihre Reisen aber seit Jahren mit der Lufthansa abwickeln. Auch „Lufthansa Partner Tours" stellt sich als ein nicht gründlich vorbereitetes Projekt heraus, das Millionen DM gekostet haben dürfte. Es wird beendet, einen Gemeinschaftskatalog gibt es schon bald nicht mehr.

Lufthansa und das Incoming-Geschäft

Gemeinsam mit der TUI gründet die Lufthansa im Jahr 1969 die Incoming-Agentur Incopac. Die TUI verspricht sich von Incopac nicht nur eine Belebung ihres bisherigen Incoming-Geschäftes, sie hofft auch auf größere Teilnehmerzahlen aus dem amerikanischen Markt für ihr europäisches Touristikprogramm. Sie geht dabei von der irrigen Annahme aus, auch Amerikaner könnten Gefallen an den von der TUI ausgeschriebenen Badeferien am Mittelmeer finden. Tatsächlich aber zielt das Interesse der Amerikaner in Europa damals und heute auf den Besuch europäischer Hauptstädte wie Paris, London, Rom und bestimmter Sehenswürdigkeiten, zu denen in Deutschland der romantische Rhein, Heidelberg und Neuschwanstein gehören.

TUI und Lufthansa verfolgen mit Incopac konträre Interessen. Der Lufthansa geht es darum, leere Flugsessel zu füllen. Selbst wenn nur noch 50 Prozent des Tarifpreises für einen Flug von New York nach Frankfurt erzielt werden, ist das für die Lufthansa immer noch ein willkommener Deckungsbeitrag, vorausgesetzt, der Flugsessel wäre andernfalls leer geblieben. Die Werbe- und Betriebskosten von Incopac müssen sich aber Lufthansa und TUI teilen. Wenn es zum Verkauf preisgünstiger Flugtickets kommt und das Landprogramm aus Wettbewerbsgründen zu Selbstkosten geliefert wird, fällt bei Incopac kein Gewinn an, Lufthansa setzt aber ihre leeren Flugsessel ab. Die TUI darf sich dafür mit 50 Prozent am Incopac

Verlust beteiligen. Ein treffliches Beispiel für ein weiteres, nicht funktionierendes Joint Venture. Es kommt, was kommen muss: Nach zwei Jahren trennen sich beide Partner wieder.

Im Zusammenhang mit der Übertragung von „Lufthansa Tours" von Airtours auf das Deutsche Reisebüro (DER) in Frankfurt im Jahre 1996 übernimmt die Lufthansa ohne vorherige Rücksprache mit den Fachleuten beim DER noch einmal einen Anlauf, direkt auf die Geschäfte des DER einzuwirken. Sie verkündet, das DER werde im Auftrag der Lufthansa und ebenfalls unter dem Namen „Lufthansa Tours" Deutschland-Programme für ausländische Besucher entwickeln. Das DER denkt aber nicht daran, den Wünschen des Minderheitsgesellschafters zu folgen.

Natürlich ist der Strom der Besucher aus dem Ausland selbstverständlich für die Lufthansa von großer Bedeutung. Sie hat sich deshalb in der für die Auslandswerbung zuständigen Deutschen Zentrale für Tourismus (DZT) in Frankfurt von Anfang an stark engagiert. Die Lufthansa ist im Verwaltungsrat und in den Arbeitsgremien der DZT vertreten, Studienreisen ausländischer Reiseexperten nach und durch Deutschland wie auch die jährliche Fachmesse Germany Travel Mart (GTM) werden von der Lufthansa maßgeblich unterstützt. Viele Lufthansa-Büros im Ausland werben als DZT-Vertreter für Deutschland – was natürlich der Lufthansa zugute kommt.

Lufthansa und Karstadt: der neue Verbund

Während sich LH-Vorstand Hemjö Klein ums Detailgeschäft kümmert, dreht Lufthansa-Chef Jürgen Weber, Vorstandsvorsitzender der LH, längst an einem großen Rad. Da die Lufthansa keine Chancen hat, ihren Einfluss auf die TUI über ihre Beteiligung an der Hapag-Lloyd AG von 17 Prozent hinaus zu verstärken, versucht Weber, die Bande zu NUR, dem anderen deutschen Großveranstalter, enger zu knüpfen. Auch hier setzt er bei der Muttergesellschaft, der Karstadt AG, an. NUR-Geschäftsführer Wolfgang Beeser macht keinen Hehl daraus, dass er von einer Ehe mit Condor oder Lufthansa oder einer anderen Fluggesellschaft nichts hält. Ohne eine gesellschaftsrechtliche Bindung könne er mit den Fluggesellschaften generell ganz anders verhandeln und einkaufen.

Beim Poker um NUR tritt man zwar jahrelang auf der Stelle, aber 1995 gelingt es Weber, Karstadt zur Übernahme von 51 Prozent an der Lufthansa-Tochter Euro Lloyd Reisebüro zu bewegen. So ist endlich eine Liaison von Lufthansa mit einem der Großen im Touristikgeschäft geschaffen.

Bald darauf bekommt Condor erstmals grünes Licht zu einem Engagement auf dem Veranstaltersektor. Noch wenige Jahre zuvor hatte der LH-Vorstand Dr. Franz Schoiber, Chef von Condor, den Wunsch abgeschlagen, den Stuttgarter Veranstalter Hetzel Reisen zu kaufen, der 1996 Konkurs anmelden musste. Damals meinte die Lufthansa noch, Condor solle sich auf keinen Fall in den Wettbewerb mit ihren eigenen Kunden begeben.

1995 hat sich diese Einstellung geändert. Wer bei dem sich immer schneller drehenden Konzentrationskarussell mitspielen will, muss über ein eigenes Reisevolumen verfügen. Jetzt will Lufthansa die Braut schön machen, damit ein möglicher Partner mehr Lust auf sie bekommt. So kauft Condor Kreutzer Touristik in München, Fischer Reisen in Hamburg und die Alpha Holding mit Air Marin in Bonn und beteiligt sich mit zehn Prozent am Hamburger Reiseveranstalter Öger Tours. Außer Öger Tours wurden die anderen drei Marken im Jahr 2000 eingestellt und von der neu gegründeten deutschen Marke Thomas Cook Reisen fortgeführt.

Der tatsächliche Durchbruch bei den immer noch zögerlichen Beziehungen zwischen Lufthansa und Karstadt wird allerdings von außen eingeleitet: Der Einstieg der WestLB bei TUI und der Beginn der vertikalen Integration zwingt Karstadt/Neckermann zum Nach- und Umdenken.

Nun ist es nicht mehr vernünftig, allein zu bleiben. Gemeinsam muss man der immer stärker werdenden TUI entgegentreten. Jetzt marschiert Neckermann in die ausgestreckten Arme der Lufthansa-Tochter Condor. Und so werden Karstadt und Lufthansa 1998 die glücklichen Eltern der C&N Touristic AG. Über die Tochter Condor hat die Lufthansa schließlich doch noch am Tisch der großen Spielmacher im deutschen und internationalen Touristikgeschäft Platz genommen. Wie die weitere Entwicklung zeigt, war die Ehe mit Karstadt nicht von langer Dauer.)

9. LTU – Die Airline mit Ausdauer

Der Engländer Bernard G. Dromgoole ärgert sich in Frankfurt darüber, dass er und seine Landsleute die Tageszeitungen aus der Heimat immer erst drei Tage nach Erscheinen erhalten. So organisiert er einen Luftfrachtdienst für den Zeitungstransport von England nach Deutschland. Dafür nimmt er zunächst eine britische Chartergesellschaft unter Vertrag. Aber Dromgoole will das Geschäft allein machen.

Deshalb gründet er im Jahre 1955 die „Lufttransport-Union“ (LTU), gemeinsam mit seinem Freund Ronny Hill, einem Jaguar-Importeur, der zwei Hubschrauber besitzt. Da Verkehrsrechte in Deutschland nur zu erhalten sind, wenn die hier ansässige Fluggesellschaft im deutschen Mehrheitsbesitz ist, müssen sich die beiden Engländer nach einem deutschen Partner umsehen. Ronny Hill weiß Rat. Ein Drittel der Geschäftsanteile übernehmen Wiesbadener Geschäftsfreunde namens Reiberg und Sachsenberg, die ebenfalls mit Jaguars, aber auch mit Cessnas handeln. Sachsenberg hat gerade eine zweimotorige Cessna an den erfolgreichen Duisburger Bauunternehmer Kurt Conle verkauft. Diesen überzeugt er nun, sich an der LTU zu beteiligen. Mit einer Minderheitsbeteiligung ist Conle jedoch nicht zufrieden. Er muss schließlich mit seinen guten Bankverbindungen für Kredite und notwendige Flugzeugfinanzierungen sorgen.

Es dauert nur ein Jahr, bis Conle sämtliche LTU-Anteile in der Hand hat. Er besteht aber darauf, dass der LTU-Gründer Dromgoole weiterhin Geschäftsführer bleibt. Dromgoole akzeptiert und kümmert sich in den folgenden Jahren um den Flugbetrieb und die technischen Belange. Die Gesellschaft kauft als erstes drei Flugzeuge des Typus Vickers Viking und stockt schon bald auf fünf Maschinen auf. Der Name der Firma wird leicht geändert. Aus der Lufttransport-Union wird „Lufttransport-Unternehmen". Gesellschaftszweck ist nicht mehr der Frachttransport, sondern die Beförderung von Passagieren.

1966 stirbt Firmeninhaber Kurt Conle im Alter von 48 Jahren. Rechtsanwalt Horst Riedel fungiert als geschäftsführender Testamentsvollstrecker und in den Folgejahren auch als Vertreter der Erbengemeinschaft Conle gegenüber der LTU-Geschäftsführung.

Strategische Interessen der LTU

Im Jahr 1969 wird Ernst-Jürgen Ahrens, der 1957 als Flugzeugführer zur LTU gekommen war, die Geschäftsführung übertragen. Er holt sich seinen Freund, Flugkapitän Wolfgang Krauss, mit in die Geschäftsführung, in der dieser als technischer Direktor und Flugbetriebsleiter fungiert. Ahrens verlegt noch 1969 den Firmensitz von Frankfurt nach Düsseldorf und baut das Unternehmen mit nie erlahmender Energie und einem strategischen Weitblick konsequent aus.

Noch im selben Jahr schlägt Ahrens dem ersten TUI-Chef Hanns-Albrecht Seiffert vor, eine gemeinsame Firma zur Abdeckung des sogenannten grauen Marktes zu gründen. Allein in Nordrhein-Westfalen gibt es schon in den 70er-Jahren über 300.000 Eigentümer von Ferienwohnungen in Spanien. Sie und ihre Freunde wollen nicht zum vollen Linienpreis fliegen, sie sind Touristen wie die Pauschalreisenden, dürfen aber offiziell nicht mit Charterflugzeugen reisen, weil sie kein Unterkunftsarrangement benötigen. Sie stellen ein interessantes Potential für die LTU dar.

Die TUI will kein System unterstützen, durch das die Reisebüros nur die Flüge beziehen und daraus eigene Pakete schnüren können. Die LTU geht daraufhin eigene Wege. Sie vermittelt nun den Einzelreisenden hauptsächlich über die Firma Hotelagent maßgeschneiderte Hotelarrangements. Eine Aktivität, die an den etablierten Reiseveranstaltern vorbeigeht. Um die Ferienwohnungsbesitzer auf die LTU-Maschinen zu ziehen, werden Hotelvoucher (Gutscheine) ausgestellt, die aber nicht das Hotel, sondern die jeweilige Wohnung betreffen. Die falschen Voucher werden mehr und mehr von den buchenden Reisebüros selber ausgestellt. Das ist ein Alleingang der LTU, die sich damit in einen lang anhaltenden Konflikt mit der TUI und anderen Reiseveranstaltern begibt. Die TUI nimmt deshalb LTU-Flugzeuge nur in geringem Umfang unter Vertrag. Die LTU reagiert mit eigenen Veranstalteraktivitäten. Die Logik ist zwingend: Wenn die Veranstalter die LTU nicht beschäftigen, geht die LTU selber über Tochtergesellschaften in die Reiseveranstaltung.

Aber zurück ins Jahr 1969, dem Jahr des Neubeginns der LTU unter ihrem energiegeladenen und ideenreichen Geschäftsführer Ernie Ahrens. Trotz einer zwischenzeitlichen repressiven Phase leitet Ahrens mit einer neuen Generation von Flugzeugen (Fokker F-27) behutsam, aber beharrlich die notwendige Erfolgsphase der LTU ein. Auf die Fokker F-27 folgen die Düsenmaschinen Fokker F-28 und die Caravelle. 1973 beginnt die Umrüstung auf die Großraumflugzeuge Lockheed L-1011 Tristar mit 330 Sitzen und später Boeing B-757. Die erste L-1011 wird im Mai 1973 ausgeliefert. 1977 schafft Ahrens erstmals Langstreckenfluggerät an. Die LTU fliegt in die USA und nach Fernost und es beginnt auch wirtschaftlich ein Höhenflug.

Da sich kein Reiseveranstalter zur Charterung der Großraumflugzeuge findet, werden diese für den Einzelplatzverkauf eingesetzt sowie im Nordatlantik-ABC-Charterverkehr des DER (siehe S. 87 f.). Mit der Einführung der Großraumflugzeuge endet auch Ahrens' aktive Zeit als Flieger, während Wolfgang Krauss seinen letzten Flug als LTU-Kapitän erst 1984 absolviert. 1980 kommt Ernst Jürgen Ahrens mit einer Virusinfektion von einem Kurzurlaub aus Mallorca zurück und stirbt innerhalb von wenigen Tagen. Ahrens hat sich trotz aller unterschiedlichen Interessen einen guten Namen als unermüdlicher, ideenreicher und erfolgreicher Unternehmer gemacht. Auch bei seinen Konkurrenten war er ein hochgeachteter Kollege. Sein Tod löst große Betroffenheit aus. Als Nachfolger von Ahrens wird Wolfgang Krauss an die Spitze des Unternehmens berufen. Gleichberechtigter Geschäftsführer wird Werner J. Hühn, der seit 1974 kaufmännischer Direktor der LTU war.

Der Ausbau der LTU geht weiter zügig voran. Um die Auslastung der Flugzeuge zu verbessern, kommt es 1981 zur Gründung von Meier's Weltreisen mit Programmen in der gehobenen Preisklasse zum Mittelmeer und zu Fernreisezielen. Die LTU rechnet mit einer Umsatzsteigerung von 20 Prozent. Ab 1982 beginnt die LTU mit dem Einzelplatzverkauf auch von den Flughäfen München und Stuttgart. Gleichzeitig wird das Engagement mit eigenen Reiseveranstaltungen ausgebaut.

Jahn Reisen

Im selben Jahr kauft die LTU den Reiseveranstalter Jahn Reisen in München vom Wienerwald-Chef Jahn, der mit seinen Aktivitäten am Ende ist. Der Hendl-König hatte seine Reiseveranstaltungsfirma erst 1979 gegründet. Die Fachleute dafür hatte er von Touropa geholt, weil die sich nicht zur TUI nach Hannover versetzen lassen wollten. Drei Jahre später verweigern sie auch die Versetzung zur LTU nach Düsseldorf. Selbst der spätere Jahn-Chef Michael Stobbe, der den Veranstalter erfolgreich weiterentwickelt und zur Ertragsperle innerhalb der LTU Touristik macht, kämpft vehement für den Standort München. Schließlich wird Jahn, inzwischen nur noch eine Marke, aber doch an den Rhein geholt.

1986 erwirbt die LTU 49 Prozent der Anteile an Tjaereborg Deutschland (siehe Seite 157 f.) und setzt den 42-jährigen Dietmar Kastner als Geschäftsführer ein. Kastner leitet Tjaereborg Deutschland bis Anfang 1995.

Unruhe unter den Conle-Erben

In den 90er-Jahren haben sich nach der Wiedervereinigung Deutschlands bei nahezu allen großen Reiseveranstaltern durch vertikale und horizontale Expansion sowie durch Veränderung der Eigentumsverhältnisse neue Interessenskonstellationen entwickelt. Den Auftakt hierzu bildete das Engagement der Westdeutschen Landesbank im deutschen Tourismusgewerbe.

Die Erbengemeinschaft Conle hat 20 Jahre lang der LTU-Geschäftsführung weitgehend freie Hand gelassen, obwohl die Umrüstung der LTU-Flotte mehrmals große Investitionen erforderte. Das ständig wachsende Geschäft galt als Beweis für die treffsicheren Zukunftsplanungen der Geschäftsführung. Die Conle-Erben werden aber gegen Ende der 80er-Jahre nachdenklich. Der Investitionsbedarf für eine erneut fällige Umrüstung der LTU-Flotte geht in die Milliarden. Bis Mitte der 90er-Jahre soll die Flotte auf 32 Maschinen erweitert werden, vorwiegend für Fernstrecken. Deshalb vertraut man sich der WestLB an und verkauft ihr 1989 für 700 Millionen DM 34 Prozent der Firmenanteile. Damit verbunden ist die Übertragung der unternehmerischen Verantwortung für die LTU. Das öffentlich-rechtliche Geldinstitut kümmert sich auch darum, dass die LTU als „National Carrier" von Nordrhein-Westfalen am Standort Düsseldorf erhalten bleibt. Denn es hatte Abwanderungsgedanken in Richtung München gegeben, deren Realisierung zu Arbeitsplatzverlusten in der Rhein-Metropole geführt hätte.

Die WestLB mischt bei der LTU mit

Friedel Neuber, Chef der Westdeutschen Landesbank, trennt sich schon bald von den LTU-Geschäftsführern und auch von LTU-Verkaufsleiter Joachim Hunold. Dieser startet kurz darauf seine eigene Fluggesellschaft Air Berlin. Neuer Geschäftsführer der LTU wird Hans-Joachim Driessen, der seit 1988 Geschäftsführer der Hapag-Lloyd-Reisebürokette in Bremen und zuvor bei Kühne & Nagel und Dr. Tigges-Fahrten war. Er nimmt die Geschicke der LTU schnell in die Hand und beginnt damit, die verstreuten Aktivitäten der LTU-Veranstalter unter einen Hut zu bringen. Bis zu diesem Zeitpunkt hatten die zur LTU gehörenden Reiseveranstalter ein starkes Eigenleben geführt, von Jahn Reisen in München über THR Tours, Meier's Weltreisen bis Transair und Tjaereborg.

Die TUI das Objekt der Begierde

Friedel Neuber, der Chef der WestLB, hat schnell erkannt, dass die Abhängigkeit der Ferienflieger von den Veranstaltern eine für ihn nicht akzeptable Hürde darstellt. Milliardenbeträge werden in Flugzeuge investiert, und das Risiko für die Beschäftigung dieser Maschinen liegt ausschließlich bei der Fluggesellschaft. Die Reiseveranstalter können zwar ganzjährige Charterverträge abschließen, aber wenn sechs Wochen vor Reisetermin nicht genug Passagiere gebucht sind, dürfen sie kostenlos stornieren. Die Fluggesellschaften bleiben dann auf ihren teuren Sesseln sitzen. Diese unbefriedigende Situation kann sich nur ändern, wenn es einer Fluggesellschaft gelingt, entscheidenden Einfluss auf Reiseveranstalter zu gewinnen. Die zur LTU gehörenden Reiseveranstalter sind nicht groß genug für eine ausreichende Auslastung der LTU-Kapazitäten.

Deshalb richtet Friedel Neuber seinen begehrlichen Blick auf die TUI, Deutschlands größten Reiseveranstalter. Nach einem lauten Gerangel vor und hinter den Kulissen gelingt es 1993 der WestLB, 30 Prozent der TUI-Anteile zu erwerben. Neuber glaubt, damit am Ziel seiner Wünsche zu sein, obwohl Hapag-Lloyd-Flug mit einer gleichen Beteiligungsquote mit der TUI verbunden ist. Aber die WestLB hofft, durch einen vernünftigen Interessenausgleich zwischen Hapag-Lloyd und LTU zu einer befriedigenden Beschäftigung beider Flotten kommen zu können.

Neubers Rechnung geht jedoch nicht auf. Das Bundeskartellamt nimmt Anstoß daran, dass zwei Ferienfluggesellschaften mit Deutschlands größtem Reiseveranstalter gesellschaftsrechtlich verbunden werden sollen. Das Kartellamt macht der WestLB zur Auflage, sich von den LTU-Anteilen zu trennen, wenn sie denn ihre Beteiligung an der TUI halten wolle.

LTU in neuen Händen

Bei der LTU treten auch noch hausgemachte Probleme auf, die erheblich zu Buche schlagen. Der Konzernumsatz stagniert seit 1995, dem Jahr, in dem eine Kette von Fehlentscheidungen und Problemen ihren Anfang nimmt. Unregelmäßigkeiten und Betrügereien werden bei Meier's Weltreisen und bei Incoming-Gesellschaften aufgedeckt – die US-Tochtergesellschaft Go America Inc. schiebt einen aufgelaufenen Verlust in zweistelliger Millionenhöhe vor sich her. Dann entschließt sich die LTU, ihre Veranstalterprogramme in Düsseldorf zu konzentrieren und ihr überregionales Angebot auszuweiten.

Außerdem muss die Zusammensetzung der LTU-Flotte wegen der zusätzlichen Bedienung kleinerer Flughäfen neu ausgerichtet werden. Im Winter 1996/97 kommt es zu einer Krise, weil das neue Reservierungssystem Provit nicht funktioniert und der Reisebürovertrieb sich enttäuscht anderen Veranstaltern zuwendet. Das EDV-System hat Entwicklungskosten von mehr als 100 Millionen DM verursacht, zu denen dann noch die hohen Buchungseinbrüche speziell bei Jahn Reisen und bei der später in Smile & Fly umbenannten Marke Transair gerechnet werden müssen. Die Buchungszahlen für die LTU Touristik sinken, der Marktanteil, bezogen auf den Umsatz, fällt von 1995 bis 1999 um vier Prozentpunkte auf 10,6 Prozent. Bei der Fluggesellschaft wird die Umstrukturierung der Flotte fortgesetzt, die Großraumflugzeuge werden ausgemustert.

Partnersuche

Während Preussag/TUI/Hapag-Lloyd und Condor/Neckermann immer stärker werden, geht es mit der LTU bergab. Das löst Alarm bei Friedel Neuber aus und veranlasst ihn, sich nach weiteren Partnern umzusehen. Verhandlungen werden mit touristischen Unternehmen im In- und Ausland geführt. Die WestLB und die Familie Conle sind sich darin einig, dass die gesamte LTU-Gruppe in neue Hände überführt werden muss. Man braucht einen Investor, der mit der Branche vertraut ist und den ganzen Laden umkrempeln kann. Der naheliegende Plan Neubers, die LTU Touristik bei der TUI einzubringen, scheitert erneut am Widerstand der Kartellwächter.

Anfang 1999 verkaufte die WestLB nach monatelangen Verhandlungen 49,9 Prozent der LTU-Gruppe an die SAirGroup, die Muttergesellschaft der Swissair. Zeitgleich stiegen auch die Einzelgesellschafter der LTU wie u. a. die Familie Conle als Gesellschafter aus. Die Mehrheit von 50,1 Prozent musste zur Wahrung der Flugrechte in deutschem Besitz bleiben. Mangels operativer Investoren wurden diese Anteile treuhänderisch von der Stadtsparkasse Düsseldorf und dem Bankhaus Sal. Oppenheimer übernommen. Der operative Betrieb der Fluggesellschaft wurde zur Nutzung der Synergien in eine Tochtergesellschaft unter alleinigem Management der Swissair ausgegliedert. Die Schweizer zahlen für ihren Einstieg angeblich zwei Milliarden DM, werden mit der teuren Tochter jedoch nicht glücklich.

Trotz monatelanger Prüfung der LTU-Bücher sind sie sich offensichtlich nicht darüber im Klaren, dass sie einen Sanierungsfall übernommen haben. Der von der Swissair berufene neue LTU Chef aus der Schweiz, Dr. Peter Fankhauser, klagt über „die vielen Baustellen im Unternehmen". Sowohl die Fluggesellschaft als auch die LTU Touristik produzieren hohe Verluste. Durch den Eigentümerwechsel ist keines der LTU-Probleme gelöst.

Die LTU zwischen allen Fronten

Die LTU arbeitet auf dem deutschen Markt, hier muss sie wieder erstarken und wieder Gewinne erwirtschaften. Das kann sie mit den alten Strukturen jedoch nicht erreichen. Die Produktion ist zu teuer, und der Vertrieb bringt nicht die notwendige Grundauslastung. Die Lage ist für die LTU auch deshalb schwierig, weil sich der Wettbewerb der deutschen Reiseveranstalter durch die Lagerbildung von Preussag/TUI/Hapag-Lloyd und von Condor/Neckermann verschärft, und die LTU auf diese Weise zwischen sämtliche Fronten gerät. Schließlich wird die LTU-Flotte völlig umstrukturiert. Die alten Maschinen werden verkauft, neue werden geleast. Aber das reicht nicht. Der Verlust im Jahr 1999 beläuft sich auf über 220 Millionen DM. Ohne ein Bündnis mit einem Veranstalter gibt es kaum eine Überlebenschance.

Probleme bei Swissair

„Zeitgleich ereilt die als nordrhein-westfälische Landes-Airline auch politisch besonders protegierte LTU ein fast schon tragisches unverschuldetes Schicksal. Dies ist bei der vom Kartellamt der WestLB auferlegten Abgabe ihrer LTU-Beteiligung an die Swissair so nicht absehbar. Zwar gilt die Schweizer Fluggesellschaft zu diesem Zeitpunkt noch als eine der weltweit renommiertesten Airline-Adressen, jedoch steckt sie bereits bei Übernahme der LTU-Beteiligung in erheblichen wirtschaftlichen Schwierigkeiten. Die Insellage innerhalb der Europäischen Union und eine zu große und aufwändige Flotte für den kleinen Quellmarkt Schweiz sowie die dort traditionell hohen Personalkosten behindern trotz hoher Produkt- und Dienstleistungsqualität die Wettbewerbsfähigkeit im europäischen Vergleich. Der Zukauf der LTU soll die Flottenauslastung durch einen Zugang zum bevölkerungsstärksten deutschen Quellmarkt Nordrhein-Westfalen erheblich verbessern und über Kostendegressionen zugleich zu besseren Ergebnissen führen – Synergien, die sich nie einstellen.

Die starke touristische Ausrichtung der LTU hinsichtlich der Flugziele durch ihre Veranstalterkunden erweist sich jedoch dabei als ebenso hinderlich wie die Veranstalterbeteiligungen, die letztendlich nur als Platzfüller für die Flugzeuge instrumentalisiert werden und ihre Profitabilität einbüßen. Nach mehreren Liquiditätsdarlehen durch die Schweizer Regierung geht die Swissair im Jahr 2000 schließlich in Konkurs, wobei LTU ein Anschlusskonkurs droht.

Rewe wird LTU-Gesellschafter

Die Anteile an der LTU wurden schließlich aus der Konkursmasse der Swissair über Treuhänder 2001 an REWE verkauft, wobei REWE eigentlich nur an den LTU-Veranstaltern (Meier's Weltreisen, Jahn Reisen, Tjaereborg, Transair und THR) zur Ergänzung des unter ihrer Führung entstandenen dritten Reisekonzerns interessiert war. Ihr wurde jedoch zur Auflage gemacht, auch eine 40-prozentige Prozent-Beteiligung an der Fluggesellschaft zu übernehmen. Mitgesellschafter waren die Stadtsparkasse Düsseldorf mit 49,9 Prozent und das Bankhaus Sal. Oppenheim mit 10,1 Prozent Prozent.

Durch die Bündelung der Veranstaltertätigkeiten der LTU Touristik mit den Rewe-Veranstaltern ITS, Dertour, ADAC entstehen endlich Einkaufs- und Rationalisierungsmöglichkeiten, die der Düsseldorfer Fluglinie im Gegensatz zu anderen Gesellschaften bislang verwehrt sind. Die Auslastungsrisiken der LTU-Flugzeuge, an denen Rewe nur mit 40 Prozent beteiligt ist, sollen durch einen zehnjährigen Beschäftigungsgarantievertrag der Rewe Touristik gemildert werden. Die nun vergrößerte Rewe-Gruppe kann mit ihren drei Millionen Flugreisenden rund zwei Drittel der LTU-Flugzeuge füllen.

Air Berlin übernimmt die LTU

Die LTU wird schließlich 2007 weitgehend saniert über einige Zwischenschritte (Beteiligung durch den Eigentümer der Deutschen BA (heute: dba Luftfahrtgesellschaft mbH) Rudolf Wöhrl kombiniert mit einem Management-Buyout) komplett an die Air Berlin verkauft. Die als Swissair-Nachfolgegesellschaft neu gegründete Fluggesellschaft Swiss wurde schließlich nach zähen politischen Verhandlungen von der Lufthansa übernommen und bis 2008 erfolgreich saniert; im touristischen Markt werden beide Airlines danach nicht mehr direkt aktiv."[22]

10. Versand- und Kaufhäuser steigen ein

Mit Einsatz der Charterflugzeuge, die im Vergleich zum Linienverkehr sehr günstige Pauschalreisepreise ermöglichen, wächst die Zahl der ins Ausland reisenden Deutschen von Jahr zu Jahr. Beträgt der Anteil der Auslandsurlauber 1954 noch 15 Prozent, so ist er bis 1960 bereits auf 31 Prozent angewachsen. Analog wächst die Zahl der Flugurlauber. Die Versand- und Kaufhäuser erkennen, dass es sich beim Tourismus um einen Wachstumsmarkt handelt, und sie beschließen, den Artikel Urlaubsreise in ihr Sortiment aufzunehmen. Quelle macht den Anfang, Neckermann folgt noch im selben Jahr, und mit einer Verspätung von acht Jahren springen die Kaufhausketten auch noch auf den fahrenden Zug.

Quelle Reisen mit Transeuropa und Karstadt

Bis 1962 ist die Reisebranche unter sich. Die Touropa ist 14 Jahre alt, Scharnow beginnt mit einem eigenen Flugcharter--Program und Dr. Tigges bietet erstmals in Zusammenarbeit mit Riu Hotels Langzeiturlaubern ein Überwintern auf Mallorca an. Obwohl es einen Wettbewerb zwischen allen Veranstaltern gibt und Newcomer kommen und gehen, tut man einander in Wirklichkeit nicht weh.

Quelle, das Versandhaus Nr. 1 in Deutschland, entschließt sich 1962, in das Reisegeschäft einzusteigen. Es beauftragt das auch in Deutschland aktive Schweizer Reisebüro Hotelplan in Frankfurt mit der Herstellung eines eigenen Quelle-Reiseprodukts. Quelle Reisen International bringen preiswerte Charterreisen auf den Markt, die eine Konkurrenz zu den etablierten Reiseveranstaltern darstellen. Dazu kommt, dass diese Reisen nicht über Reisebüros, sondern über den Quelle-Versandkatalog und die Quelle-Verkaufsbüros vertrieben werden. Eine spezielle Buchungsstelle für Beamte gewährt sogar einen Vorzugsrabatt. Das ist eine ernst zu nehmende Kriegserklärung an die deutsche Reisebranche, denn Quelle ist nicht irgendjemand, der es mal eben probiert und dem man die rote Karte zeigen kann. Quelle ist ein kapitalstarkes Unternehmen, das auch mit vereinten Kräften nicht wieder vom Markt verdrängt werden kann. Das Reisegeschäft bei Quelle läuft gut an und entwickelt sich prächtig.

22 Vgl. von Dörnberg, Adrian/Freyer, Walter/Sülberg, Werner: Reiseveranstaltermanagement, München/Wien 2012, S. 64f.

Quelle macht sich selbstständig

Nach zwei Jahren trennt Quelle sich von Hotelplan und produziert die Programme selber mit Hilfe tüchtiger Fachleute, die man sich von anderen Veranstaltern holt. Sechs Jahre später, 1968, kauft Quelle-Chef Gustav Schickedanz die Münchener Transeuropa Flug- und Schiffsreisen GmbH, die Dieter von Langen 1955 gegründet hat. Die Transeuropa will Flugreisen mit Liniengesellschaften veranstalten, geht aber auch ins Flugcharter-Geschäft mit Condor. Beides läuft nicht gut, die Firma macht Verluste, und Condor bekommt Angst um ihr Geld, sie erwirbt 50 Prozent der Anteile an der Transeuropa und entsendet einen Geschäftsführer als Aufpasser nach München. Gleichzeitig hält sie Ausschau nach einem Käufer für das angeschlagene Unternehmen. Condor wird fündig und verkauft Transeuropa an Quelle. Dort hat man inzwischen auch noch die Ökumenischen Studienreisen in Frankfurt erworben, die eng mit der Hessen-Nassauischen Kirche zusammenarbeiten, aber nicht so richtig in Fahrt kommen. Außerdem hat Quelle noch den Bahnreiseveranstalter Alpen-Seereisen in Düsseldorf dazugekauft.

Karstadt kommt ins Spiel

1970 entschließt sich Karstadt, ebenfalls ins Reisegeschäft einzusteigen. Für den Verkauf von Reisen richtet Karstadt in den Warenhäusern eigene Reisebüros ein. Auf dem Gebiet der Reiseveranstaltungen kommt es zu einer Partnerschaft mit Quelle. Dafür wird die Münchener Quelle-Tochter Transeuropa benutzt. Am 31. Januar 1971 wird die Transeuropa Reisen GmbH & Co mit Sitz in Nürnberg gegründet, an der Quelle 75 Prozent und Karstadt 25 Prozent halten. Gründungsgeschäftsführer sind Horst Arnold von Karstadt und Herbert Hoffmann von Quelle.

Das Vertriebsnetz besteht aus 24 Quelle-Kaufhäusern, 112 Quelle-Verkaufsstellen, 380 Reisebüros mit Quelle-Lizenz und 66 Reisebüros in Karstadt-Kaufhäusern. Im ersten gemeinsamen Jahr zählt man bereits 218.000 Gäste. Transeuropa ist mit seinem ausgeweiteten Programm für alle Käuferschichten zum Veranstalter Nr. 3 auf dem deutschen Markt geworden. Die Gründungen von Quelle und Neckermann 1962/1963, von Kaufhof/ITS im Jahr 1970 mit Hertie als Vertriebsverbündetem und später Otto-Versand und REWE sowie nun die gemeinsame Reisetochter von Quelle und Karstadt üben einen gewaltigen Druck auf die konventionelle Reisebranche aus.

TUI wird unruhig

Die erfolgreichen touristischen Aktivitäten der Branchenfremden, die doch eigentlich vom Tourismus nichts verstehen, wie man mit einer gewissen Hochnäsigkeit meint, lassen die TUI-Gesellschafter nicht mehr ruhig schlafen. Eine Phalanx der kapitalstarken Kaufhäuser und Versandhäuser gegen das traditionelle, mittelständisch geprägte und geführte Reisegewerbe kann Existenz bedrohend werden. Nach dem allgemeinen Grundsatz „Wenn du jemanden nicht besiegen kannst, vereinige dich mit ihm“ handelt die TUI. So kommt es am 1. November 1972 zur Aufnahme von Quelle und Karstadt in den Gesellschafterkreis der TUI. Die Altgesellschafter trennen sich von einem Teil ihrer Anteile und machen Platz für die Neuankömmlinge. Transeuropa, die Karstadt-Quelle-Tochter, wird von der TUI übernommen und als Marke fortgeführt. Quelle und Karstadt halten über eine gemeinsame Beteiligungsgesellschaft 17 Prozent der TUI-Anteile und sind damit größter Einzelgesellschafter der TUI geworden. Das gut gehende Bahnprogramm der Transeuropa wird 1973 im Zuge der Markenbereinigung innerhalb der TUI von Hummel übernommen. Dafür wird 1974 das Transeuropa-Kurprogramm durch das Kurprogramm von Scharnow ergänzt. Das TUI Kurprogramm landet schließlich 1977 bei der Touropa. In den Jahren 1976 bis 1979 profiliert sich Transeuropa immer mehr zum preiswerten Anbieter innerhalb der TUI-Gruppe. 1979 erfolgt die Verlegung des Firmensitzes von Nürnberg nach Hannover.

11. Neckermann macht’s möglich

Die Gründerjahre

Beginn 1962

Man schreibt das Jahr 1962. Den ehrgeizigen und selbstbewussten Versandhauschef Josef Neckermann ärgert es ungeheuer, dass sein ärgster Konkurrent Quelle in Fürth inzwischen auch preiswerte Flugreisen anbietet. Das Reisegeschäft scheint also doch interessanter zu sein, als lange geglaubt. Es weist in der Tat seit Ende der 50er-Jahre hohe zweistellige Zuwachsraten auf. Da darf Neckermann nicht abseits stehen oder sich sogar von Quelle überholen lassen. Josef Neckermann ist ein Mann von schnellen Entschlüssen. Er ruft Herbert Haum, den Chef der Neckermann-Fertighaus-Tochter, zu sich, der ihm durch Kreativität, Fleiß, Fortune und Durchsetzungskraft aufgefallen ist. „Bauen Sie mir das Touristik-Geschäft auf! Aber schnell und mit den Erfolgen, die ich von Ihnen bei den Fertighäusern erlebt habe. Ich kann es nicht ertragen, dass Quelle uns im Reisegeschäft etwas vormacht.“

Haum geht ohne Zögern und konsequent ans Werk. Wenn eine längere Anlaufzeit vermieden und mit einem Blitzstart begonnen werden soll, braucht er Hilfe von Leuten, die bereits erfolgreich im Geschäft tätig sind. Diese Hilfe findet er bei Hotelplan, fem Schweizer Ferienunternehmen, das mit der Migros Handelsgruppe zur Hugentobler Stiftung gehört. In Deutschland betreibt Hotelplan Reisebüros in Frankfurt, Düsseldorf, Stuttgart und München. Das Schwergewicht der Hotelplan-Tätigkeit in Deutschland liegt im sogenannten Militärgeschäft. Die Deutschlandzentrale von Hotelplan befindet sich in Frankfurt und wird von dem gebürtigen Ungarn F.C. Kertesz geleitet. Dieser hat auch bereits für Quelle die Charterflug-Programme entwickelt.

Am 19. Juli 1962, nur wenige Monate nach dem Neckermann-Auftrag an Haum, unterschreibt Josef Neckermann einen Rahmenvertrag mit Hotelplan Internationale Reiseorganisation GmbH, Frankfurt. Es wird vereinbart, dass Hotelplan Reisen für Neckermann Versand KG veranstaltet, die unter dem Namen Neckermann Reisen vertrieben werden sollen. Zunächst geht es um vier bis sechs Flugreisen für das Frühjahr und den Sommer 1963 und um zwei Flugreisen im darauffolgenden Winter. Der Vertrag wird für zwei Jahre, das heißt für vier Katalogperioden, abgeschlossen.

Der erste Reiseprospekt umfasst sechs DIN-A5-Seiten und geht als Beilage zu den Versandhauskatalogen an die Stammkunden von Neckermann. Angeboten werden 15-tägige Flugreisen nach Mallorca, an die Costa del Sol, nach Tunesien, Mamaia an der rumänischen Schwarzmeerküste, nach Montenegro und Dalmatien. Geflogen wird mit Vickers Vicount 814 von Condor Flugdienst. Die zwei Jahre mit Hotelplan verlaufen für Neckermann erfolgreich. Hotelplan ist stolz und zufrieden zugleich. Bei Hotelplan wirkt damals auch der junge Bruno Tanner am Neckermann-Aufbau mit. Tanner sorgt später mit dem Direktvertreiber Vögele Reisen in der Schweiz und in Süddeutschland für Furore, und wird nach dem Verkauf von Vögele an die TUI Suisse Ende der 90er-Jahre einige Zeit Vorstandsmitglied der TUI Group.

Neckermann auf eigenen Beinen

Neckermann will aber in andere Dimensionen vorstoßen, will sein kaufmännisches Versandhausdenken und -kalkulieren auch auf das Reisegeschäft anwenden. Kleine Preise, große Mengen und niedrige Margen – die Menge macht's. Dazu kann sich Hotelplan jedoch nicht bekennen. Geschäft ja – aber bitte ohne größeres Risiko, besonders bei der Auslastung der Charterflugzeuge. Das ist für Josef Neckermann jedoch keine akzeptable Einstellung. Deshalb kommt es nach den vereinbarten zwei Jahren zur Trennung. Neckermann lässt den Vertrag auslaufen und macht sich unter dem Namen NUR Neckermann-Urlaubs-Reisen GmbH & Co. KG in Frankfurt/Main selbstständig.

Die Prinzipien von Masseneinkauf sind für die Reisebranche neu. NUR chartert die Flugzeuge für einen längeren Zeitraum als bisher üblich, kalkuliert mit hoher Auslastung (über 90 Prozent), belegt auch die Vor- und Nachsaison und erzielt dadurch bei den Fluggesellschaften und auch bei den Hoteliers erhebliche Preisvorteile, die zum größten Teil an die Kunden weitergegeben werden. „Neckermann macht's möglich" – das gilt nun auch für den Urlaub. Eine 15-tägige Flugpauschalreise in den Libanon, die ab 1965 angeboten wird, kostet bei Neckermann 745 DM, während man für den normalen Linienflug Frankfurt–Beirut und zurück beinahe das Doppelte zahlen muss, nämlich 1.469 DM. Schon im ersten Jahr der Selbstständigkeit erzielt NUR 70.000 Buchungen und einen Umsatz von 36 Millionen DM.

Die Branche ist geschockt über den Außenseiter, über seine konkurrenzlosen Preise und die durchschlagenden Erfolge. Es ist schwer, sich gegen den unkonventionellen und ungeliebten Fremdling zur Wehr zu setzen. Das gelingt nur im Vertrieb. NUR kann die Reisen nicht über die deutschen Reisebüros verkaufen, weil die etablierten Reiseveranstalter entsprechende Verbotsklauseln in die Agenturverträge setzen.

Für Neckermann reicht der Vertrieb über den Versandhauskatalog nicht aus. Deshalb werden in den eigenen Warenhäusern 70 Reiseverkaufsstellen eingerichtet. Das ist der erste Schritt zum Aufbau eines eigenen Vertriebsnetzes.

Rasantes Wachstum

Die Entwicklung verläuft rasant. 1966 wird das erste umfassende Fernreiseangebot vorgelegt. Es geht nach Thailand, Ostafrika und Mexiko, und erste Kreuzfahrten ins östliche Mittelmeer und in die Karibik mit der „Taras Shevchenko" werden angeboten.

Neuer Geschäftsführer bei NUR ist ab 1. Januar 1968 der von der Branche als Fachmann anerkannte Rolf Pagnia, der diese Position bis zu seiner Pensionierung im Jahre 1990 innehat. Pagnia war seit 1967 Leiter der Flugleitstelle von Touropa/Scharnow in Hannover, zuvor zuständig für die Flugtouristik bei Touropa in München.

Neckermann baut das Reiseprogramm zügig aus und entwickelt auch das 1967 begonnene UdSSR-Programm weiter. Die Charterflüge nach Moskau werden mit Aeroflot und Lufthansa durchgeführt. Die Jahre ab 1969 bringen zwar ein stürmisches Wachstum für den deutschen Tourismus, aber

Neckermann übertrifft alle. Neckermann verdrängt sogar die TUI von der Spitze der Flugreiseveranstalter, was sich erst 1972 wieder ändert, als die TUI die Transeuropa mit Quelle und Karstadt in den Gesellschafterkreis aufnimmt. Am 11. März 1970 begrüßt NUR am Frankfurter Flughafen voller Stolz den millionsten Fluggast.

NUR-Entwicklung:

1964	35.000 Gäste
1965	70.000 Gäste
1966	127.000 Gäste
1970	390.000 Gäste
1974	654.000 Gäste
1977	811.000 Gäste
1978	939.000 Gäste
2012	6.100.000 Gäste

Massive Behinderungen des touristischen Einkaufs durch auf Exklusivität drängende Mitbewerber veranlassen NUR zu Beteiligungen an Hotels in den Zielgebieten, die im Laufe der folgenden Jahre und Jahrzehnte zu einer beachtlichen Größe heranwachsen. Zu dieser Geschäftssparte gehören auch die unter dem Namen Aldiana betriebenen Clubdörfer, die 1971 im Senegal ihren Anfang nehmen.

Ausflug nach USA

Anfang der 70er-Jahre leistet sich die erfolgreiche NUR einen kräftigen Flop in den USA. Josef Neckermann schreibt in seinem 1990 bei Ullstein erschienenen Buch „Erinnerungen“: „Misserfolge bleiben nur dem erspart, der gar nichts tut. Da die Amerikaner seinerzeit keine Charterflüge ins Land ließen, dachten wir uns, dass dann vielleicht umgekehrt ein Schuh daraus würde: Amis ans Mittelmeer, US-Bürger in die traditionellen Reiseländer Europas bringen. Das zweitgrößte Versandhaus der Vereinigten Staaten, Montgomery Ward mit Sitz in Chicago, fand sich zur Kooperation bereit. In der Vorbereitungsphase standen 30 Mitarbeiter im Dienst des erwarteten großen Geschäfts. Unser Büro befand sich in New York, in allerbester Citylage. (‚Man muss auf der Fifth Avenue sitzen – blauäugig, wie wir waren, glaubten wir das noch!‘) Auf unsere 30 Mitarbeiter sollten sich im ersten Monat 30.000 Buchungen verteilen. So war es jedenfalls geplant. Aber es geschah überhaupt nichts. Wir fragten nach, erhielten hinhaltende Informationen, setzten irgendwann dem Reisechef von Montgomery Ward, unserem Ansprechpartner, die Pistole auf die Brust: Ganze 14 Amerikaner hatten sich bereit gefunden, mit uns über den großen Teich zu verreisen. Sofort canceln. Aber was machen wir mit den Mitarbeitern? Ganz einfach, erhielten wir als Antwort, wir schreiben auf den letzten Pay Check: ‚Don’t come next week.‘ Das machen wir hier immer so. Dass sie noch zwei Wochen Gehalt bezogen, konnten wir wenigstens erreichen. Der Reisechef von Montgomery Ward war zuvor Chefeinkäufer für Nähmaschinen gewesen. Wir hätten besser aufpassen müssen."

Rumänische Schwarzmeerküste

1973 blickt NUR auf zehn erfolgreiche Rumänien-Jahre zurück, die 1963 mit drei Hotels in Mamaia an der rumänischen Schwarzmeerküste begannen und inzwischen auf 40 Hotels in sechs Ferienorten angewachsen sind. In den zehn Jahren sind mehr als 390.000 Menschen mit NUR nach Rumänien gereist.

Kreuzfahrten mit Neckermann

Das Kreuzfahrtengeschäft wird durch die Charterung der „Maxim Gorki", der ehemaligen „Hamburg" der Deutschen Atlantik-Linie, erweitert. Es gibt ein Wettrennen zwischen der TUI und NUR um das Schiff mit dem guten Ruf in Deutschland. NUR gewinnt das Rennen nach einem Treffen mit dem russischen Minister für Handelsschifffahrt in Paris, das mit einem langen Abend im Crazy Horse endet. Die erste Rund-um-die-Welt-Reise mit der „Maxim Gorki" findet vom 21. Dezember 1975 bis zum 16. März 1976 ab und bis Genua statt. Der Mindestpreis beträgt 4.389 DM.

NUR unter Karstadt-Herrschaft

Ende 1976 kommt es zu einer umwälzenden Veränderung. Die Muttergesellschaft Neckermann Versand KG ist in schwerste finanzielle Turbulenzen geraten und steht vor dem Zusammenbruch. Die Neckermann-Gruppe wird vom Kaufhausunternehmen Karstadt gerettet, was unmittelbare Auswirkungen auf die Verhältnisse in der deutschen Tourismusbranche hat. In der Presse vom 20. November 1976 heißt es: Das Bundeskartellamt wird den Zusammenschluss Karstadt-Neckermann unter der Voraussetzung nicht versagen, dass Karstadt seine Beteiligung an der Touristik Union International (TUI) wie zugesagt, sofort abgibt. Das geschieht auch prompt. Karstadt verkauft seine TUI-Anteile an die Kaufhauskette Horten AG.

Die bisher erfolgreich operierende Reisetochter NUR bleibt vom Negativtrend der Versandhausmutter nicht verschont. Der Ansehens- und Vertrauensverlust zeigt sich sehr bald auch in den Gästezahlen von NUR.

Karstadt greift massiv in sämtliche Bereiche der Neckermann-Gruppe ein, kommt mit der Attitüde des Sanierers und lässt auch die Geschäftszweige, die bisher profitabel sind, nicht unberührt. Die neuen Herren glauben, sie wüssten alles besser und greifen auch in die Geschäftspolitik des Reiseveranstalters ein.

Während Neckermanns Image auf besonders günstigen Angeboten beruht – wer clever ist und preiswert reisen will, reist mit Neckermann, „Neckermann macht's möglich" –, fordert Karstadt von NUR nun ein Programm, das auf die Karstadt-Kundschaft zugeschnitten ist, die für Qualität auch angemessene Preise zahlt, wie man das von der bisherigen Beteiligung an der TUI gewohnt war. Die Karstadt-Finanzleute fordern die NUR-Geschäftsführung außerdem auf, wegen des Veranstalterrisikos eine größere Marge in der Kalkulation vorzusehen. Den Herren schweben zehn Prozent vor, auf die sich die NUR-Geschäftsführung zwar nicht einlässt, aber es kommt doch zu kräftigen Preissteigerungen. Es dauert nicht lange, bis die Kunden merken, dass der Geheimtipp NUR nicht mehr stimmt. Image und Wirklichkeit klaffen auseinander, die Kunden bleiben aus, und es beginnen sieben Jahre, in denen Millionenverluste angehäuft werden.

Der Karstadt-Vorstand und NUR-Aufsichtsratvorsitzende Karl Laschet sagt zwar, er greife in die eigentliche Geschäftspolitik nicht ein, das sei nicht seine Aufgabe, aber Jahre später wirft Karstadt-Chef Walter Deuss der NUR-Geschäftsführung mangelndes Selbstbewusstsein und zu geringe Durchsetzungskraft vor.

Rolf Pagnia wehrt sich gegen die „Verbesserungsvorschläge" und muss sich gegenüber Laschet und dem Geschäftsführungskollegen Kratz verteidigen, die 1978 auf eine Studie von Roland Berger & Partner verweisen. Berger behauptet nämlich, es gebe für NUR gute Entwicklungschancen im oberen Preisbereich. Wie bei Unternehmensberatungen üblich, wird natürlich gleichzeitig empfohlen, eine weitere, intensivere Untersuchung und Marktforschung in Auftrag zu geben.

Auch in diesen schwierigen Jahren expandiert NUR im benachbarten Ausland, in Holland, Belgien und Österreich. 1977 übernimmt NUR auf Wunsch von Karstadt GUT Reisen; ein Unternehmen, das 1969 von den deutschen Gewerkschaften und der Bank für Gemeinwirtschaft (BfG) gegründet worden war und nie so recht ins Laufen kam. NUR glaubt, GUT nun als Billigmarke einsetzen zu können, um NUR für die teurer gewordenen Angebote zu nutzen.

Aber das ehrgeizige Trading-up-Konzept funktioniert nicht, ein großer Teil der Stammkundschaft bleibt weg. Roland Berger ist mit seiner Anschlussuntersuchung im Herbst 1979 fertig. Das Ergebnis steht der Anfangsaussage diametral entgegen: Im gehobenen Preissegment kann NUR niemals so viel gewinnen, wie NUR im unteren Segment verlieren kann.

Jetzt empfiehlt Berger, das preissensible Segment wieder stärker zu besetzen. Dieser Rat kommt reichlich spät und ist für 1980 nicht mehr umzusetzen. In den Hochsaisonmonaten liegen die NUR-Preise um ein Drittel über denen des Vorjahres. NUR ist zum teuersten Spanienveranstalter geworden und katapultiert sich aus dem Markt. Das Jahr 1980 bringt einen Verlust von 42 Millionen DM, 1981 noch einmal 21 Millionen DM. NUR befindet sich in einer lebensbedrohenden Krise.

Karstadt holt Dr. Dieter Mussler zurück, einen Marketingfachmann, der schon einmal für NUR tätig und zur Abteilung Fertighäuser versetzt worden war. Nun ist er dritter Mann in der Geschäftsführung und soll helfen, das sinkende Schiff zu retten. Hermann Kratz betätigt sich als Sparkommissar, reduziert den Personalbestand und arbeitet mit aller Kraft daran, die Gemeinkosten kräftig zu senken. Verlustquellen werden rigoros gestopft, hohe Garantiezahlungen an Hotels werden drastisch zurückgeführt auf gerade noch vertretbare Summen. Wie immer in wirtschaftlich kritischen Zeiten gewinnen die Finanzleute die Oberhand. Hermann Kratz entwickelt sich zum Primus inter pares innerhalb der NUR-Geschäftsführung. 1983 zeigt sich auch die fachlich saubere Arbeit von Dieter Mussler. NUR hat ein Zielgruppen orientiertes Mehrmarkenkonzept und kehrt zu den aggressiven Preisen à la Neckermann zurück.

Beeser führt NUR zu neuen Höhen

Dass die NUR-Mutter Karstadt nicht so ganz von den Selbstheilungskräften der Reisetochter überzeugt ist, zeigt sich an den Verhandlungen mit der Kaufhof AG. Karstadt-Chef Walter Deuss möchte NUR und ITS zusammenlegen und argumentiert vergeblich gegenüber dem Bundeskartellamt, eine Fusion der beiden Reiseunternehmen sei für NUR eine Überlebensfrage.

Es geht trotzdem ohne ITS gut weiter. Das liegt an den verborgenen Kräften, die im Unternehmen und seinen Mitarbeitern schlummern. Die NUR-Geschäftsführung holt sich das Beratungsunternehmen McKinsey ins Haus, das unter anderem empfiehlt, mit der bisherigen Spartenorganisation Schluss zu machen. Statt der Arbeitsteilung in Einkauf, Verkauf und Verwaltung werden Profit Center eingeführt, zum Beispiel für Flugreisen, Seereisen oder Cluburlaub. Die Leiter der neuen Profit Center kümmern sich nun selber um Ein- und Verkauf und sind deswegen mit weitgehenden Entscheidungskompetenzen, aber auch mit der Verantwortung für ein angemessenes Ergebnis ausgestattet. Das stellt hohe Anforderungen an die verantwortlichen Mitarbeiter und an die Geschäftsführung.

In diese wird 1985 Wolfgang Beeser zunächst als stellvertretender und im Folgejahr als voll bestallter Geschäftsführer berufen. Beeser, 1942 im Westerwald geboren, war Sprachlehrer an einer Schweizer Handelsschule und wurde 1967 Reiseleiter bei NUR, zunächst auf Mallorca, dann in Ceylon, Kenia und Indien. Sein Aufstieg beginnt, als er 1974 Chef der NUR-Reiseleiterorganisation wird. 1977 überträgt man ihm den gesamten Hoteleinkauf. Nun hat er sein Ziel erreicht, er kennt den Laden in- und auswendig und weiß, wo er ansetzen muss, um NUR wieder zu den früheren Erfolgen zu führen.

Er setzt in Kooperation mit seinen Geschäftsführerkollegen die Empfehlung von McKinsey konsequent und ohne Zeitverzögerung um. Er sorgt dafür, dass unrentable Aktivitäten beendet werden und nur Reisen anbietet, die auch Geld bringen. Der Erfolg gibt ihm recht. Von 1987 bis 1993, also innerhalb von sechs Jahren, verdoppelt NUR die Teilnehmer- und Umsatzzahlen, wozu auch die Kunden in den neuen Bundesländern beitragen, die sich ohnehin nur preiswerte Reisen leisten konnten. Im Reisejahr 1992/93 zählt NUR 2,49 Millionen Teilnehmer mit einem Umsatz von 2,7 Milliarden DM. Beeser hat seinen Laden im Griff und wird als der eigentliche Sanierer von NUR gefeiert und zum Sprecher der Geschäftsführung berufen.

Rolf Pagnia geht 1990 und Hermann Kratz geht 1994 in den Ruhestand. Pagnia und Kratz haben sich mit dem guten Gefühl aus dem Berufsleben zurückziehen können, dass sie den in den Dreck gefahrenen Karren auch wieder herausgezogen haben.

Karstadts Expansionsanläufe

Die Karstadt-Mutter unternimmt nach der Gesundung von NUR einige Versuche, den Gesamtrahmen des touristischen Engagements auszuweiten. So beteiligt sich Karstadt 1989 mit 26,1 Prozent an der Fluggesellschaft NFD-Air Europe, an der die Nürnberger Wöhrl Gruppe 24,9 Prozent und die International Leisure Group des britischen Unternehmers Harry Goodman 49 Prozent halten. Goodman macht aber bald darauf Pleite. Für seine Kreativität und Unternehmenslust spricht die Tatsache, dass er Ende 2000 gemeinsam mit der TUI den TV Travel Shop Germany aus der Taufe gehoben hat. Basis seines Engagements ist sein bereits laufendes Programm TV Travel Shop UK. Karstadt bemüht sich 1990 vergeblich um eine Beteiligung an der LTU, die bald darauf bei der WestLB landet. Durch die Integration des Kaufhaus-Wettbewerbers Hertie in die Karstadt-Gruppe im Jahr 1995 wird der Vertrieb der NUR-Programme noch einmal erweitert, der im Jahr zuvor schon von der Liberalisierung des Reisevertriebs in Deutschland profitiert hatte.

1998 ist NUR Neckermann Reisen Teil der C&N Touristic AG geworden. Es war ein langes Tauziehen zwischen Lufthansa und Karstadt, bis es zu der Hochzeit der Reisetöchter Condor und NUR kam. NUR-Geschäftsführer Wolfgang Beeser war lange gegen ein solches Zusammengehen, denn er versprach sich von der Unabhängigkeit auf Dauer ein besseres Ausschöpfen aller Einkaufschancen im Ferienflugverkehr. Aber die Pläne der Westdeutschen Landesbank – LTU, TUI und Hapag-Lloyd unter ein Dach zu bringen – stellten eine solche Bedrohung auch für NUR dar, dass selbst Beeser schließlich überzeugt werden konnte und sich dem Vorhaben, C&N zu gründen, beugte. Natürlich setzte danach der Kampf um die Frage ein, ob der investitionsintensive Carrier oder der Markt erfahrene und erfolgreiche Veranstalter die beherrschende Rolle im neuen Verbund spielen solle. Man hat das Problem salomonisch gelöst. Zunächst ist geplant, dass Lufthansa und Karstadt je zwei Vertreter in den C&N-Vorstand entsenden. Karstadt-Chef Walter Deuss soll den Vorsitz im Aufsichtsrat übernehmen. Dann zeigt sich aber, dass Lufthansa zu diesem Zeitpunkt keine zwei geeigneten Leute präsentieren kann. Also entscheidet man sich, den Condor-Chef Dr. Franz Schoiber von der LH-Seite für den Vorstand zu nominieren und von NUR Wolfgang Beeser sowie Dr. Willi Schoppen in das neue Führungsgremium zu berufen. Statt Deuss wird Lufthansa-Chef Dr. Jürgen Weber zum Vorsitzenden des C&N-Aufsichtsrates gewählt. Aber dabei bleibt es nicht. Die Zusammenführung der Fluggesellschaft und des Reiseveranstalters und eine zentrale Führung sind nur möglich, wenn die Leitungsfunktionen mit Leuten besetzt werden, die keine traditionelle Bindung zu der einen oder anderen Seite haben. Außerdem lässt sich ein Unternehmen der Größenordnung von C&N nicht von einem Dreiergremium leiten. Es braucht eine verantwortliche Persönlichkeit an der Spitze. Diese Spitzenposition beansprucht aber sowohl der bisherige NUR Geschäftsführer als auch der vorherige Condor-Chef. Die Konsequenz ist hart, aber logisch: Beide Herren gehen in allen Ehren Ende 1999 in den vorzeitigen Ruhestand.

Der neue Chef von C&N heißt Stefan Pichler. Er war zuvor Verkaufsvorstand der Lufthansa Passage Airline. Pichler bringt ein Team von LH-Mitarbeitern mit in die C&N-Führungsetage und zimmert innerhalb von wenigen Wochen eine völlig neue Führungsstruktur.

Während die TUI-Gruppe 1998/1999 durch Zukäufe weiter wächst, zerfleischen sich die C&N-Bosse in Grabenkämpfen. Stefan Pichler will schnelle Erfolge und will wenige Monate nach Amtsantritt Thomson Travel, den größten Reisekonzern auf dem britischen Markt, kaufen. Das ruft in letzter Minute die Preussag auf den Plan. Sie will nicht zulassen, dass C&N die Nummer eins in Europa wird. Kurz entschlossen wird C&N kräftig überboten und aus dem Geschäft geworfen. Die Ironie der Geschichte liegt darin, dass die Preussag sich auf Anweisung der Kartellbehörden jetzt von ihrer Mehrheitsbeteiligung am 160 Jahre alten britischen Reiseunternehmen Thomas Cook trennen muss.

Aber der Kreis schließt sich: Anfang Dezember 2000 kann Pichler voller Stolz verkünden, dass er die Thomas Cook Holding Ltd, London übernehmen wird. Nach der Übernahme wird sich der C&N-Konzern mit 15 Milliarden DM Umsatz pro Jahr, knapp 15 Millionen Gästen, etwa 30 Veranstaltermarken, rund 3.800 Reisebüros weltweit, einer Flotte von über 70 Flugzeugen und mehr als 27.000 Mitarbeitern als Nummer zwei unter den europäischen Touristikkonzernen und zum drittgrößten Reiseunternehmen der Welt entwickelt haben, während TUI mit der überteuerten Übernahme der Thomson Group zum europäischen Marktführer aufsteigt.

12. Wachsendes Interesse der Handelskonzerne am Tourismus

Kaufhof gründet ITS und gewinnt Hertie 1970

Anfang Mai 1970 wird bekannt, dass sowohl die Kaufhof AG als auch die Hertie AG in das Reisegeschäft einsteigen wollen. Der Kaufhof lässt in einer Arbeitsgruppe die Vorarbeit machen und stellt am 30. September 1970 das Reiseprogramm „Kaufhof Reisen“ für den Winter 1970/71 vor. Im Oktober 1970 werden in 50 Kaufhofhäusern eigene Reisebüros eröffnet, innerhalb weniger Monate sind es 65 Büros in 55 Städten. Der Kaufhof vereinbart mit seinem Warenhauskonkurrenten Hertie, dass dieser die von der Kaufhof-Reisetochter produzierten Programme vertreibt, die für den Kaufhof vorgesehenen Prospekte werden mit einem entsprechenden Titel versehen. Kaufhof und Hertie haben zusammengerechnet mehr als 100.000 Mitarbeiter und erwirtschaften einen Umsatz von 7,2 Milliarden DM.

Die Gründung einer rechtlich selbstständigen Veranstalterfirma namens ITS erfolgt am 5. November 1970. ITS steht für International Tourist Services. Hier werden die Programme produziert, die unter dem Titel Kaufhof Reisen, Hertie Reisen, Glücksreisen und Prima Reisen auf dem Markt erscheinen. Mit der Gründung der Reisetochter ITS lässt Kaufhof auch hinsichtlich der Geschäftsführung die Katze aus dem Sack. Herbert Haum, der einstige Baumeister von NUR, wird als Geschäftsführer von ITS vorgestellt.

Der Start von ITS ist nicht sehr glücklich. Herbert Haum hat sich für Länderkataloge statt für Flug- und Landprogramme entschieden. Das Ergebnis ist, dass die Kunden ohne Rücksicht auf ihre Urlaubsplanung sämtliche

Kataloge einsammeln. Da man die Auflage der einzelnen Kataloge jedoch an den Planzahlen der Länder orientiert hatte, sind schon nach wenigen Tagen verschiedene Länderangebote, etwa Ostafrika, nicht mehr zu haben. Es muss für viel Geld nachgedruckt werden.

Herbert Haum wird bei Kaufhof nicht alt. Sieben Monate nach seinem offiziellen Beginn bei ITS scheidet er im gegenseitigen Einvernehmen aus. Haum hatte vorhergesagt, in den ersten drei Jahren werde ITS nicht kostendeckend arbeiten, sondern erst anschließend Gewinne erzielen. Tatsächlich bringen die Jahre 1971/72/73 einen Verlust von insgesamt 20 Millionen DM. Erst 1974 weist ITS einen Gewinn aus. In diesem Jahr haben 253.000 Gäste eine ITS-Reise gemacht. Die Reisen werden nicht nur in allen 80 Kaufhof-Reisestellen, 78 Hertie-Reisestellen und 30 weiteren Buchungsbüros sowie in den ADAC-Geschäftsstellen, sondern auch in über 4.000 Lotto/Toto-Annahmestellen in Nordrhein-Westfalen verkauft, für die der ITS-Reisekatalog den Titel „Glücksreisen" trägt.

Mit der TUI wird 1972 vereinbart, dass sie ab Sommer 1973 den Flugeinkauf für ITS besorgt. Eine Kooperation, von der beide durch das gebündelte höhere Flugaufkommen profitieren. Acht Jahre später, im August 1980, wird diese Vereinbarung auf Antrag der beiden Unternehmen vom Bundeskartellamt als Rationalisierungskartell offiziell genehmigt, allerdings zunächst mit einer Laufzeit von drei Jahren.

Da ITS der Verkauf über die etablierten Reisebüros mit TUI-Vertretung versperrt ist, wird nach zusätzlichen Vertriebswegen gesucht. So produziert ITS 1975 als Test einen Spezialprospekt mit 23 Autoreisen und sieben Flugreisen für den Verkauf über 350 Aral-Tankstellen im Frankfurter Raum und 200 Aral-Minimärkte im gesamten Bundesgebiet. Die Angebote sind preiswert, problemlos und erfordern keine Beratung. Trotzdem ist die Reaktion unbefriedigend. Die Aktion wird nicht wiederholt. Die Erfahrungen sind dieselben wie Jahre später mit den Tchibo-Kaffeeläden: Urlaubsreisen wollen die Deutschen offensichtlich in einem Fachgeschäft kaufen, nicht beim Tankwart oder bei der Kaffeeverkäuferin.

Fusion von ITS und NUR?

Zwischen ITS und NUR kommt es 1985 zu ernsthaften Gesprächen über eine Fusion. ITS hat fast 600.000 Gäste und plant ein Engagement im Hotelbereich. Das Kartellamt lehnt im September 1985 die Fusion wegen zu großer Machtballung ab.

Im Zuge der Fusionsgespräche ist es natürlich zum Austausch von Zahlen und zum Einblick in die Vertriebsstärken und -schwächen des jeweils anderen Unternehmens gekommen. Davon profitiert ITS, die sich nun auf die besten NUR-Agenturen stürzt und sie drängt, mehr ITS-Programme zu verkaufen. Die Reaktion ist interessant. NUR, bisher vom Vertrieb über TUI-Büros ausgeschlossen, verbietet nun den eigenen Agenturen, ITS-Programme zu verkaufen. Das veranlasst wiederum ITS, beim Kartellamt vorstellig zu werden und sich über die Wettbewerbsbehinderung zu beklagen. Es ist also nicht die große TUI, die angegriffen wird, sondern es ist ein Streit zwischen dem zweitgrößten und dem drittgrößten Unternehmen der Branche, der das Kartellamt auf den Plan ruft. Mit der TUI-Vertriebsbindung hatten sowohl TUI als auch NUR über Jahrzehnte gut gelebt. Mitte der 90er-Jahre kommt die TUI einer drohenden Untersagung zuvor und verzichtet freiwillig auf die Vertriebsbindung. Da die großen Veranstalter zusätzliche Provisionen bei bestimmten Umsatzgrößen und für Umsatzsteigerungen gewähren, bleibt die Bindung zu dem „Leitveranstalter" weiter bestehen und wird sogar intensiver, jedoch besteht sie nun auf anderer Grundlage, denn jedes Reisebüro darf nun alle Veranstalter verkaufen.

ITS-Wachstum durch Zukäufe

Nach dem Scheitern der Fusion mit NUR denkt Jens Odewald, Vorstandsvorsitzender der Kaufhof AG, über andere Möglichkeiten der Expansion seiner Reisetochter nach. Er will ITS durch Kauf anderer Unternehmen größer machen und erhöht die seit 1988 bestehende Beteiligung am holländischen Reisekonzern Holland International von 50 auf 80 Prozent.

ITS beteiligt sich mit 25,1 Prozent an Sun International in Belgien, kauft 1991 die ehemaligen DDR-Staatsbetriebe Reisebüro der DDR und 34 ehemalige Jugendtourist-Büros von der Treuhandanstalt und beteiligt sich mit 75 Prozent an der ostdeutschen Palm Touristik GmbH, die ihre 28 Büros an 24 Standorten erst wenige Monate zuvor eröffnet hat. Dafür werden Preise gezahlt, die bei anderen Interessierten wie DER, TUI und NUR nur Kopfschütteln auslösen. Am Türkei-Veranstalter ATT Touristik GmbH in Stuttgart, der in wirtschaftliche Schwierigkeiten gerät, erwirbt ITS 50 Prozent.

Im selben Jahr meldet sich das Kartellamt und verbietet nun endgültig die Fortsetzung des seit 1972 von TUI und ITS praktizierten gemeinsamen Flugeinkaufs.

Im ständigen Bemühen, das Geschäft auszuweiten, scheut ITS auch nicht die Konfrontation mit den Reisebüros. Es wird ein Vertriebstest über 20 Postschalter im ländlichen Niedersachsen gemacht, der aber negativ ausgeht. Genauso läuft es mit 176 Plus-Märkten der Tengelmann-Gruppe, die auch nichts bringen. Stolz verkündet Jens Odewald im Juli 1992, die ITS-Gruppe habe in den ersten acht Monaten des Touristikjahres 1991/92 das Umsatzvolumen um 51 Prozent auf 1,5 Milliarden DM gesteigert.

Kaufhof kauft Kuoni-Mehrheit

Bald darauf, am 14. September 1992, meldet ITS, dass die Kaufhof Holding AG 50,1 Prozent der Aktien an dem führenden Schweizer Reiseveranstalter, der Kuoni Reisebüro AG in Zürich, erworben habe. Mit der Mehrheit der Aktien ist jedoch nicht die Stimmrechtsmehrheit verbunden, die bei der Kuoni-Hugentobler-Stiftung liegt. ITS verfügt nur über 25 Prozent der Stimmen. Kuoni ist über den ausländischen Gesellschafter überhaupt nicht glücklich, macht aber gute Miene zum bösen Spiel und leistet erfolgreich hinhaltenden Widerstand gegen die Vereinnahmung durch ITS. Als sichtbares Zeichen einer angeblichen Gemeinsamkeit bleibt schließlich ein Produkt unter dem Namen „Kuoni Fernreisen" für den deutschen Markt, bei dem der Name ITS nicht einmal erscheint. Beim Beschluss über die Gewinnverwendung setzt die schweizerische Mehrheit durch, dass der Gewinn im Unternehmen bleibt, sodass ITS leer ausgeht. 1994 zieht sich ITS enttäuscht aus der Schweiz zurück und verkauft die Kuoni-Aktien an eine Schweizer Bank, die diese Anteile an der Börse platziert.

Finanzielle Schieflage

Im Jahr 1995 kommt es zum großen Knall. Jens Odewald hat nach Ansicht der Metro, der Muttergesellschaft des Kaufhofs, ein zu großes Rad gedreht und mit seiner Expansion überzogen. Das betrifft nicht nur den Tourismus, sondern auch den Kaufhaus- und Versandhandel. Der in Deutschland angesehene Jens Odewald wird kurzfristig verabschiedet.

Kaufhof will verkaufen

Es kommt zum Ausverkauf der Kaufhof-Touristik. Die TUI ist an ITS interessiert, aber der Kauf kommt nicht zu Stande. Dafür erwirbt die TUI die Beteiligung an Holland International und vereint sie mit ihrer Tochter Arke Reizen zur Travel Unie International (TUI).

Die defizitäre ITS-Beteiligung Sun in Belgien wird von der britischen Airtours übernommen. Den Briten gelingt es aber auch nicht, das einstige Renommierunternehmen in die schwarzen Zahlen zu führen, und Airtours schließt Ende 1999 kurzerhand den Betrieb. Der Stuttgarter Türkeispezialist ATT Touristik schließlich wird an Öger Tours verkauft und als preisgünstige Zweitmarke nach Hamburg verlagert.

Rewe kauft ITS

Rewe, Europas größter Lebensmittelhändler, kauft Kaufhof 1995 die Reisetochter ITS sowie die unter der Marke Reisewelt arbeitenden ostdeutschen Vertriebsbüros und die Kaufhof Reisebüros ab. Diese weist in ihren Büchern einen Verlust von 270 Millionen DM aus, den Rewe gegen seine Gewinne aus dem Handelsgeschäft gut verrechnen kann. Rewe ist bereits im Besitz der Reisebürokette Atlas Reisen. Peter Landsberger verlässt ITS und wird bald darauf Sprecher der Geschäftsführung des DER. Geschäftsführer von ITS wird der erfolgreiche Touristiker Dietmar Kastner, der in den letzten zehn Jahren Geschäftsführer von Tjaereborg in Mönchengladbach gewesen war.

Das Rewe-Konzept für ITS unterscheidet sich eigentlich kaum von den früheren Zielen: ITS soll sich als preisaggressiver Anbieter zwischen NUR und Alltours positionieren. Und es soll natürlich Geld bringen. Das gelingt aber nicht sofort. 1996 werden noch einmal Verluste von 30 Millionen DM produziert, 1997 von 5 Millionen DM, aber 1998 hat Kastner es erstmals geschafft: ITS ist aus den roten Zahlen.

Rewe kauft DER

Ende 1999 unternimmt Rewe einen weiteren Expansionsschritt. Nach langem Tauziehen und in Konkurrenz zur britischen Airtours, die fleißig mitbietet, kauft Rewe der Deutschen Bahn für 950 Millionen DM das Deutsche Reisebüro (DER) ab. Der Veranstalterbereich des DER unter dem Namen Dertour produziert im Wesentlichen Fernreisen und Spezialmarken im Baukastensystem und stellt eine interessante Ergänzung zum ITS-Reiseprogramm dar. Allerdings bedient das DER ein höherwertiges Marktsegment als ITS. Die DER eigene Reisebürokette und die DER Agenturen wie auch die Franchisekette Derpart können für die neue Veranstaltergruppe ITS/DER gemeinsam mit Atlas Reisen eine wichtige Vertriebskraft werden, wenn sie sich mit dem erweiterten Reiseprodukt identifizieren. Die Vertriebsbüros von Atlasreisen und DER Reisebüro werden zu einer Filialkette zusammengefasst und der Konzernvertrieb mit dem Franchisesystem Derpart und der neu gegründeten Reisebürokooperation RSG (Reisebüro Service GmbH) konsequent zum größten deutschen Reisevertriebssystem ausgebaut.

Der Lebensmittelhändler Rewe tritt nicht nur unter dem Namen Rewe Markt, sondern auch unter den Marken Penny und Toom in Deutschland auf. Zur Rewe-Gruppe gehören ebenfalls die Toom-Baumärkte und Promarkt Unterhaltungselektronik. Rewe betreibt Supermärkte und Verbrauchermärkte auch in Österreich Billa, BIPA sowie in 13 überwiegend osteuropäischen Ländern. Der Gesamtumsatz der Rewe-Gruppe, die weltweit 328.000 Mitarbeiter beschäftigt, betrug 2012 49,7 Milliarden Euro.

Rewe Touristik

Die Touristikunternehmen der REWE konzentrierten ihre Aktivitäten insbesondere nach den Nachfrageeinbrüchen ab 2001 auf die Quellmärkte Deutschland und Österreich, in denen sie jeweils den Vorsprung von C&N bzw. heute Thomas Cook sukzessive aufholte und expandierte international ausschließlich als Veranstalter in noch junge süd-/osteuropäische Wachstumsmärkte sowie im Windschatten der Handelsbeteiligungen der REWE, u.a. in die Schweiz und nach Italien. Anders als TUI und C&N verfolgte die REWE von Anfang an keine Strategie der vertikalen Integration. Vielmehr muss jede Wertschöpfungsstufe ihre Eigenwirtschaftlichkeit nachweisen, gegebenenfalls nicht nur im externen, sondern auch im konzerninternen Wettbewerb. Wachstum soll weitgehend organisch und Asset frei sein. Dabei hilft der REWE ihre gesellschaftsrechtliche Struktur als Genossenschaft. Den im Vergleich zu einer Aktiengesellschaft eingeschränkten Möglichkeiten der Finanzierung steht der nicht zu gering einzuschätzende Vorteil gegenüber, nicht unter dem eher kurzfristig orientierten Diktat eines Aktienkurses zu stehen. Genossen beanspruchen keine Dividenden, der Wert ihres Anteils bemisst sich nicht am Unternehmenswert und die Höhe der Kapitaleinlage regelt die Satzung. Alles was verdient wird, bleibt im Unternehmen und steht zur Weiterentwicklung und Expansion zur Verfügung. Genossenschafter sind als Eigentümer ausschließlich an einem leistungsfähigen, zukunftsorientierten Unternehmen interessiert, das auch noch für die nachfolgenden Generationen eine Warenversorgung zu attraktiven und wettbewerbsfähigen Konditionen sicherstellt. Langfristigere Commitments von Eigentümern gibt es nicht.

LTU-Beteiligung

Im Sommer 2000 steigt Rewe bei der LTU-Gruppe ein, übernimmt zum 1. Januar 2001 die LTU Touristik zu 100 Prozent und beteiligt sich mit 40 Prozent an der LTU Fluggesellschaft (siehe auch Seite 134ff.). Damit wird die Rewe Touristik (seit 2013 umfirmiert zur DER Touristik) zum dritten, großen Touristikkonzern in Deutschland und zieht 2010 sogar an der bisherigen Nummer zwei in Deutschland, Thomas Cook AG, vorbei.

Voraussetzung für den Einstieg von Rewe bei der LTU-Gruppe ist die Genehmigung des Übernahmemodells durch die nordrhein-westfälische Finanzverwaltung. Rewe will nämlich die Verlustverträge der LTU, die auf rund 800 Millionen DM geschätzt werden, in vollem Umfang für sich geltend machen. Technisch wäre das in einem etwas komplizierten Verfahren möglich, obwohl Rewe sich letzten Endes nur mit 40 Prozent an der LTU Fluggesellschaft beteiligt. Bei dieser liegt jedoch der Löwenanteil der Verluste. Die LTU-Beteiligung wird schließlich 2006 über ein Management-

Buyout mit Zwischenbeteiligung der Rudolf Wöhrl-Gruppe an die Air Berlin veräußert.

Otto – find' ich gut, auch im Tourismus?

Der Otto-Versand ist ein Riese, der wenig von sich reden macht und erst bei näherem Hinsehen Erstaunen und auch Bewunderung auslöst. 1995 wird die Holding Otto Freizeit und Touristik GmbH gegründet. 1996 erwirbt die Firma 74,8 Prozent an Reiseland. Die Reiseland GmbH in Northeim ist im Zuge der deutschen Wiedervereinigung entstanden. Drei clevere junge Reisefachleute – Bernd Riedel, Ralph Schiller und Mathias Walter – erkennen, dass in den neuen Bundesländern Reisebüros gebraucht werden und es Mitarbeiter aus dem bisherigen Reisebüro der DDR aber auch aus anderen Branchen gibt, die sich in diesem Metier selbstständig machen wollen. Ihnen fehlt es an Wissen über die wirtschaftlichen Spielregeln im westlichen Wirtschaftssystem. Dafür bietet Reiseland ein passendes Rezept, ein Franchisemodell, mit dem die neuen Unternehmer in Ostdeutschland an die Hand genommen, geführt und betreut werden. Verkaufen müssen sie natürlich selber, das kann ihnen niemand abnehmen. Und das tun sie dann auch.

Das Reiseland-Konzept funktioniert auf Anhieb. 1994 kommt eine weitere Kette dazu: Travel Overland – der Händler preiswerter Flugscheine – mit zwölf Büros. 1997 werden 13 weitere Reisebüros erworben: Zwölf Janssen-Büros in Ostfriesland und das Reisebüro Siggelkow in Hamburg. Aber auch dabei bleibt es nicht. Von American Express Deutschland kauft Otto zum 1. Juni 1998 die auf Touristik spezialisierten Reisebüros. 2007 folgen die deutschen BTI Eurolloyd-Reisebüros von Kuoni. Otto unterhält überdies ein Call Center in Hamburg, indem das Direktgeschäft bearbeitet wird. Hier werden die Maris-Programme der LTU-Touristik, eigene Reiseausschreibungen und die Angebote der großen Reiseveranstalter verkauft. Für Last-Minute-Angebote gründet Otto auch noch die Tochtergesellschaft Hermes Touristik. Mitte des Jahres 2000 beteiligt sich die Otto Freizeit- und Touristik GmbH mit 50 Prozent am Internet-Reisebüro Travel Channel von Gruner & Jahr.

Aber alles in allem haben sich die Erwartungen von Otto am Ende nicht erfüllt, denn 2011 verkauft Otto die Internet-Aktivitäten sowie eine 49-prozentige Beteiligung an der RTK-Gruppe der Volks- und Raiffeisenbank Altötting mit einer Option auf die restlichen 51 Prozent ab 2014.

Allkauf/Tjaereborg: eine langjährige Kooperation

Der in Dänemark erfolgreiche Pastor Ejlif Krogager, der schon in den 70er-Jahren mit Last-Minute-Angeboten von Billund Reisekunden auch aus Norddeutschland für seine Veranstalterfirma Tjaereborg gewinnt, gründet 1973 eine deutsche Tochtergesellschaft in Düsseldorf. Dieser Standort ist für ihn wegen der LTU wichtig, die ihm günstige Flugmöglichkeiten bietet. Nur sie ist bereit, für einen Newcomer zu fliegen und damit die bereits im Markt eingeführten Reiseveranstalter zu verärgern. Das Geschäftsjahr 1974/75 verläuft zur Überraschung der skeptischen deutschen Konkurrenten erfolgreich. Das zweite Geschäftsjahr bringt mit einer Steigerung von 91,7 Prozent 103.500 Buchungen. Man hatte Tjaereborg unterschätzt. Allerdings beschränkt sich Tjaereborg nach einigen unbefriedigenden Versuchen in Hamburg auf den Abflughafen Düsseldorf, also auf den nordrhein-westfälischen Markt.

In Düsseldorf ist auch die Allkauf SB Warenhaus GmbH zu Hause. Bei Gründung der Tjaereborg-Deutschlandtochter macht Allkauf ebenfalls den Schritt in das Urlaubsgeschäft. 55 Reisevertriebsstellen werden gegründet. Sie befinden sich in den Allkauf-Märkten, eigenen Möbelhäusern und Fotofachgeschäften. 1980 produziert die Allkauf Reisen GmbH damit etwa 80 Millionen DM Umsatz und trägt damit ein Viertel zum Gesamtumsatz von Tjaereborg bei.

Tjaereborg geht es inzwischen in Dänemark wegen der dort wachsenden Konkurrenz nicht mehr so gut, weswegen Ejlif Krogager Anfang 1981 Tjaereborg Deutschland an Allkauf verkauft. 1986 erwirbt die LTU zunächst 49 Prozent an Tjaereborg Deutschland, nach einigen Jahren auch die restlichen 51 Prozent.

Allkauf hat mit dem Verkauf von Tjaereborg das Interesse am Verkauf von Urlaubsreisen nicht aufgegeben. Im Gegenteil, die Allkauf Touristik Vertriebs GmbH kümmert sich darum, dass in den Allkauf-SB-Märkten weiter Reisen verkauft werden. 1998 wird Allkauf an die Metro verkauft. Seitdem sich Metro mit dem ITS-Abenteuer gefährlich die Finger verbrannt hat, will sie vom Tourismus aber nichts mehr wissen. Deshalb wird die Allkauf Touristik Vertriebs GmbH noch im Jahr der Übernahme an die FTI/Frosch-Gruppe weiterverkauft.

13. Die zweite Gründungswelle im Tourismus ab 1968

Neben dem Engagement der Kauf- und Versandhäuser wird in den Jahren 1968 bis 1972 nicht nur die TUI gegründet, in dieser Zeit beginnen auch ehrgeizige Einzelunternehmer wie Zahn, Gunz, Zurnieden und Öger ihr touristisches Engagement. Sie treffen auf einen stark expandierenden Markt.

Man könnte den Eindruck gewinnen, dass sich der gesamte Reiseveranstaltermarkt nur um die drei Reisekonzerne dreht. Die Tabelle auf Seite 47 dokumentiert, dass diese als Reiseveranstalter in Deutschland 2012 aber nur einen Marktanteil von 44 Prozent (1990: 37 Prozent) kontrollieren. Immerhin haben sich mit Alltours (Gründung 1974, bis 1988 nur in Nordrhein-Westfalen tätig), den jeweils 1983 gegründeten Unternehmen FTI/Frosch Touristik und Öger Tours sowie der Tochtergesellschaft der weltweit größten Reederei Carnival AIDA Cruises respektable Wettbewerber eine starke, ernst zu nehmende Marktposition neben vielen kleinen und mittelgroßen Segment-Spezialisten erworben. Viele Marken wurden allerdings seit 1990 von den drei Konzernen gekauft und teilweise nicht fortgeführt (u. a. Kreutzer, Fischer, Air Marin, Jet Reisen, Airconti, Transair); von den bekannten Unternehmen musste lediglich der Stuttgarter Veranstalter Hetzel Reisen 1996 Konkurs anmelden sowie 2010 die kleinen Kreuzfahrtspezialisten Transocean, Deilmann und Delphin-/Hansa-Kreuzfahrten und 2013 der Türkei-Spezialist GTI.

Hapag-Lloyd geht in die Luft

1968, im Jahr der TUI-Gründung, entstehen vier neue deutsche Charterfluggesellschaften: Bavaria, Germanair, Atlantis und Paninternational, von denen heute keine mehr existiert. Die beiden Erstgenannten gingen schließlich auf in Hapag-Lloyd Flug, der Vorgängergesellschaft von TUIfly, die beiden anderen gingen Konkurs.

Im September 1972 wird die Hapag-Lloyd Flug GmbH gegründet. Sie erhält ihren juristischen Sitz in Bremen und ihre operative Basis in Hannover. Der Flugbetrieb von Hapag-Lloyd Flug wird am 30. März 1973 zunächst mit drei Boeing B-727-100 aufgenommen.

Über die Jahre häufen sich die schlagzeilenträchtigen Pannen und Zusammenbrüche bei Charterfliegern und Reiseveranstaltern. Das Ansehen der Reisebranche, der Ruf der Charterflieger, das Vertrauen in die „Ferien-Macher“ sinken zusehends. Hapag und Lloyd, seit Gründung vor über 100 Jahren mit dem Reiseverkehr und dem Tourismus eng verwoben, registrieren den Rückgang des Passagierverkehrs auf dem Nordatlantik. Der schnell wachsende Düsenluftverkehr mit der Boeing B-707 hat der Linienschifffahrt die Passagierbeförderung über den Nordatlantik weggenommen. Der Passagierdienst des Norddeutschen Lloyd schreibt rote Zahlen und wird 1970 eingestellt. Es liegt eigentlich nahe und ist konsequent, wenn die Schifffahrt sich den sich verändernden Verkehrsströmen anpasst und dem Kunden vom Wasser in die Luft folgt.

Misstrauen innerhalb der TUI-Gesellschafter

Die Gründung der Hapag-Lloyd Fluggesellschaft verändert nicht nur den Luftverkehrsmarkt in Deutschland, er verändert auch das Verhältnis der TUI-Gesellschafter untereinander. Hapag-Lloyd hebt sich mit einem Schlag von den übrigen Gesellschaftern ab. Natürlich wachen diese nun argwöhnisch darüber, dass alle Gesellschafter gleich behandelt werden. Aber ist das jetzt eigentlich noch möglich? Hapag-Lloyd erwartet, dass es bei gleichen Angebotskonditionen den Vorzug gegenüber anderen Fluganbietern erhält. Eifersucht und Missgunst brodeln unter der Oberfläche. Aber man muss es hinnehmen, Hapag-Lloyd ist nicht mehr nur einer der TUI-Gesellschafter, Hapag-Lloyd ist mächtiger und anspruchsvoller geworden. Die Flugeinkaufspolitik ist deshalb von diesem Moment an ein Dauerthema für den TUI-Aufsichtsrat. Der Vorstand kann darüber nicht mehr alleine entscheiden.

Die Berechnungen von Hapag-Lloyd Flug gehen auf, nicht zuletzt durch die tatsächlich hereinkommenden Aufträge der TUI. Die Hapag-Lloyd-Preise sind ausgesprochen günstig, man kann an ihnen nicht vorbeigehen. Zwei Drittel der Hapag-Lloyd-Kapazität werden von der TUI abgenommen.

Die Erwartungen werden erfüllt

Zu den ersten Kunden der neuen Fluggesellschaft gehören außer der TUI Neckermann Reisen in Frankfurt auch Hetzel Reisen in Stuttgart. Damit tritt Hapag-Lloyd teilweise ein Erbe der Atlantis an, deren Stammkunde Hetzel war, was sich zu Lasten der Condor auswirkt.

Der Flugtourismus entwickelt sich in den 70er-Jahren tatsächlich so stürmisch, wie Hapag-Lloyd sich das vorgestellt hat. Immer mehr Deutsche machen Urlaub, und immer mehr wählen dafür das Flugzeug. Bis zum Jahr 1977 ist die Luftflotte auf acht Maschinen vom Typ Boeing B-727 angewachsen.

Teurer Kauf von Marktanteilen

Trotzdem hat Hapag-Lloyd den Marktanteil noch nicht erreicht, den man angepeilt hatte. Da bietet sich im Frühjahr 1977 eine Chance zum großen Sprung nach vorn: Joseph Schörghuber in München sucht einen Käufer für sein Luftfahrtunternehmen Bavaria Germanair Flug GmbH. Die Gesellschaft ist wenige Monate zuvor aus dem Zusammenschluss der Schörghuberschen Bavaria und seiner in Frankfurt ansässigen Germanair entstanden. Die Flotte umfasst sieben Flugzeuge des Typs BAC 1-11 und vier Airbusse A-300. Schörghuber will sich aus dem ruinösen Flugchartergeschäft zurückziehen. Möglicherweise spielt der Millionenverlust aus der Axmann-Pleite 1975 in München dabei eine Rolle. Aber auch der 1972 missglückte Versuch, die Atlantis in sein Luftfahrtimperium einzubeziehen und damit der große Gegenspieler zur Condor zu werden, mag ihm noch im Magen liegen.

Am 4. Mai 1977 gibt die Hapag-Lloyd Fluggesellschaft bekannt, dass sie nach langen Verhandlungen sämtliche Geschäftsanteile an der Bavaria/Germanair rückwirkend zum 1. Januar 1977 erworben habe. Da eine Fusion wegen der Bedenken des Kartellamtes derzeit nicht möglich sei, solle wenigstens eine Kooperation zwischen Bavaria/Germanair und Hapag-Lloyd zu Stande kommen. Das unternehmerische Ziel sei es, eine Bedarfsluftverkehrsgruppe zu schaffen, die höchsten Ansprüchen gerecht werde und sich im Wettbewerb erfolgreich behaupte. Es geht in erster Linie um die Marktanteile im Ferienfluggeschäft, die von bescheidenen acht Prozent mit einem Schlag auf 26 Prozent gesteigert werden könne. Das Bundeskartellamt erhebt Einspruch. Hapag-Lloyd geht vor Gericht und erwirbt zunächst nur die Beteiligung an Bavaria/Germanair, ohne die Fusion mit der eigenen Fluggesellschaft zu vollziehen.

Nach zwei Jahren gewinnt Hapag-Lloyd den Prozess, 1979 wird die Fusion genehmigt. Bei näherem Hinsehen zeigt sich, dass Hapag-Lloyd Gefahr läuft, sich an dem großen Brocken zu verschlucken. Bavaria und Germanair sind zwar rechtlich eine Firma, in Wirklichkeit handelt es sich aber um zwei getrennt arbeitende Flugunternehmen mit unterschiedlichen Standorten, Flugzeugtypen, Wartungseinrichtungen und Unternehmenskulturen. Die Fusion beider Gesellschaften hatte sich Schörghuber zwar vorgenommen, aber nicht mehr realisiert. Nun sollen diese Firmen in München und Frankfurt auch noch mit Hapag-Lloyd in Hannover verschmolzen werden. Das ist ein Riesenunterfangen, es kostet viel Geld und viel Nerven. Nun soll die Fusion der drei Fluggesellschaften auf den Weg gebracht werden. Aus drei getrennt operierenden Unternehmen mit 1.700 Beschäftigten und einer überdimensionierten Flotte mit den verschiedensten Flugzeugtypen soll ein rentables Unternehmen werden. Es handelt sich immerhin um 21 Flugzeuge, davon sieben vom Typ Airbus. Die meisten der übernommenen Maschinen sind extreme Spritfresser, was in diesen Jahren besonders fatal ist. Trotz drastischer Flugzeugverkäufe und einem einschneidenden Abbau von Personal stürzt Hapag-Lloyd in tiefrote Zahlen.

Der Markt bricht ein

Zu allem Unglück fällt die Phase der notwendigen Zusammenführung auch noch zusammen mit der zweiten Ölkrise, dem Sturz des Schahs von Persien und der Machtübernahme durch Ayatollah Khomeini, dem Krieg zwischen Irak und Iran, kurz: mit schwerwiegenden Rückschlägen auf die Weltwirtschaft und den internationalen Tourismus.

Im Ferienflugverkehr gibt es erhebliche Überkapazitäten, und die Treibstoffpreise steigen kontinuierlich bis 1980 an. Von 1973 bis 1980 erhöhen sich die Kerosinpreise auf der Strecke Frankfurt – Palma um über 500 Prozent.

Hohe zweistellige Millionenverluste belasten die Ertragsrechnung des Konzerns, der auch wegen nicht gelingender Diversifikationen in der Massengutschifffahrt und in der Tankschifffahrt stark gebeutelt wird. Um die Existenzkrise zu überstehen, wird das prominente Geschäftshaus an der Hamburger Binnenalster verkauft und zurückgeleast. Von der Hapag-Lloyd-Werft in Bremerhaven trennt man sich. Die drei Großaktionäre machen einen Kapitalschnitt und sanieren die Hapag-Lloyd AG anschließend mit großem finanziellem Aufwand. Sie entschließen sich, die eigene Verantwortung und das Risiko für das Unternehmen zu reduzieren und das Aktienkapital auf mehr Schultern zu verteilen. Hier ist der Kern für die spätere Auflösung des Hapag-Lloyd-Konzerns gelegt.

1982 beginnt die Erholungsphase

1982 übernimmt Claus Wülfers die Geschäftsführung der Hapag-Lloyd Fluggesellschaft. Er hat seit 1980 die Expansion der Hapag-Lloyd-Reisebüro-Kette im europäischen Ausland vorangetrieben, nachdem er zuvor das deutsch-spanische Unternehmen Viajes Paukner auf den Kanarischen Inseln aufgebaut und geleitet hatte. Sein Einsatz lohnt sich: Mit Hapag-Lloyd Flug geht es wieder bergauf, und er selbst wird 1986 in den Hapag-Lloyd-Vorstand berufen. In der Zwischenzeit hat der Hapag-Lloyd-Aufsichtsrat angesichts der aufgelaufenen Verluste noch einmal einen hohen Bereinigungsaufwand genehmigt.

Wie so oft steckt hinter den Erfolgen nicht nur persönliches Engagement, sondern auch Fortune. Die ist auch Wülfers beschieden, denn als er so richtig loslegt, sinken die Ölpreise wieder. Ein warmer Regen für die ausgedörrte Bilanz.

Trotz der Konzentration auf die Mittelstrecke schafft sich Hapag-Lloyd Flug in den Jahren 1989, 1990 und 1992 drei Langstreckenflugzeuge des Typs Airbus A-310-300 an, mit denen Ziele in Nord- und Lateinamerika angeflogen werden. Die Jahre nach Abschluss der Sanierungsphase bei Hapag-Lloyd sind eine einzige Erfolgsstory. Die Entwicklung der Hapag-Lloyd Fluggesellschaft läuft so gut, dass die Bilanz des gesamten Hapag-Lloyd-Konzerns über viele Jahre von den ansehnlichen Überschüssen der Fluggesellschaft gestützt wird. Nach Eingliederung von Hapag-Lloyd in die TUI AG zur Jahrtausendwende wird das Airline-Geschäft unter der Marke TUI Fly fortgeführt.

FTI – Ein Frosch macht große Sprünge

Die großen deutschen Reiseveranstalter sind durch stetes Wachstum und Zusammenschlüsse mit gleichgearteten oder vertikal zu ihnen passenden Unternehmen zu ihrer heutigen Bedeutung herangewachsen. Einer hat den Weg durch die Hintertür gemacht. Die etablierten Veranstalter merken jahrelang nicht, welche Konkurrenz ihnen unter der Überschrift „Frosch Touristik" zuwächst.

Malta-Spezialist

Firmengründer Dietmar Gunz, gebürtiger Österreicher, sammelt Erfahrungen als Reiseleiter und absolviert mit 21 Jahren ein Kurzstudium zum IHK-Touristikbetriebswirt. Im Jahr 1981 gründet er gemeinsam mit Dr. James Swift die LAL Sprachreisen GmbH. Gunz will die Sprachschüler auf die sonnige Mittelmeerinsel Malta statt ins neblige England oder Irland schicken und sie auch auf der Insel und in seiner eigenen Sprachschule betreuen. Dafür eröffnet er 1982 eine Ein-Mann-Filiale auf der Insel.

Um den Sprachunterricht selber bieten zu können, gründet Gunz im Jahr 1985 das Institute of English Language Studies (IELS) auf Malta. Dieses Institut zählt noch heute zu den führenden Schulen des Landes. Die Münchner Sprachreisen werden zu einem der wichtigsten Devisenbringer für Malta und zu einer lukrativen Erwerbsquelle für Gunz. Mehr und mehr Kunden verbinden das Sprachstudium mit einem Erholungsaufenthalt auf der Insel.

1983 gründet Gunz die Frosch Touristik GmbH als Spezialveranstalter für Urlaub auf den Mittelmeerinseln Malta, Gozo und Comino. Er hat damit eine Nische gefunden, für die sich keiner der anderen Veranstalter sonderlich interessiert. Auf Malta wird er gefeiert wie ein König. Der Name Froschtouristik ist nicht etwa von dem grünen Wiesenhüpfer und Teichbewohner abgeleitet, sondern Frosch ist der Geburtsname seiner Frau.

Wachstum durch Zukäufe

FTI gelingt es, auch durch Zukäufe zu wachsen. 1989 wird die CA Ferntouristik GmbH, ein führender Fernreiseveranstalter, erworben. Ins Kreuzfahrtengeschäft steigt FTI im Jahr 1995 durch Kauf der Münchner Air Maritime Seereisen GmbH. Von dieser Tochtergesellschaft trennt FTI sich 2007 wieder.

Die Expansion von Frosch Touristik vollzieht sich weiter in touristischen Randbereichen. Aus gutem Grund, denn dort kommt Gunz den Großen nicht ins Gehege. So kauft er 1995 die seit 1983 bestehende Reisebüro-Franchisekette Flugbörse. Es vergeht kaum ein Jahr, in dem Frosch nicht weitere Expansionen betreibt. Und schließlich wird im Jahr 1998 ein eigener Last-Minute-Veranstalter ins Leben gerufen, der den Namen Fünf vor Flug trägt.

Zum 1. November 1999 kauft Frosch von der Einzelhandelskette Allkauf ihre 155 Reisebüros. Mit den schon bestehenden Franchise- und eigenen Reisebüros verfügt FTI nun über einen starken Eigenvertrieb.

Konfrontation mit den „Großen"

Gunz peitscht die Firma in weitere Abenteuer, bei denen er nun auch nicht mehr zögert, sich mit den wirklich großen Reiseveranstaltern anzulegen. Er verlässt die Nischen und bietet 1997 erstmals Ferienreisen nach Mallorca an. Er veranlasst die Britannia Fluggesellschaft des britischen Reiseveranstalters Thomson, eine Tochtergesellschaft in Deutschland zu gründen, an der er sich offiziell beteiligt, da sie einen deutschen Gesellschafter braucht. Für die Auslastung der Maschinen werden von FTI entsprechende Verkaufserfolge erwartet.

Britische Abenteuer

Aber Gunz entscheidet sich nach einigen Monaten zur allgemeinen Überraschung für einen ganz anderen Partner. Am 13. Mai 1998 treten David Crossland, Chairman des britischen Reisekonzern Airtours plc, und Dietmar Gunz in München vor die Presse und verkünden, dass Airtours sich mit 29,03 Prozent an FTI beteiligt habe. Dafür zahlt Airtours 50 Millionen DM. Es gibt einen mehrjährigen Stufenplan über eine Aufstockung der Beteiligung mit einer Option der totalen Übernahme im Jahr 2002. Die deutschen Konkurrenten schütteln den Kopf über die Höhe des Kaufpreises, der etwa dem 22- bis 23-fachen des Gewinns entspreche. Gunz hat über Jahre hinweg ohne Rücksicht auf Kosten und Erträge seine Firmengruppe nach oben getrieben. Nun kassiert er für sein Reisevolumen und für seine Marktanteile. Airtours dagegen stellt den Fuß in die Tür und hat sich den Zutritt in den deutschen Markt erkauft.

Das hindert FTI jedoch nicht daran, mit Hilfe der neuen Mutter eine eigene Charterfluggesellschaft zu gründen: FlyFTI. Der Ferienflieger beginnt zur Sommersaison 1999 mit drei Maschinen des Typs Airbus A-320. Um diese zu füllen, benötigt FTI 250.000 bis 300.000 Gäste pro Jahr. Das Reiseangebot ins Mittelmeer wird deshalb stark erweitert, Griechenland und die Türkei werden ins Programm genommen. Für das Jahr 2000 wird die Verdoppelung der FTI-Flotte angekündigt. Wie hochgesteckt die Ziele von Dietmar Gunz auch hinsichtlich des Fremdvertriebs sind, zeigt seine Erklärung, nur 60 Prozent der FTI-Fluggäste würden mit der eigenen Fluggesellschaft befördert.

Airtours erhöht die Beteiligung an FTI sieben Monate nach dem Einstieg von 29,03 Prozent auf 35,92 Prozent und weist für das Geschäftsjahr Oktober 1998 bis September 1999 für die FTI-Beteiligung einen Verlust vor Steuern von knapp 19 Millionen DM aus. Das ergibt hochgerechnet einen Gesamtverlust für FTI von rund 52 Millionen DM. Hier kann Gunz bei aller Formulierungskunst nicht mehr von einem Erfolg sprechen. Aber er betont sofort, das Ergebnis liege völlig im Rahmen der Planung und resultiere aus den Vorlaufkosten der Expansion.

Die Geschichte geht dann aber anders weiter. FTI produziert im Geschäftsjahr 1999/2000 Verluste von 320 Millionen DM. Daraufhin zieht Airtours plc die Notbremse. Die Briten machen Gebrauch von der Option, sämtliche Frosch-Anteile zu erwerben und trennen sich im August 2000 von Dietmar Gunz. Während Gunz in München einen Biergarten betreibt, versuchen die Briten vergeblich, das Unternehmen in die schwarzen Zahlen zu bringen.

2003: Dietmar Gunz ist wieder da

Nach drei verlustreichen Jahren kommt Dietmar Gunz wieder ins Spiel. Er kauft zum 1. Oktober 2003 seine alte Firma für einen Euro von der kurz vor der Insolvenz stehenden Airtours plc. zurück und entwickelt sie innerhalb weniger Jahre zum Reiseveranstalter Nummer vier in Deutschland. Die Zusammenarbeit mit dem TV-Werbekanal Sonnenklar führt 2007 zum Kauf der Betreiberfirma Euvia Travel GmbH. 2011 steigt das Unternehmen unter dem Namen FTI Cruises mit MS FTI BERLIN wieder in das Kreuzfahrtgeschäft ein.

Auch FTI ist ein Beweis dafür, dass mittelständische, konzernunabhängige, vom Inhaber geführte Unternehmen gute Chancen im Wettbewerb mit den großen Touristik-Konzernen haben. Im Jahr 2012 verreisten 3.100.000 Gäste mit FTI.

Alltours – Clever in Kleve

Es macht Freude, immer wieder auf Leute zu stoßen, die bei Null angefangen und es zu etwas gebracht haben. In der deutschen Tourismusbranche gibt es gute Beispiele für solche Karrieren, für Unternehmer, die mit wenig Geld angefangen und trotzdem schnell zu Erfolgen kamen.

Willi Verhuven, geboren 1951, hat keinen Pfennig, als er nach einem Maschinenbaustudium 1974 ein Reisebüro in Kleve am Niederrhein eröffnet. Der 23-Jährige leiht sich 5.000 DM und bietet Urlaub auf der zu dieser Zeit noch nicht in Mode gekommenen griechischen Kykladeninsel Mykonos an. Diese Insel hat es ihm angetan, nachdem er wenige Jahre zuvor selbst dort Urlaub gemacht hatte. Er weiß einfach, dass Mykonos jeden Besucher gefangen nimmt und nicht wieder loslässt. Mit seinem Angebot Mykonos hat er sofort Erfolg. Schon im ersten Jahr bringt er 500 Gäste dorthin. Er verkauft seinen Kunden auch die weiteren Träume, die er sich selber schon erfüllt hat. Er verleitet sie zum „Insel-Hüpfen", damit sie die ganze Schönheit der Kykladen kennenlernen und genießen können. Beim Ausbau seiner Firma erweist sich der Mann aus Kleve als besonders clever. Er nimmt sich an Hetzel in Stuttgart und anderen Regionalveranstaltern ein Beispiel und beschränkt sich auf den Markt in Nordrhein-Westfalen. Außerdem bewegt er sich mit seinen Hotels im Ein- und Zwei-Sterne-Bereich am unteren Rand der Preisskala. Seine überaus preiswerten Angebote kommen so gut an, dass er im sechsten Geschäftsjahr, 1980, schon 20.000 Gäste auf die Reise schickt – mit einem Umsatz von 22 Millionen DM.

1988 macht Willi Verhuven einen gewaltigen Schritt, der anderen Regionalveranstaltern häufig nicht gut bekommen ist: Er entschließt sich, Alltours-Flugreisen von allen großen bundesdeutschen Flughäfen auszuschreiben. Mit dieser eigentlich riskanten Entscheidung fängt der kometenhafte Aufstieg erst richtig an. Drei Jahre später buchen bereits 349.000 Deutsche ihren Urlaub bei Alltours. Der Jahresumsatz beläuft sich auf 402 Millionen DM. 1994 ist die Zahl der Alltours-Gäste schon auf 620.000 gestiegen. Verhuven hat die Konkurrenz mit den großen Reiseveranstaltern nicht gescheut. Er verstärkt die Werbung im Rundfunk und im Fernsehen und bietet inzwischen auch Reisen in den höherwertigen Kategorien an. Seine Slogans spiegeln seine Zielsetzung: „Alles, aber günstig", „Machen Sie den besten Fang!" „Bestehen Sie auf Top-Qualität". Und für seine 15 hochwertigen Clubanlagen, die er seit 1995 im Programm hat, wirbt er mit „Club-Urlaub für jedermann".

Das Magazin Focus ernennt Willi Verhuven 1995 zum Aufsteiger des Jahres. Es versteht sich von selbst, dass diese rasante Entwicklung verbunden war mit einem ständigen Ausbau der Mitarbeiterzahl. 1989 hatte Verhuven noch 50 Angestellte. 1999 sind es 1.200 Mitarbeiter, mit denen er von Kleve nach Duisburg in einen Neubau zieht. Einschließlich der Angestellten im Ausland beschäftigt Alltours 2012 1.327 Mitarbeiter.

Der Chef selbst weiß immer, wohin seine Kunden reisen. Er hat so gut wie alle Alltours-Ziele selbst besucht und verschafft sich durch viele Kontakte und auch offizielle Untersuchungen ständig ein Bild über das, was die Gäste wünschen und auch was sie an Alltours besonders schätzen. So hat er zum Beispiel seinem Club Alltoura auf Teneriffa ein Fitness- und Wellness-Center angegliedert. Das kommt bei den Kunden so gut an, dass er entsprechende Expansionen in den weiteren Alltours-Clubs vornehmen wird. Er kennt keine Hemmungen, wenn er etwas für richtig hält. So hat er mehrmals Prozesse gegen große Reiseveranstalter angestrengt, als diese zum Beispiel in bestimmten Hotels in Spanien die Forderung aufstellten, dass Alltours in diesen Häusern keine Zimmer bekommen dürfte. Den Veranstaltern wurde dann per Gerichtsbeschluss mitgeteilt, dass eine solche Ausübung der geschäftlichen Macht nicht erlaubt sei. Verhuven schreckt vor nichts zurück. Sein Motto lautet: „Wenn vor mir eine Wand steht, springe ich drüber". Ein Beweis für die erfolgreiche Arbeit ist die Zahl der Alltours-Kunden: Im Jahr 2012 waren es 1.750.000 Gäste.

Schauinsland-Reisen GmbH, Duisburg

1918 gründet Erich Kassner eine Speditionsfirma, die er 1932 mit dem Einsatz von fünf Reisebussen mit je 12 bis 18 Sitzplätzen erweitert. Kriegsbedingt kommt das Geschäft 1939 zum Erliegen. 1951 wird der Speditionsbetrieb eingestellt. Seit 1954 heißt die Firma SCHAUINSLAND-REISEN. Erste Fahrten mit modernen Fernreisebussen zur Costa Brava werden durchgeführt.

Der erste Ferienreisen-Katalog kommt 1959 heraus, die ersten Flugreisen mit LTU ab Düsseldorf nach Ibiza und Mallorca finden statt. In den 70er- und 80er-Jahren wächst das Passagieraufkommen kontinuierlich. Das Fluggeschäft wächst schneller als der Busbereich. 1991 werden die ersten Fernflugreisen in die Karibik veranstaltet.

1997 wird Gerald Kassner zum Geschäftsführer berufen. Das in der dritten Generation geführte Unternehmen entwickelt sich rasant weiter und überschreitet 2001 erstmals die Umsatzgrenze von 100 Millionen DM. Die jährlichen Steigerungsraten sind zweistellig. Innerhalb eines Jahrzehnts verachtfachen sich die Teilnehmerzahlen.

2002	107.000
2005	269.000
2009	500.000
2011	778.000
2012	925.000
2013	über eine Million

Schauinsland-Reisen fliegt von fast allen deutschen Verkehrsflughäfen zu den gängigen touristischen Zielen und vertreibt seine Programme fast ausschließlich über Reisebüros. Es setzt in der Angebotsvielfalt auf ein Höchstmaß an Flexibilität, Individualität und bietet den Kunden eine große Auswahl an Kombinationsmöglichkeiten. Als mittelständischer und konzernunabhängiger Reiseveranstalter steht das Unternehmen inzwischen in der Rangfolge der deutschen Veranstalter an sechster Stelle.

Last Minute: Reisen für Kurzentschlossene

Last-Minute-Reisen sind Reisen, die man kurzfristig antritt und zu ermäßigten Preisen erhält, weil es sich um Restposten handelt – also eine Art Schlussverkaufsware. Das Produkt Flugreise ist leicht verderblich: Sobald sich ein Flugzeug in die Luft erhoben hat, sind leere Flugsessel nicht mehr verkäuflich. Jede noch kurz vor dem Start kassierte Mark ist ein Deckungsbeitrag. Mit dem Sonderpreis sind auch Nachteile verbunden, langfristige Urlaubsplanungen sind z. B. nicht möglich.

L'Tur Tourismus AG, Baden-Baden

Der Baden-Badener Unternehmer Karlheinz Kögel, durch seine Firma Media Control und den deutschen Medienpreis bekannt, betreibt seine Reisefirma seit 1987, an der die TUI inzwischen mit 70 Prozent beteiligt ist. L'Tur unterhält 165 L'Tur Shops in Deutschland, Frankreich, den Niederlanden, Österreich, der Schweiz und Polen. Zum Verkauf kommen Restplätze von rund 100 Reiseveranstaltern, 130 Fluggesellschaften, 10.000 Hotels und der Deutschen Bahn. Natürlich sind die Angebote auch über einen 24-StundenService per Telefon und im Internet buchbar. Das Geschäft blüht, 2012 wurden 975.000 Reisen mit einem Umsatz von 459 Millionen Euro verkauft.

14. Kreuzfahrtenveranstalter

AIDA Cruises, Rostock

AIDA ist eine Marke der Carnival Corporation & PLC und ist aus dem ehemaligen DDR-Kombinat VEB Deutsche Seereederei (DSR), Rostock hervorgegangen, das im Besitz der in Kiel gebauten Kreuzfahrtschiffe MS Astoria und MS Arkona (der heutigen MS Astor) war. Nach der Privatisierung durch die Treuhandanstalt 1990 plante die DSR 1993 einen Schiffsneubau nach dem Funship-Konzept amerikanischer Reedereien, das 1996 als „AIDA – Das Clubschiff" (die heutige AIDAcara) in Betrieb ging. 1996 werden die MS Arkona und MS Astoria an u. a. zypriotische Eigentümer veräußert und von Transocean für den deutschen Markt zurückgechartert.

1997 erwirbt die DSR von der TUI das unter der Marke Seetours International firmierende Kreuzfahrtgeschäft und gründet als Holding für Seetours und die DSR die Arkona Touristik GmbH, an der sich 1999 die britische Reederei P & O Princess Cruises mit 51 Prozent beteiligt. Die DSR bringt das Clubschiff AIDAcara und Seetours International in die gemeinsame Beteiligung AIDA Cruises Ltd. ein, die zwei weitere AIDA-Schiffe in Auftrag gibt (AIDAvita und AIDAaura).

Im Jahr 2000 veräußern die DSR die restliche 49 Prozent-prozentige Beteiligung an der AIDA Cruises Ltd an P&O, die ihrerseits 2003 komplett von der Carnival Corporation plc., dem mit Abstand größten Kreuzfahrtunternehmen der Welt, übernommen wird.

Die Reederei verfügt über zehn große Schiffe mit einer Kapazität von je 1.266 bis 2.194 Betten. Die Schiffe rangieren in der Premium Klasse, der durchschnittliche Fahrpreis pro Tag und Person liegt zwischen 176 Euro und 250 Euro. Selbstbedienung am Buffet statt Gala-Dinner, Lockerheit, legere Kleidungs- und Umgangsformen und der bunte Kussmund am Bug prägen den neuen Stil der AIDA-Flotte, die inzwischen aus zehn schwimmenden Ferien-Ressorts besteht. 2014 und 2015 folgen zwei weitere Schiffe mit einer Kapazität von ca. 3.000 Betten.

Phoenix Reisen: ein fliegender Start

Johannes Zurnieden sprüht vor Ideen und Energie. Und er kann gut rechnen. Die meisten seiner gut durchdachten Vorhaben werden zum Erfolg. Noch während des Studiums – Jura und Psychologie – und des gleichzeitigen Zivildienstes gründet er 1973 im Alter von 23 Jahren seine Phoenix Flugreisen in Bonn. Ähnlich Hetzel Reisen in Stuttgart veranstaltet Zurnieden Kurzflugreisen mit gecharterten Flugzeugen, von Köln und Düsseldorf, ab 1979 auch von Frankfurt nach Prag und Budapest. Nach Prag fliegt er mit der tschechoslowakischen Gesellschaft CSA, nach Budapest mit Malev. Anfang der 80er-Jahre beendet Zurnieden, der ursprünglich Johannes Köllen heißt, nach seiner Eheschließung aber den Namen seiner Frau angenommen hat, sein Studium, um sich ganz auf die schnell wachsende Firma konzentrieren zu können.

Im Jahr 1985 beginnt Phoenix mit einem Fernreiseprogramm in die Karibik, nach Mexiko und in die USA. Phoenix ist der erste Veranstalter, der in größerem Umfang Reisen nach Santo Domingo/Puerto Plata ausschreibt. Das Angebot wird auf dem Markt gut angenommen. Schon im ersten Jahr reisen 3.500 Gäste mit Phoenix in die Karibik. Auch Urlaub auf Mallorca und den Kanarischen Inseln wird von Phoenix in den 80er-Jahren so lange erfolgreich angeboten, bis die großen Wettbewerber immer expansiver werden und auch die Karibik entdecken. Phoenix zieht sich 1987 aus dem Strandurlaubsgeschäft zurück.

Zum Ausgleich landet Johannes Zurnieden Mitte 1988 seinen größten Coup: Er schnappt seinem großen Wettbewerber NUR Touristic einen großen Brocken vor der Nase weg. Neckermann hat von den Russen seit 1975 die „Maxim Gorki“ ganzjährig gechartert. Das Schiff ist die ehemalige „Hamburg“ der Deutschen Atlantik Linie und hat den denkbar besten Ruf sowie eine treue Stammkundschaft. Es ist das Flaggschiff der Neckermannschen Seetouristik. Die Russen wollen für 1988/89 einen höheren Preis durchsetzen, worauf NUR sich nicht einlassen will. Die Frankfurter glauben, sie befänden sich in einem Pokerspiel, bei dem sie die besseren Karten in der Hand hätten. Tatsächlich meinen die Russen es aber ernst und schlagen ein, als Johannes Zurnieden ihnen die Hand entgegenstreckt.

Er chartert das Schiff zu dem gewünschten Preis und hat das nie bereut. Im Dezember 1988 beginnt die erste Reise der „Maxim Gorki“ unter Phoenix-Charter. Die Stammkunden halten dem Schiff weiter die Treue. Die Buchbarkeit der weltweiten Kreuzfahrten ist sogar besser geworden, da Phoenix Reisen nicht auf den NUR-Vertrieb beschränkt sind, sondern von allen deutschen Reisebüros verkauft werden können.

1991 nimmt Phoenix auch Flussreisen ins Programm. Heute fahren für Phoenix 21 Schiffe auf den Wasserstraßen Europas, aber auch auf dem Nil in Ägypten und auf dem Jangtse in China. Inzwischen haben die Flusskreuzfahrten am Passagieraufkommen von Phoenix den größten Anteil. Hinzu kommen die drei Hochseeschiffe Amadea, Albatros und Artania.

Seit 1998 ist Zurnieden auch wieder im sogenannten „Warmwasser-Geschäft“ tätig, aus dem er Ende der 80er-Jahre ausgestiegen war. Unter dem Namen „Strandgeflüster“ bietet er den großen Touristikveranstaltern

Paroli. Rund 181.000 Gäste reisten 2012 mit Phoenix zu den Badezielen rund ums Mittelmeer und zu den Kanarischen Inseln.

Johannes Zurnieden ist der Beweis dafür, dass trotz der immer größer werdenden Giganten im Tourismus auch eine kleinere, vom Unternehmer selbst geführte Firma im Wettbewerb mithalten kann. Deshalb ist es auch zu begrüßen, dass Zurnieden sich trotz seines umfangreichen Geschäftes entschloss, in der Gewerbepolitik mitzuwirken. Seit Ende 1998 ist er Vizepräsident des Deutschen Reisebüro und Reiseveranstalter Verbandes (DRV) und Sprecher der Säule der unabhängigen Veranstalter. Darüber unterstützt er seit vielen Jahren die kirchlichen Hilfswerke Misereor und Brot für die Welt durch namhafte Spenden. Er ist Gründungsmitglied des Misereor Unternehmerforums.

Peter Deilmann: vom Butterschiff zum Luxusliner

Die 1968 gegründete Reederei Deilmann ist ein Paradebeispiel für privaten Unternehmergeist. Nach einigen Jahren Tätigkeit in der Frachtschifffahrt eröffnet Peter Deilmann mit dem Neubau „Nordlicht" einen Fährdienst zwischen seinem Heimatort Neustadt/Holstein und Bornholm. Schneller bekannt wird er in Norddeutschland durch seine „Butterfahrten", also Hochseefahrten außerhalb der Drei-Meilen-Zone zum zoll- und umsatzsteuerfreien Einkauf. Diese Tagesfahrten finden in der Lübecker Bucht bis nach Dänemark statt und erfreuen sich großer Beliebtheit. Pro Jahr werden mehr als 250.000 Fahrgäste befördert.

1979 übernimmt Deilmann das Management für den Bau und Betrieb der „Berlin" (seit 2011 von FTI gechartert), ein Kreuzfahrtschiff für 420 Passagiere. Als deutschen Konkurrenten hat er zu diesem Zeitpunkt nur Hapag-Lloyd mit der „Europa". Ab 1983 veranstaltete Deilmann auch Flusskreuzfahrten mit eigenen Schiffen. Letzter Höhepunkt der Reederei Peter Deilmann ist das Kreuzfahrtschiff „Deutschland" im Fünf-Sterne-Standard mit einer Passagierkapazität von 520 Betten in 300 Kabinen. Spätestens mit diesem Schiff kann Deilmann mit Fug und Recht behaupten, er repräsentiere beste deutsche Kreuzfahrttradition.

Nach dem Tode des Unternehmensgründers geriet das Unternehmen an den Rand des Ruins. Zunächst hatte sich die Reederei von ihren neun Flusskreuzfahrtschiffen trennen müssen. Heutiger Eigentümer ist die Investmentgesellschaft Aurelius in München. Die Platzierung einer Unternehmensanleihe im Dezember 2012 in Höhe von 50 Millionen Euro für fünf Jahre war erfolgreich und führte zu einer spürbaren Entlastung angesichts des aufgelaufenen Schuldenberges von mehr als 55 Millionen Euro.

Transocean Kreuzfahrten GmbH & Co. KG, München

Die Bremer Reederei Transocean ist nach dem Konkurs 2010 heute im Eigentum der Investmentfirma Premicon, die MS „ASTOR", Baujahr 1987, mit 578 Betten betreibt. Das Schiff fuhr bis zum Ende der DDR für die Deutschen Seereederei in Rostock. Es wird mit dem Slogan „höchst persönlich"das „vornehmlich ältere Klientel mit Interesse an klassischen Kreuzfahrttugenden, klassisch-konservativ" beworben. Die Preise rangieren in der Standardklasse zwischen 126 und 175 Euro pro Person und Tag. Für die Wintersaisons 2013, 2014 und 2015 wurde das Schiff an einen englischen Seereisen-Veranstalter verchartert. Transocean ist mit drei Schiffen der Premiumklasse auch auf europäischen Flüssen unterwegs.

Hansa Touristik, Bremen

Eigentümer Horst Kilian hat sich einen Namen innerhalb der Branche gemacht. Er entwickelte in großem Maße die Leserreisen, also Reisen, die gemeinsam mit Zeitungsverlagen veranstaltet werden. Begonnen hat er als Filialleiter von Hapag-Lloyd Reisebüro in Stuttgart, entwickelte dann als Geschäftsführer von Hapag-Lloyd Tours mit großem Erfolg die Leserreisen, bis er dann ab 1999 das Geschäft auf eigene Rechnung betrieb. Mit der ganzjährig gecharterten „OCEAN MAJESTY" ist er 2013 auf dem Markt. Das Schiff verfügt über 548 Betten und wird für Gruppen- und Leserreisen eingesetzt, wird aber auch über Reisebüros auf dem freien Markt für Einzelbuchungen angeboten. Es fährt in der Standardklasse, der durchschnittliche Tagespreis liegt zwischen 126 Euro und 175 Euro pro Person.

Plantours & Partner, Bremen

Auch dieses Unternehmen hat sich auf Gruppen- und Leserreisen spezialisiert. Angeboten wird 2013 die gecharterte „Hamburg", die zuvor unter dem Namen „Columbus" für Hapag-Lloyd fuhr und über 420 Betten verfügt. Es rangiert in der Premium Klasse mit durchschnittlichen Tagespreisen zwischen 176 Euro und 250 Euro pro Person. Bei der Kundschaft handelt es sich nach eigenen Beschreibungen „vor allem um Paare, aber auch Singles jenseits der 50, die ein gepflegtes Ambiente, den individuellen Service sowie die anspruchsvollen Lektorate an Bord schätzen". Hauptgesellschafter ist die italienische Firma Ligaboure, Venedig. Plantours hat außerdem acht Flussschiffe unter Vertrag.

Passat Kreuzfahrten GmbH, Hamburg

Das Ende 2011 von einem indischen Investor gegründete Unternehmen bietet mit MS „DELPHIN“ nach eigenen Angaben „besondere Kreuzfahrten, qualitativ hochwertige und abwechslungsreiche Schiffsreisen“ an. Im Programm sind Nordland- und Mittelmeerreisen. Das Schiff fasst 470 Passagiere, der Verkauf im Jahr 2013 scheint nicht so zu verlaufen wie geplant, denn für zahlreiche Reisen von Herbst 2013 bis April 2014 werden Rabatte zwischen 12 und 25 Prozent angeboten. Die Preise beginnen bei 100 Euro pro Person und Tag.

Flusskreuzfahrten-Veranstalter

Arosa Flussschiff GmbH, Rostock

Die Reederei betreibt Flusskreuzfahrten mit zehn modernen, luxuriös ausgestatteten Premium-Schiffen und ist auf die Fahrtgebiete Donau, Rhone/ Saone sowie Rhein/Main/Mosel spezialisiert. Zum Angebot gehören klassische Fluss- und Themenreisen mit Schwerpunkt Wellness, Kultur, Golf und Genuss. Versprechen: Wohlfühlurlaub mit vielfältigem Freizeitprogramm. Mit All-inclusive-Angeboten als Neuheit auf dem Markt versucht Arosa, ihre höherpreisige Flussreisen für eine jung gebliebene und aktive Zielgruppe noch attraktiver zu machen.

Viking Flusskreuzfahrten

Die US-Flussreederei zieht sich bis zum Ende des Jahres 2013 komplett aus Deutschland zurück, weil sie hier die erforderlichen Preise und Margen nicht erzielen konnte. Den Vertrieb in Deutschland übernimmt Dertour.

Nicko Tours

Mit 35 Schiffen dürfte diese Gesellschaft über das größte Angebot von Flussreisen verfügen. Sie betreibt ihr Geschäft auf Rhein, Mosel, Saar, Neckar, Elbe, Moldau, Havel, Oder und Ostsee wie auch in Frankreich, Italien, Russland, der Ukraine, auf dem Nil und in China. Die Schiffe werden in unterschiedlichen Klassen gefahren von der Deluxe- über die Komfortbis zur Mittelklasse. Das Unternehmen wurde im Januar 2013 von der Schweizer Beteiligungsgesellschaft Capvis übernommen.

1AVista Reisen GmbH, Köln

Der Veranstalter bietet mit der VISTA PRIMA und der BELLRIVA Reisen auf Rhein und Mosel an. In seinem Programm sind auch Kreuzfahrten auf der Rhone, auf der Donau und dem Nil, sowie in Russland und Fernost.

15. Die Zielgruppenspezialisten

Die Anbieter von Flugpauschalreisen verkaufen im Wesentlichen den Strand- und Badeurlaub. Aber es gibt viele Reisende, die mit ihrem Urlaub spezielle Interessen verbinden. Für den einen besteht der Urlaub aus körperlicher Ertüchtigung, für den anderen aus neuen geistigen Eindrücken oder dem Kennenlernen fremder Völker und Kulturen. Für alle diese Wünsche haben sich am Markt Spezialisten gebildet.

Studienreisen / Erlebnisreisen

Die Definition der Studienreise ist umstritten, seit es diesen Begriff gibt. Der Busunternehmer, der eine Tour nach Paris anbietet, verbunden mit einer Stadtrundfahrt, dem Besuch des Louvres, Notre Dame, Sainte Chapelle und Versailles reklamiert die Bezeichnung Studienreise ebenso selbstverständlich wie jene Holland-Reisenden, welche unter Anleitung eines Fachmanns die verschiedenen Windmühlentypen „studieren“. Auch die von manchen Veranstaltern propagierte „wissenschaftliche“ Studienreise besagt nur, dass der Teilnehmer einen ausgewählten Teil der Welt durch die Spezialbrille eines Wissenschaftlers interpretiert bekommt. Wird dieser Experte jedoch mit einem Thema konfrontiert, das nicht mehr zu seiner studierten Disziplin gehört, ist es mit der Wissenschaftlichkeit auch nicht mehr weit her. Jetzt ist schlichte Allgemeinbildung gefragt. Die Erweiterung von Allgemeinbildung aber macht normalerweise auch den inhaltlichen Kern der kommerziellen Studienreise aus – nicht mehr und nicht weniger.

Der klassische Teilnehmer einer Studienreise möchte auf möglichst erholsame Weise seine Allgemeinbildung um die Eigenarten jenes Zielgebietes erweitern, das er für seine Reise ins Auge gefasst hat. Weil der Studienreisende die organisatorische Sicherheit eines Veranstalters bevorzugt, weil er einen sachkundigen Interpreten haben möchte und für den Gedankenaustausch unterwegs motivierte Mitreisende schätzt, bucht er eine Gruppenreise bei einem Spezialisten. Ob dabei die inhaltlichen Schwerpunkte der Reise mehr bei der Kunstgeschichte, der Geschichte oder der allgemeinen Landeskunde liegen, hängt vom speziellen Thema der gebuchten Reise ab sowie von den Kenntnissen und – ganz entscheidend – von den Fähigkeiten des Reiseleiters.

Deshalb steht bei Studienreisen vor allem der Reiseleiter im Mittelpunkt der Qualitätsmerkmale. Vermag doch ein guter Reiseleiter notfalls aus jeder billigen Kaffeefahrt eine kleine Studienreise zu machen, während ein langweiliger, kommunikationsunfähiger und nur einseitig interessierter Professor die bestgeplante wissenschaftliche Exkursion in den Sand setzen kann.

Studiosus Reisen, München

1954 ist das Entstehungsjahr von Studiosus Reisen in München. Gründer Werner Kubsch hat sich schon während seines Studiums im Asta-Reisereferat betätigt und dort den Studentenaustausch mit Italien organisiert. In den Anfangsjahren fahren die jungen Leute sogar mit dem Fahrrad über die Alpen nach Italien. Nun will er den Studenten die Kultur und Geschichte der klassischen, antiken Länder näherbringen.

Er macht sich 1954 mit dem Reisedienst Studiosus selbstständig und fährt mit seiner ersten Gruppe per Bus von München „durch die Schluchten des Balkans" nach Griechenland. Noch im selben Jahr bietet er Italien an. Das Reiseprogramm wird im Laufe der Jahre um alle klassischen Ziele erweitert. Aber es werden auch Wander-Studienreisen, Aktivurlaub und Sprachreisen nach England und Schottland angeboten.

Der Name Studiosus wird beibehalten, auch als inzwischen die Studenten die Minderheit unter den Reiseteilnehmern darstellen. In der Unternehmensphilosophie heißt es: „Jeder ist ein Studiosus, der sich durch Reisen bildet und im wahrsten Sinne des Wortes Erfahrung gewinnt: Es ist ein lebenslanger Zustand."

Studiosus ist zum größten Veranstalter von Studienreisen in Deutschland geworden. Die Leitung ist nach dem Tod von Werner Kubsch am 17. April 1992 auf den Sohn Peter-Mario Kubsch übergegangen, der das Unternehmen mit Umsicht, Verstand und Einfühlungsvermögen weiterführt.

1997 erwirbt Studiosus vom Dumont-Verlag die Klingenstein-Studienreisen. 1998 übernimmt Studiosus von Rosemarie und Carl-Ernst Fischer deren 66 Prozent an Marco Polo Reisen. Inzwischen sind auch die restlichen Firmenanteile bei Studiosus.

Die Studiosus-Reisen werden im Gegensatz zu den Programmen vieler anderer Veranstalter fast ausschließlich über die Reisebüros vertrieben, die den Spezialveranstalter deshalb besonders schätzen und fördern.

Karawane Reisen GmbH. & Co. KG, Ludwigsburg

Der erste Veranstalter von Studienreisen nach dem Zweiten Weltkrieg war Dr. Kurt Albrecht, der 1950 als Studienrat für seine Abiturienten am Möricke-Gymnasium in Ludwigsburg eine Abschlussfahrt nach Venedig durchführt. Dafür handelt er sich einen Tadel der damals für die höheren Schulen zuständigen Beamten in Stuttgart ein. Es gezieme sich nicht, junge Leute aus einem armen Land im Ausland herumreisen zu lassen. Das veranlasst Albrecht, den Staatsdienst zu quittieren und sich selbstständig zu machen.

Er gründet das Büro für Länder- und Völkerkunde Dr. Albrecht in Ludwigsburg, und es gelingt ihm, sowohl mit der „Deutschen Apotheker-Zeitung" als auch mit der Zeitung „Christ und Welt" gemeinsame Reisen zu vereinbaren. Auch die Zeitschrift „Kosmos" gehört zu seinen Kunden. Im Jahre 1970 stirbt Kurt Albrecht. Inzwischen ist die dritte Generation am Ruder. Es wird ein weltweites Programm mit Studienreisen und Erlebnisreisen in kleinen Gruppen und mit qualifizierter Reiseleitung angeboten. Die Zahl der Einzelreisen nimmt zu. 2012 wurden 6.500 Gäste gezählt.

Wikinger Reisen GmbH, Hagen

Seit 1969 gibt es die von Hans-Georg Kraus in Hagen gegründeten Wikinger Reisen, die weltweite Natur- und Erlebnisreisen, Wanderreisen, Studienreisen und auch Trekking Touren anbieten. Die Geschäftsführung liegt inzwischen in Händen der zweiten Generation. 100 Mitarbeiter sind im Unternehmen beschäftigt, das 42.897 Gäste im Jahr 2012 verbuchen konnte.

Ikarus Tours, Königstein im Taunus

1971 als heimliches Kind der Atlantis Luftreederei gegründet, hat sich Ikarus Tours im Laufe der Jahre zu einem beachtenswerten Unternehmen im Fernreisebereich entwickelt. Horst Kitzki organisiert auch außergewöhnliche Touren, wie zum Beispiel jahrelang die strapaziösen Camel-Trophy-Rallyes, bei denen die Teilnehmer bis an die Grenzen ihrer Leistungsfähigkeit gefordert werden. Der Kern seines Programms sind aber Studienreisen in ferne Länder. Das Gesamtangebot ist umfangreich und auf die verschiedensten Bedürfnisse der Kunden zugeschnitten. Die Geschäftsführung hat inzwischen der Sohn Nikolas übernommen. 12.402 Gäste verreisten im Jahr 2012 mit Ikarus.

Hauser Exkursionen

Traditionelle Bergtouren und Trekking-Touren, ob in den Anden, im Himalaya oder durch afrikanische Wüsten, Abenteuerreisen, Aktivreisen und Wanderreisen werden seit 1973 von den in München ansässigen Hauser Exkursionen veranstaltet, seit 2012 auch Wanderreisen. 10.100 Teilnehmer verreisten 2012 mit Hauser.

Gebeco – Gesellschaft für internationale Begegnung und Cooperation mbh & Co KG, Kiel

Die Gesellschaft für internationale Begegnung und Cooperation mbH & Co KG wird 1978 gegründet und setzt sich schon bald ab vom Pulk der Bewerber in diesem Bereich. Mit einer guten Werbung macht Gebeco früh auf sich aufmerksam. Reisen nach China werden zu einem starken Standbein von Gebeco, was zur Errichtung eigener Büros in Peking und Hongkong führt.

Die Krönung des Geschäfts dürfte die Vereinbarung mit der TUI im Januar 1998 sein: Der Klassiker unter den Studienreisen-Veranstaltern, die Dr. Tigges-Fahrten, werden nach Kiel verlegt und in die Gebeco integriert. Dafür beteiligt sich die TUI mehrheitlich an Gebeco. Minderheitsgesellschafter ist Ury Steinweg. Im Jahr 2012 verreisten 58.000 Teilnehmer mit Gebeco/Dr. Tigges.

Lernidee Erlebnisreisen GmbH, Berlin

1986 veranstaltet Hans Engberding einen Russisch-Kurs in der Transsibirischen Eisenbahn. Aus der Idee, (Kennen-)Lernen mit (Er-)Leben zu füllen und Reisen mit dem Gewinn von Erfahrungen zu verknüpfen, entwickelte sich die besondere Lernidee-Philosophie. Angeboten werden Bahn-, Schiffs- und Erlebnisreisen für Entdecker auf allen Kontinenten. 9.400 Teilnehmer verreisten 2012 mit Lernidee.

Chamäleon Reisen GmbH, Berlin

Der Veranstalter wurde 1996 von Ingo Lies gegründet. Angeboten werden Fernreisen, Studienreisen, Gruppenreisen, „Die Reise Ihres Lebens“, Reisen mit höchstens zwölf Teilnehmern. Afrika, Amerika, Asien, Ozeanien. 7.652 Teilnehmer verreisten im Jahr 2012 mit Chamäleon.

Diamir Erlebnisreisen GmbH, Dresden

Seit 2010 werden Erlebnisreisen von Diamir veranstaltet. Die Gründungsidee war, deutschsprachig geführte Natur- und Kultur-Rundreisen in kleinen Gruppen von maximal zwölf Teilnehmern anzubieten, die sensibles Reisen in die schönsten Regionen der Welt ermöglichen. Der Erfolg beweist die Richtigkeit der Konzeption: 7.000 Teilnehmer reisten 2012 mit Diamir.

16. Zielgebiets-Spezialveranstalter

Olimar – der Portugal-Spezialist

Länderspezialisten, die bisher den Konzentrationsprozess der Veranstalter heil überstanden haben, gibt es nicht viele. Einer der Erfolgreichen ist die Firma Olimar in Köln, die 1972 von Werner Zahn im Alter von 37 Jahren gegründet wurde. Zahn hat schon zehn Jahre zuvor mit dem Reisegeschäft begonnen. Ende der 50er- und Anfang der 60er-Jahre kommen viele Gastarbeiter aus Spanien und Portugal nach Deutschland. Werner Zahn organisiert für diese in Kooperation mit einigen anderen Unternehmen in Nordrhein-Westfalen zunächst Heimfahrten per Omnibus. Er kommt von der Deutschen Touring und kennt sich in diesem Geschäft gut aus. Als der Zustrom türkischer Arbeitskräfte einsetzt, ist der Bus nicht mehr das geeignete Transportmittel. Nun werden Flugzeuge gechartert, und auch dieses geschieht in Zusammenarbeit mit deutschen Kollegenbüros. Werner Zahn will das wachsende Geschäft in geordneten Bahnen abwickeln und gründet deshalb 1972 seine Firma Olimar. Der Name des Unternehmens ist eine Abkürzung der Vornamen seiner Söhne – Oliver und Markus –, die inzwischen, natürlich längst erwachsen, ebenfalls in der Firma tätig sind.

Anfang 1981 entschließt sich Zahn, mit einem rein touristischen Programm auf den Markt zu kommen. Dank seiner guten Verbindungen zu Portugal kann er günstige und attraktive Urlaubsprogramme für seine deutschen Mitbürger anbieten. Es ist ein Versuch: Das Programm besteht gerade mal aus vier DIN A-4-Seiten. Aber es kommt im Markt gut an und wird in den Folgejahren ausgebaut. Im Jahr 1988 kommt schließlich der erste große Olimar-Reisekatalog auf den Markt. Sowohl das Publikum als auch die Reisebüros fliegen auf den Spezialisten aus Köln ab, der sich nun schnell weiterentwickelt.

Auch die Betreuung der deutschen Gäste in Portugal nimmt Zahn selber in die Hand. Er gründet 1987 seine eigene Incoming-Agentur Portimar in Portimao, die inzwischen Zweigniederlassungen in Lissabon, Porto und Funchal hat. Mit 100.350 Teilnehmern 2012 gehört Olimar zu den respektablen Einzelkämpfern in Deutschland.

Die eigentliche Veranstaltertätigkeit wurde inzwischen an das Schweizer Unternehmen LTH-Link To Hotel AG übertragen. Die deutsche Firma Olimar Reisen Vertriebs GmbH mit Sitz in Köln ist nur noch für die Vermarktung in Deutschland zuständig.

Öger Tours, Hamburg

ÖgerTours wird 1969 von Vural Öger zunächst als reiner Türkei-Veranstalter in Hamburg gegründet. Zur Angebotspalette zählten neben den Pauschalflugreisen auch Gastarbeiterflüge sowie der Betrieb von Hotels und Zielgebietsagenturen in der Türkei. Die Unternehmensgruppe wächst bis 2010 auf fast 800 Mio. EuroEuro Umsatz und 1,5 Millionen Teilnehmer. Nach zwischenzeitlicher Mini-Beteiligung der Fluggesellschaft Condor von 10 Prozent erwirbt Thomas Cook 2010 das gesamte deutsche Veranstaltergeschäft der Öger-Gruppe, das auf ein Volumen von ca. 300 Millionen Euro Umsatz geschätzt wird.

Weitere Länderspezialisten

Ebenfalls spezialisiert auf die Türkei hat sich das Unternehmen GTI Travel in Düsseldorf, das Mitte 2013 Insolvenz anmelden musste. Der Umsatz 2012 betrug bei knapp 600.000 Gästen 320 Millionen Euro.

Spezialisten für Ägypten Reisen sind die Reiseveranstalter Ecco-Reisen (2012: 15.000 Teilnehmer) und ETI-Express sowie die zur TUI gehörende OFT-Reisen.

Griechenland wird vom Spezialveranstalter Attika Reisen in München (2012: 27.000Teilnehmer) angeboten, der dafür bekannt ist, dass er Reisen auf alle griechischen Inseln im Programm hat.

Auch für Fernziele gibt es Spezialisten wie JT Touristik für die Arabischen Emirate (2012: 177.000 Teilnehmer), Canusa für Nordamerika (2012: 45.000 Teilnehmer) oder Lotus Travel für Fernost.

17. Themen-Spezialveranstalter

Bayerisches Pilgerbüro e.V., München

Das Bayerische Pilgerbüro wird zum Heiligen Jahr 1925 vom späteren Münchner Weihbischof Johannes Neuhäusler in München gegründet. Träger des Büros sind inzwischen acht katholische Diözesen. Der Reiseveranstalter der katholischen Kirche ist von Anfang an erfolgreich tätig. Über die Pilgerreisen nach Rom, Lourdes und ins Heilige Land hinaus werden Hochseekreuzfahrten und Flusskreuzfahrten und in zunehmendem Maße auch Wanderreisen durchgeführt. Jährlich nehmen mehr als 40.000 Reisende an den über 1.000 vom Bayerischen Pilgerbüro und seiner Tochter Bayerisches Pilgerbüro Studienreisen GmbH organisierten Reisen teil; ein Beweis für die Existenzberechtigung dieses Spezialunternehmens.

Biblische Reisen GmbH, Stuttgart

Biblische Reisen GmbH in Stuttgart bezeichnet sich selbst als der größte Veranstalter von religiösen Reisen in den Nahen Osten. Die Firma wurde im Jahr 1962 gegründet und befindet sich im Eigentum des Ökumenischen Arbeitskreises für Biblische Reisen e.V. Es besteht eine enge Zusammenarbeit mit evangelischen und katholischen Institutionen und Gemeinden in Deutschland.

Sportreisen, Hobbyreisen

Die Veranstalter von Sport- und Gesundheitsreisen leben davon, dass ihre Kunden spezielle Angebote, aber auch eine fachgerechte Beratung und einen entsprechenden Service erwarten. Jäger wollen etwas wissen über das Mitführen von Waffen und Munition, Angler brauchen Informationen über die am Reiseziel benötigte Angelausrüstung und so weiter. Für diesen Service sind Fachleute unverzichtbar. Nur ein Jäger kann Fachreisen vorbereiten und verkaufen, das gilt genauso für Angler, Tiefseetaucher, Segler und Kanufahrer, Marathonläufer, Reiter, Golfer und Tennisspieler. Veranstalter von Golfreisen sind zahlreich. Der Verkauf hängt oft von den Beziehungen zu den einzelnen Golfclubs und „Pro's" ab. Die schönen und aufwändig gedruckten Golfreisenprogramme sind willkommenes Informationsmaterial.

Terranova Zimmermann Touristik KG, Zeppelinheim

Die 1973 in Neu-Isenburg bei Frankfurt ins Handelsregister eingetragene Terranova Touristik GmbH, wurde 1980 von Tilman J. Uhlig übernommen. Uhlig war zuvor Verkaufsleiter der Südflug, dann Chef der Atlantis Fluggesellschaft in Frankfurt. Er macht Terranova zum erfolgreichen Veranstalter von Gruppen-Radreisen, auch in Verbindung mit Kreuzfahrten, und verkauft 2011 das Unternehmen, das in Zeppelinheim bei Frankfurt unter geändertem Namen weiter tätig ist.

Mediplus Gruppe GmbH, Bonn

Die Firma wurde 2001 als Medi Tours GmbH in Köln gegründet und vertreibt ihre Angebote unter verschiedenen Titeln. Als Spezialist für Best-Ager-Reisen werden ärztlich begleitete Fernreisen und Kreuzfahrten angeboten. In Bad Füssing kann man z. B. einen All-inclusiv-Kururlaub verbringen. Zum Programm gehören auch Wellnessreisen, Präventionsreisen, Städte- und Golfreisen. 2012 freute sich Mediplus über 221.647 Teilnehmer.

FKK-Reisen

Als sich die Touropa 1969 erstmals mit einem kleinen bebilderten FKK-Reiseprospekt an die Öffentlichkeit wagt, wird die bescheidene und relativ diskrete Broschüre in Rheinland-Pfalz prompt auf die Liste der jugendgefährdenden Schriften gesetzt, die nicht auf, sondern nur unter dem Tresen verwahrt werden dürfen.

Oböna Reisen FKK-Touristik GmbH & Co KG, Bad Nauheim

Der erste Anbieter und echte Spezialist für FKK-Ferien ist die Oböna Reisen FKK Touristik GmbH & Co KG, die seit 1966 existiert. Gründer ist Otto Böcher aus Bad Nauheim, der die Idee der Firmengründung zusammen mit dem Deutschen Verband für Freikörperkultur entwickelt. Zunächst soll den Vereinsmitgliedern die Möglichkeit geboten werden, ihre Freizeit nicht nur auf dem Vereinsgelände zu verbringen, sondern auch im Rahmen einer Urlaubsreise in dafür vorgesehenen Ferienanlagen. Die größten Zuwachsraten bringen die Jahre 1975 bis 1985. Da die FKK-Ferienanlagen an der Adria inzwischen bequem per Auto erreichbar sind, gibt es viele FKK-Urlauber, die ihre Reise selber ohne Einschaltung eines Reiseveranstalters oder eines Reisebüros vorbereiten.

18. Reiseversicherungen

Das Leben ist nicht ohne Risiko. Was kann nicht alles passieren vor und während einer Reise. Um diesen Risiken zu begegnen, gibt es Versicherungen. Der Reisende kann sich gegen den Verlust seines Gepäcks, gegen Unfälle und Erkrankungen während der Reise und auch gegen den Rücktritt und den Abbruch von einer gebuchten Reise versichern.

Gegen den finanziellen Zusammenbruch des Reiseveranstalters hat dieser eine gesetzlich vorgeschriebene Versicherung abzuschließen, sodass geleistete Kundenzahlungen für die Pauschalreise nicht verloren gehen können.

Die Europäische – von Anfang an dabei

Der Senior und Marktführer unter den deutschen Reiseversicherern ist die Europäische, deren Anfänge auf das Jahr 1907 zurückgehen. In diesem Jahr gründet Max von Engel in Budapest – damals ungarische Hauptstadt der Donaumonarchie Österreich-Ungarn – mit massiver Unterstützung der Münchener Rückversicherungs-Gesellschaft eine Reiseversicherungs-Gesellschaft. Zweigniederlassungen werden in Berlin, Mailand, Sarajewo, eine Generalrepräsentanz wird in Monaco eingerichtet. Fünf Jahre später, im Jahr 1912, wird ein Vertrag mit den deutschen Eisenbahnen geschlossen, der prinzipiell bis zum Ende des Jahrhunderts hält. Nach dem ersten Weltkrieg wird die Niederlassung in Berlin eine eigenständige Gesellschaft. 90 Prozent des Kapitals stellt die Münchener Rück. Die ausländischen Zweigniederlassungen werden ebenfalls in eigenständige Gesellschaften umgewandelt. 1925 existieren 19 Europäische Gesellschaften unter der Führung des weiterhin in Budapest ansässigen Unternehmens, 1928 sind daraus 22 Firmen geworden. Die Münchner Rück ist Hauptaktionär und Rückversicherer.

Diese erfreuliche internationale Firmengeschichte findet 1945 mit dem Ende des Zweiten Weltkrieges ein vorläufiges Ende. In den osteuropäischen Ländern werden die Gesellschaften der Europäischen aufgelöst, die westeuropäischen Gesellschaften landen bei einheimischen Unternehmen bzw. Aktionären und werden teilweise unter dem alten Namen fortgeführt. Nur in Deutschland lebt die Europäische unter den bisherigen Eigentumsverhältnissen weiter.

Nach der Währungsreform im Jahre 1948 und der wieder erwachenden Reiselust der Deutschen wachsen auch die Chancen der Europäischen, die ihren offiziellen Firmensitz in Berlin und in München hat, das Geschäft aber über ihre Zweigniederlassung in Köln betreibt. Die Kunden kommen weiterhin von der Bahn, die an ihren Schaltern auf sämtlichen deutschen Bahnhöfen die Versicherungspolicen verkauft, und den deutschen Reisebüros. Unter diesen spielt das Deutsche Reisebüro (DER) eine besondere Rolle. Sie schließt mit der Europäischen einen Generalagenturvertrag und erklärt die Versicherungspolicen der Europäischen zu einem DER-Wert. Die DER-Agenturen sind vertraglich verpflichtet, keine Konkurrenzprodukte zu verkaufen, und rechnen nicht mit der Versicherung, sondern mit dem DER ab. Im Laufe der zunehmenden Liberalisierung werden solche Konkurrenz-Ausschlussklauseln natürlich vom Kartellamt beanstandet und schließlich vom DER gestrichen. Die Verbindung zum DER und zum Hapag-Lloyd Reisebüro, dessen Reedereimütter mit der Europäischen seit Firmengründung zusammenarbeiten, bringt die Gesellschaft fast automatisch ins Geschäft mit der Touropa und später mit der TUI. Mit wachsendem touristischen Aufkommen und der Entwicklung der Marktführer wächst auch die Europäische. Sie baut ihre Produktpalette unter Leitung des kontaktfreudigen Wilfried Dreischmeier kontinuierlich aus und führt 1974 zum Beispiel die Sparte Autoreisezug-, Fähr- und die Reisehaftpflichtversicherung ein. 1977 folgt das Rundum- Sorglos-Paket, 1988 das in Zusammenarbeit mit der TUI und ihren Vorgängergesellschaften, mit dem DER und mit Hapag-Lloyd gleichzeitig eine offene Flanke für die Konkurrenten darstellt.

Bemerkenswert ist, dass die Versicherung seit 1992 wieder dabei ist, ein europäisches Netz zu spannen. Das geschieht teilweise durch Schulterschluss mit den europäischen Schwestern, den früheren Tochtergesellschaften, durch Kauf und durch Beteiligung an Versicherungsgesellschaften im europäischen Ausland, sodass die Europäische heute wieder zu Recht ihren Namen trägt.

TAS ärgert die anderen

Sehr zum Ärger der Versicherungsgesellschaften tritt ein weiterer Konkurrent in den Markt – ein Versicherungsmakler unter dem Firmennamen TAS (Touristik Assekureanz Service). Einen Makler, der sich seine Versicherer suchen muss, die ihn angeblich schnell wieder verlassen, wenn die Schäden zu teuer werden, will man nicht als vollwertigen Konkurrenten anerkennen. TAS denkt nicht in eingefahrenen Systemen, ist unabhängig und einfallsreich. Es beginnt mit einer Spezialversicherung für Reisebüros, bündelt die dort notwendigen Sachversicherungen zu einem Paket, bietet Schutz gegen Flugzeugentführungen und versichert auch die Rückführungskosten von Touristen etwa im Falle von Krieg oder Aufruhr. Die Europäische reagiert und macht das, was viele machen, wenn sie genug Geld haben und ein Wettbewerber zu unbequem wird: Sie kauft ihn auf. Das geschieht 1989. Seitdem ist Ruhe an der Front. Und die TAS wird die Geheimwaffe der Europäischen. Sie springt ein, wenn die Europäische es für besser hält, sich zurückzuhalten.

Hanse Merkur, der Maßschneider

Als letzter ernst zu nehmender Mitbewerber im Versicherungssektor kommt 1977 die Hanse Merkur Reiseversicherungs AG auf den Markt, die sich auf die kleinen Reiseveranstalter spezialisiert hat. Sie hat sich zur Nummer drei unter den Reiseversicherungen emporgearbeitet und betont ihre Flexibilität hinsichtlich maßgeschneiderter Angebote für spezielle Zielgruppen. Durch diese Flexibilität hat sie in der Bustouristik einen Marktanteil von 35 Prozent erreicht. Im Gegensatz zu ihrem großen Mitbewerber Europäische unterhält Hanse Merkur ein Vertriebsnetz von 400

Außendienstmitarbeitern, die einen engen Kontakt zu ihren Veranstalter-Kunden halten.

Union Reiseversicherung

Die Union Reiseversicherung (URV) nimmt inzwischen die vierte Position unter den Versicherern ein. Sie hat speziell für Busreise-Veranstalter ein Angebot auf den Markt gebracht, das aus acht verschiedenen Bausteinen besteht. Die Veranstalter können daraus ihr eigenes Versicherungspaket schnüren.

19. Die Vertriebslandschaft ändert sich

Erweiterter Vertrieb

„Neben den klassischen Vollreisebüros entstanden in den 60er-Jahren eine Vielzahl von reinen Touristik-Reisebüros unter der Federführung der Handelskonzerne Neckermann, Quelle, Karstadt, Horten, Hertie, Kaufhof und Otto, die ebenfalls zu den Pionieren des Reiseveranstaltergeschäftes gehörten. Neckermann war mit der gleichnamigen Veranstaltermarke 1965 der Vorreiter und baute ein eigenes Netz von Touristikagenturen auf, da die klassischen Vollreisebüros der TUI-Gesellschafter ihr Vertriebsnetz nicht für Neckermann öffneten. Kaufhof und Hertie gründeten 1970 mit ITS Reisen einen eigenen Reiseveranstalter, der primär über das eigene Kaufhausnetz vermittelt wurde. Als sich dieser Vertriebsweg als zu eng erwies und sowohl TUI als auch Neckermann den Vertrieb von ITS Reisen über das jeweils eigene Agenturnetz mit Verweis auf exklusive Handelvertreterverträge ihrer Agenturen verwiesen, bauten Kaufhof und Hertie ihr Vertriebsnetz mit Hilfe des Otto-Versandes sowie von Lotto-/Toto-Vertriebsstellen und bislang noch ungebundenen reinen Touristikagenturen aus. Damit war in Deutschland eine Vertriebsbindung etabliert, die den Zugang weiterer Reiseveranstalter ohne eigenes Vertriebsnetz praktisch unmöglich machte.

Der Reiseboom der neuen, zumeist branchenfremden touristischen Vertriebsformen bot allerdings bis Anfang der 80er-Jahre noch ausreichend Expansionsmöglichkeiten, ohne dem klassischen Reisebürofachhandel spürbar Marktanteile zu entziehen.

Auch die etablierten Reisebüros leben nicht schlecht, denn wer die großen Veranstalter und die Bahn und die Lufthansa verkaufen will, muss dafür Lizenzen haben, und die bekommt nicht jeder. Man muss Fachkenntnisse und finanzielle Sicherheiten bieten. Deshalb ist die Zahl der Allround-Reisebüros begrenzt. Gewerbefreiheit für Reisebüros gibt es in Wirklichkeit auch deshalb nicht, weil die Bahn und das DER, die IATA Fluggesellschaften, die Touropa, Scharnow und Hummel bei der Vergabe ihrer Lizenzen eine Bedarfsprüfung durchführen. Es gibt Schlüsselzahlen, wie viele Reisebüros pro Einwohner der Markt angeblich verträgt. Wenn diese erreicht sind, hat ein weiteres Reisebüro keine Chance auf Lizenzierung durch die großen Handelsherren.

Bedarf an zusätzlichen Vertriebsstellen

Die fortwährende Ausweitung von Reisevertriebsstellen führt jedoch zunehmend zu einem Verdrängungswettbewerb, dem die selbständigen, nicht organisierten Reiseagenturen auf Dauer kaum gewachsen sind. Auch die Expansionschancen von Neckermann und ITS erweisen sich als unzureichend und zu eng, da die TUI fast alle großen Reisebüroketten und die kompetenten Vollreisebüros als Gesellschafter an sich gebunden hat.

Mitte 80er-Jahre klagte daher ITS beim Bundeskartellamt auf Aufhebung der Vertriebsbindung. Gegen die nach mehrjährigem Rechtsstreit von den deutschen Kartellbehörden aufgehobene Vertriebsbindung legte die auf die komfortable Besitzstand wahrende Regelung bedachte TUI Widerspruch ein. Erst als das Einspruchverfahren vom deutschen an das europäische Kartellamt delegiert wurde, das eine Öffnung der Märkte betrieb, zog TUI den Einspruch zurück.

Vertriebsliberalisierung kommt

Seit 1.11.1994 kann jedes Reisebüro in Deutschland mit jedem beliebigen Reiseveranstalter einen Agenturvertrag auf Handelsvertreterbasis zu den darin geregelten Bedingungen abschließen. Dieser vermeintliche wirtschaftliche Vorteil erweist sich für die Reisebüros als Pyrrhussieg und führt zum nächsten gravierenden Schritt vom einstmals hochkompetenten Reiseunternehmen in die Einfluss- und Machtlosigkeit."[23]

Der Größe und Struktur de Reisebüromarktes wird durch die kartellrechtliche Aufhebung der Vertriebsbindung gravierend verändert. War der deutsche Reisemarkt bis etwa 1970 geprägt von einer stabilen Zahl von rund 3.000 klassischen Reisebüros mit TUI-, Bahn- und IATA-Lizenzen, so nahm diese Zahl durch die Vertriebsinitiativen von Neckermann und ITS bis Ende der 80er-Jahre um weitere rund 5.000 touristische Vermittlungsstellen zu, die exklusiv ausschließlich die Produkte ihrer Veranstalter-Handelsherren vermittelten. Für diese Reisevermittler waren die 70er- und

23 Vgl. von Dörnberg, Adrian/Freyer, Walter/Sülberg, Werner: Reiseveranstaltermanagement, München/Wien 2012, S. 249 f.

80er-Jahre „Goldgräberzeiten", da sie bei stark wachsender Reisenachfrage ohne nennenswerte Marktanteilskämpfe und abgeschirmt durch die Schutzräume der Vertriebsbindung an die drei Veranstalterkonzerne hohe Umsatzzuwächse erzielen konnten.

Neuer Wettbewerb

Die Aufhebung der Vertriebsbindung erzeugt einen bislang nicht gekannten Wettbewerb, da es einerseits keine Sortimentsexklusivitäten mehr gibt und darüber hinaus der Markteintritt neuer Reisebüros nicht mehr limitiert ist. Bis zur Jahrtausendwende schießt die Zahl der Reisebüros in Deutschland auf fast 14.200 Reisebüros und zusätzlich weitere 5.000 Nebenerwerbs-Reisevermittler hoch. Darin enthalten sind auch 3.500 Reisebüros, die sich unmittelbar nach der Wiedervereinigung in den neuen Bundesländern etabliert hatten.[24]

Konzentration durch Expansion von Reisebüro-Ketten und abgestufte Bindungsmodelle mit Veranstaltern

Veranstalter kaufen Reisebüros

„Die Liberalisierung des touristischen Reisevermittlungsmarktes hatte – wie bereits beschrieben – in den 90er-Jahren einen rasanten Expansions- und nachfolgend Konzentrationsprozess zur Folge, da die Veranstalter nunmehr versuchten, Reisebüroketten und starke selbstständige Einzelbüros als Filialen zu erwerben und über veranstalterbezogene vertikale Franchisesysteme oder zumindest über sortimentsbezogene Kooperations-Modelle an sich zu binden.

Reisebüronetze erweitern sich

Parallel zur vertikalen erfolgte eine horizontale Konzentration. Während die großen Reisebüroketten bereits seit Mitte der 80er-Jahre durch Zukäufe und Neueröffnungen ihre Vertriebsnetze kontrolliert ergänzten, wurde seit Beginn der 90er-Jahre u. a. auch durch die Integration Ostdeutschlands die Politik einer flächendeckenden Präsenz zur dominanten Strategie erhoben. In einem überhitzten Markt verkauften viele mittelständische Reiseunternehmer zum Teil zu völlig überzogenen Preisen ihre Unternehmen an die großen Reisebüroketten, die damit ihre Vertriebsnetze stark ausweiteten.

24 Vgl. von Dörnberg, Adrian/Freyer, Walter/Sülberg, Werner: Reiseveranstaltermanagement, München/Wien 2012, S. 264 ff.

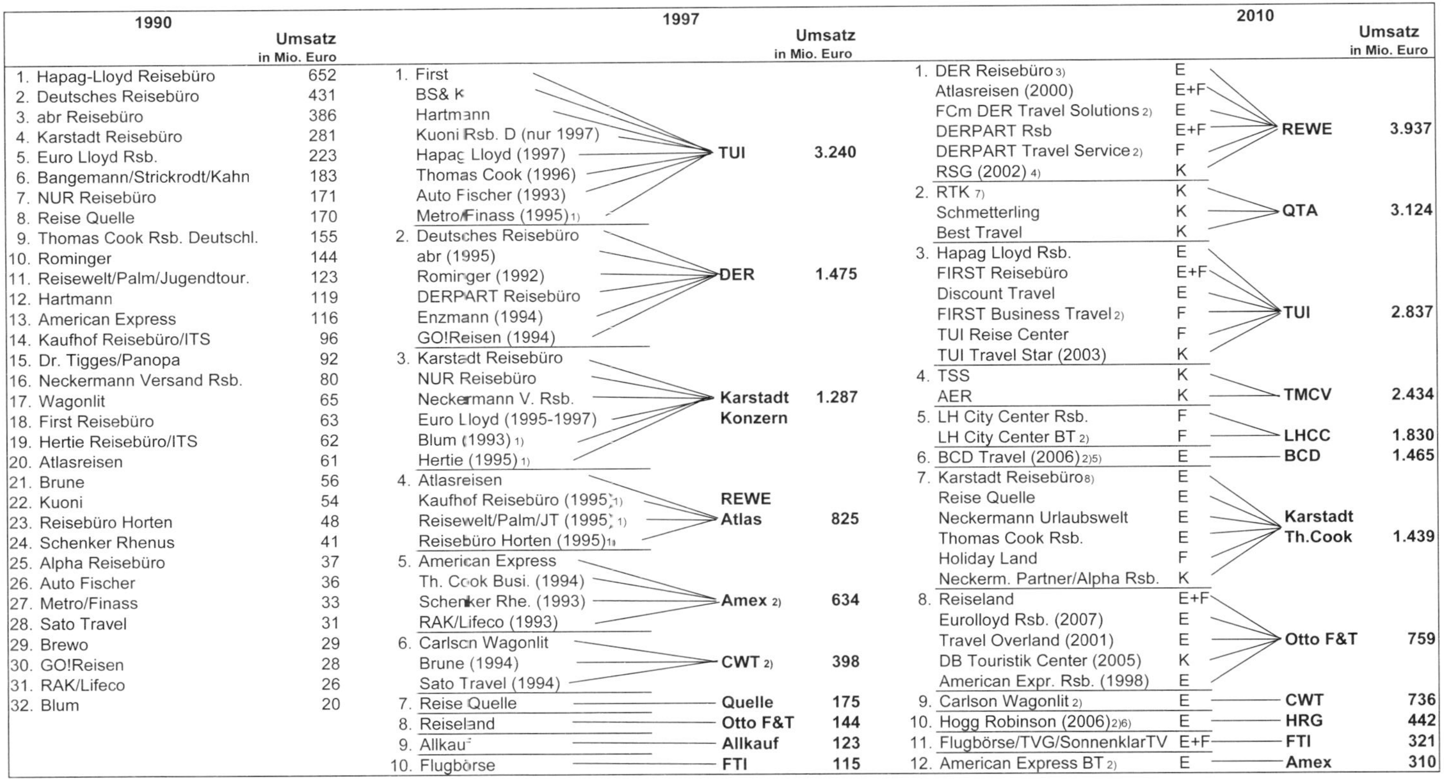

Abbildung 2: Konzentration deutscher Reisebüro-Ketten 1990 bis 2010 (Anmerkungen siehe Seite 190)

Dieser Konzentrationsprozess verschärfte sich weiter, indem große Ketten kleinere aufkauften und sich auch Veranstalter und Leistungsträger um den Kauf und die Kontrolle eigener stationärer Reisebürovertriebswege bemühten. Das Ranking der deutschen Reisebüroketten auf Basis der Umsätze von 1990, 1997 und 2010 ist unter Einbeziehung der Veränderungen durch die Lagerbildung in Abbildung 2 dargestellt. Sie veranschaulicht dramatisch, wie die 1990 rund 30 größten Reisebüroketten durch Aufkäufe und Fusionen zu nur noch sechs bis acht zum Teil marktbeherrschenden Reiseorganisationen zusammengefasst worden sind.

Trennung von Geschäftskunden und Privatkunden

Mit einem weiteren Spezialisierungsschritt spalteten die Reiseveranstalter und großen Reisebüroketten die stationären Reisebürostandorte vom Business Travel Geschäft ab, das als reines B2B- und Makler-Geschäft nicht mehr zum Kerngeschäft mit der Urlaubsreise passte. Die Geschäftsreisen wurden zumeist in separaten Beteiligungsgesellschaften fortgeführt und mit Ausnahme der DER Business Travel Sparte FCM im Laufe der Jahre an die globalen Geschäftsreisen-Spezialisten Carlson Wagonlit Travel (CWT), American Express (Amex) und BCD Travel (vormals TQ3) verkauft. Dies hatte einen weiteren Kompetenzverlust der klassischen Reisebüros zur Folge.

Aber auch im verbleibenden stationären Reisebüro-Geschäft beschleunigte sich die Konzentration. Unter anderem erwarb 1995 die Karstadt AG 51 Prozent der Anteile an der bisherigen hundertprozentigen Lufthansa-Reisebüro-Tochtergesellschaft Eurolloyd. Mit der Übernahme der drittgrößten deutschen Reisebürokette Hertie kamen auch deren Reisebürobetriebsstellen zum Karstadt-Konzern. Durch eine konzerninterne Neuordnung übernahm die Deutsches Reisebüro GmbH von der Muttergesellschaft DB 1995

Anmerkungen zu Abbildung 2:

1 Diese Reisebüroketten erzielten vor der Neuordnung folgende Umsätze: Kaufhof 112 Mio. Euro, Hertie 61 Mio. Euro, Horten 51 Mio. Euro, Metro/Finass 82 Mio. Euro, Reisewelt/Palm/JT 199 Mio. Euro, Blum 31 Mio. Euro.

2 Ausschließlich Business Travel.

3 E = Eigentümerkette; F = Franchiseorganisation; K = Reisebürokooperation.

4 RSG - Reisebüro Service Gesellschaft; Kooperationsmitlieder: TourContact, Protours/RCE, Deutscher Reisering, Prima Urlaub.

5 Der niederländische Business Travel Konzern BCD erwarb 2006 den deutschen BT-Marktführer TQ3 von TUI.

6 Die britische Business Travel Organisaition Hogg Robinson übernahm 2006 die deutschen BTI Eurolloyd Business Center von Kuoni.

7 Zur RTK tählen auch die Reisebüros von TUI Travel Star (TUI) und Neckermann Partner (Cook); ab 2010 kommen zusätzlich 54 TVG-Büros (FTI) sowie die Kooperation Prima Urlaub (bisher REWE) hinzu.

8 Ab 2010 scheiden die Karstadt Reisebüros bei Thomas Cook aus.

alle Anteile an der Reisebüro Rominger GmbH und 1996 alle Anteile an der abr Reisebüro GmbH, die ab 1998 ausschließlich unter der gemeinsamen Marke DER Reisebüro fortgeführt wurden.

Die REWE-Beteiligung Atlasreisen, die seit 1989 ihr Vertriebsnetz überwiegend durch Neugründungen von 20 auf über 500 Reisebürobetriebsstellen ausgeweitet hatte, übernahm 1995 die Reisebürobetriebsstellen von Kaufhof und Horten sowie die ostdeutschen Reisebüroketten Reisewelt, Palm-Touristik und Jugendtourist, die nunmehr allesamt unter der Marke Atlasreisen agieren.

Seit 2000 stehen DER Reisebüro und Atlasreisen unter dem Dach der REWE unter gemeinsamer strategischer und operativer Führung und bilden gemeinsam mit dem Franchisesystem DERPART und den RSG-Kooperationen TourContact, Protours/RCE und Deutscher Reisering das größte deutsche Reisebüro-Vertriebsnetz.

American Express erwarb 1994 sämtliche Geschäftsreise-Aktivitäten von Thomas Cook und übernahm u. a. auch die Schenker-Reisebüros, nachdem die DB den Transport- und Logistik-Konzern Schenker an die zum Veba-Konzern gehörende Rhenus Spedition verkauft hatte.

Die deutsche Thomas Cook Reisebüro GmbH übernahm 1993 die schwerpunktmäßig in Norddeutschland tätige Reisebürokette Auto Fischer und nach Ausgliederung der Geschäftsreisesparte 1995 zu Amex die Verbrauchermarkt-Reisebüros von Metro/Finass. Amex verkaufte 1998 seine deutschen Reisebüro-Ladengeschäfte ebenso wie 2007 Kuoni seine verbliebenen stationären deutschen Reisebüro-Filialen an die zum Otto-Versand-Konzern gehörende Reiseland GmbH.

Die 73 vom Reiseveranstalter FTI 1996 gegründeten TVG Reisebüros (Touristik Vertriebsgesellschaft) wurden 2010 an die Raiffeisen Vertriebsgesellschaft, eine 100-prozentige Beteiligung der Volks- und Raiffeisenbank Altötting verkauft. Das Franchisesystem mit den Marken Flugbörse und Sonneklar TV mit 184 Reisebüros bleibt bestehen und soll von FTI weiter ausgebaut werden.

Die Konzentration des Reisemittlermarktes beschleunigte sich weiter durch die Zusammenschlüsse selbstständiger Reisebüros zu Kooperationen und Franchisesystemen. Gab es 1990 noch vier Kooperationen und ein Franchisesystem, so waren es 1996 bereits rund 25 derartige Organisationen. Pioniere und Marktführer sind nach wie vor die Franchiseorganisationen DERPART Reisevertrieb GmbH (Gründung 1979) und First (Gründung 1976).

Die WestLB übernahm 1996 20,1 Prozent der Anteile an First und brachte ihre deutsche Reisebürokette Thomas Cook Reisebüro GmbH als neuen Franchisepartner mit ein. Ende 1998 veräußerten die mittelständischen First-Gesellschafter die restlichen 79,9 Prozent vollständig an die TUI. Darüber hinaus gründeten Anfang der 90er-Jahre die Lufthansa mit Lufthansa City Center und die TUI mit TUI Urlaubs Center zwei neue Leistungsträger orientierte Franchisesysteme, die ebenso wie viele andere Neugründungen einen erheblichen Zulauf von mittelständischen, selbstständigen Betrieben verzeichneten.

Waren 1990 nur 2.300 aller Reisebüros (Anteil 30 Prozent) in Ketten oder Franchisesystemen organisiert (davon 1.520 bzw. 20 Prozent Ketten und 770 bzw. 10 Prozent Franchise), so waren 2002 bereits 32 Prozent Ketten und Franchisesysteme (insgesamt 4.130) und zusätzlich 27 Prozent (3.500) Kooperationen angeschlossen. Im Jahr 2010 gibt es kaum noch ungebundene Reisebüros (insgesamt nur 9 Prozent bzw. 930) mehr; während der Anteil der Ketten auf 17 Prozent (1.710) leicht zurückging, stieg der Anteil der Franchisenehmer auf 19 Prozent (1.830) und der Kooperationsbüros gar auf 55 Prozent (5.400).

Die sechs großen Reisebüroketten erwirtschaften dabei einen Umsatzanteil von 25 Prozent, die zehn Franchisesysteme von 30 Prozent, und die 13 Kooperationen, die in drei Systemen zusammengefasst sind, von weiteren 35 Prozent; die nicht organisierten Reisebüros kommen auf einen Umsatzanteil von nur 5 Prozent.

Diese Konzentration in einem seit 2001 schrumpfenden Reisbüromarkt dokumentiert einerseits die Solidarisierung des Vertriebs in konzernneutralen Vertriebsorganisationen und andererseits die Bindungsbereitschaft von Reisebüros an die Konzernveranstalter. Es ist derzeit noch nicht auszumachen, welche der beiden strategischen Bewegungsrichtungen zukunftsweisend sein wird. Die Notwendigkeit zur Organisation in Kooperationen dokumentiert jedoch die Schwäche des Reisebürovertriebs seit dem Machtübergang auf die Veranstalter und Leistungsträger und deren Direkt- und Alternativvertriebsformen."[25]

25 Vgl. von Dörnberg, Adrian/Freyer, Walter/Sülberg, Werner: Reiseveranstaltermanagement, München/Wien 2012, S. 250–253.

Franchisesysteme

Lufthansa City Center

Die Lufthansa City Center Reisebüropartner GmbH mit Sitz in Frankfurt am Main ist hingegen ebenso wie DERPART und First ein Reisebüro-Franchisesystem, das wesentlich mehr Dienstleistungen, Zentral- und Marketingaufgaben für die Partnerunternehmen übernimmt als die vorgenannten Kooperationen.

Entgegen naheliegenden Vermutungen ist die Lufthansa im Gegensatz zur Gründungsphase des Unternehmens weder an der Firma noch in den Aufsichtsgremien vertreten. Die Reisebüro-Kette betreibt rund 600 Büros in fast 80 Ländern. Geschäftszweck ist nach eigenen Angaben das Führen und Steuern der Franchiseorganisation. Ein starkes Standbein von Lufthansa City Center ist das Geschäft mit Firmenkunden. In dieser Disziplin rangiert die Kette in Deutschland an dritter Stelle, nach BCD Travel und FCM (DER)/Derpart.

First Reisebüro: Die Unabhängigen formieren sich

Im Spätsommer 1973 gründen 15 namhafte deutsche Reisebüro-Unternehmen mit 54 eigenen Büros und einem Jahresumsatz von rund 280 Millionen DM die First Reisebüro GmbH (führend in Reiseservice und Touristik). 1984 beteiligt sich die Lufthansa mit 21,4 Prozent an First, das zu dieser Zeit 21 Gesellschafter mit 102 Reisebüros vereint. First beteiligt sich im Gegenzug mit 15 Prozent an Euro Lloyd Reisebüro. Aber zu einem engeren Zusammenrücken der beiden Ketten kommt es nicht. Als die Lufthansa 51 Prozent von Euro Lloyd an Karstadt verkauft – das geschieht 1995 –, kauft die First-Gruppe die Lufthansa-Anteile am eigenen Unternehmen wieder zurück und gibt im Gegenzug ihre Euro-Lloyd-Anteile an die Lufthansa. 1998 machen die First-Gesellschafter endgültig Kasse: Sie nutzen auslaufende steuerliche Vorteile und verkaufen ihr Unternehmen an die TUI, die damit ihren Eigenvertrieb deutlich verstärkt.

Kooperationen

Im Gegensatz zu Franchisesystemen konzentrieren sich die Reisebüro-Kooperationssysteme auf den gemeinsamen Einkauf und die Sortimentssteuerung auf die wichtigsten Sortimentspartner. Weitere zentrale Dienstleistungen sind eher optional.

Schmetterling

Die Reisebüro-Kooperation Schmetterling ist nach eigenen Angaben 2012 um 243 Mitglieder gewachsen und hat nun insgesamt 2.578 Reisebüros als Mitglieder. Sie wurde 1970 gegründet, und hat ihren Sitz in Gschwand.

RTK Raiffeisen-Tours-Kooperation, Burghausen

Deutschlands größter veranstalterunabhängiger Reisebüroverbund ist die 1980 gegründete und im niederbayerischen Burghausen ansässige RTK Raiffeisen-Tours-Kooperation, deren Geschäftsführer Thomas Bösl ist. Sie hat 2012 den Berliner Fernreisen-Veranstalter Windrose gekauft und übernimmt 2014 vom Hamburger Otto-Versand sämtliche Anteile an der Otto Freizeit und Touristik (OFT) mit 329 Vertriebsstellen und wird dann an die 4000 Kooperationsmitglieder haben.

AER und Best RMG Reisebüro

Dagegen wirken die ebenfalls erfolgreich arbeitenden Vertriebsfirmen AER Reisebüro Kooperation, Bielefeld, mit 897 angeschlossenen Verkaufsbüros und die Best RMG Reisebüro Management AG in Filderstadt mit 445 Büros relativ bescheiden.

QTA – Quality Travel Alliance c/o Raiffeisen-Tours, Burghausen

RTK, Schmetterling, Alpha Reisebüro (Thomas Cook), TVG (FTI) und TUI-TravelStar haben sich in der QTA Quality Travel Alliance zusammen geschlossen „zur Nutzung von zahlreichen Synergieeffekten durch gemeinschaftliches Handeln auf touristischer, organisatorischer und technischer Ebene“ (QTA). Sprecher der Gruppe ist Thomas Bösl von RTK. Die Zahl der angeschlossenen Mitglieder beläuft sich auf über 7.000.

Immer mehr springen auf den fahrenden Zug

Reisen im Supermarkt

Inzwischen gehören Tellerwäscherkarrieren im deutschen Tourismus nicht mehr zum Alltag. Die Großen wachsen mehr durch Zukauf als durch organische Erweiterung ihres Geschäftsumfangs. Gleichzeitig setzt die Phase der Liberalisierung und der Deregulierung ein. Der Wettbewerb verschärft sich – auch weil nun sogar SB-Warenhäuser, Supermärkte, Kaffee-Geschäfte (Tchibo) und Lebensmittel-Discounter (wie u. a. Aldi und Lidl) in den Reisemarkt eindringen.

20. Der Globalisierungsprozess der Reisemärkte

Preussag / TUI kauft zu

„Motiviert durch die Expansionspläne des größten britischen Veranstalters Airtours plc, die Ende der 90er-Jahre bei DER und First Choice erfolglos blieben, aber die Akquisition von FTI ermöglichten, beschließt auch Preussag/TUI zur Jahrtausendwende, ihr touristisches Beteiligungsportfolio angesichts kartellrechtlicher Beschränkungen in Deutschland international konsequent weiter auszubauen (Expansion bis 1997 bereits in Österreich, Niederlande und Belgien). 1998 wird in zwei Schritten das drittgrößte Schweizer Reiseunternehmen Imholz Reisen übernommen und 1999 nach der Übernahme des nur im Direktvertrieb tätigen Veranstalters Vögele Reisen in TUI Suisse umfirmiert. Im darauffolgenden Jahr erwirbt Preussag den drittgrößten britischen Reiseveranstalter Thomas Cook, dessen deutsche Reisebüros bereits Anfang der 90er-Jahre über die WestLB übernommen und in die TUI überführt worden sind.

Preussag kauft Thomson plc

Als Preussag bemerkt, dass der Wettbewerber C&N Touristic Anfang 2000 über die Übernahme des zweitgrößten britischen Reisekonzerns Thomson plc verhandelt und damit im Erfolgsfalle die europäische Marktführerschaft übernimmt, überbietet der Hannoveraner Konzern C&N mit einem stark überzogenen Kaufpreis für Thomson plc (Veranstaltergeschäft in Großbritannien, Irland und Skandinavien) von rund 3 Milliarden Euro Aus kartellrechtlichen Gründen muss Preussag allerdings dafür die erst im Vorjahr erworbene Thomas Cook plc wieder abtreten und veräußert das Unternehmen an den unterlegenen Mitbewerber C&N Touristic zu einem ebenfalls stattlichen Kaufpreis.

Noch im Jahr 2000 akquirierte Preussag mit dem französischen Marktführer Nouvelles Frontieres und dem österreichischen Marktführer Gulet, der mit Touropa Austria und Terra Reisen zu TUI Austria fusionierte, weitere namhafte Reiseunternehmen und baute die europäische Marktführerschaft weiter aus.

Aus C&N Touristik wird Thomas Cook

Auch C&N betätigt sich in Frankreich mit dem Erwerb der Reisebürokette Havas, die allerdings nach zwei Jahren wieder veräußert wurde. Im Jahr 2002 gestaltete die C&N Touristic die Marke Thomas Cook zur Konzernmarke über alle Wertschöpfungsstufen und Geschäftsbereiche einschließlich der konzerneigenen Charter-Airline Condor. Als die Fremd-Veranstalter daraufhin ihre Kontingente von der neuen Thomas Cook Airline abziehen, weil sie ihre Kunden nicht mit einem Wettbewerber in Urlaub fliegen lassen wollen, wird diese wirtschaftlich fatale Fehlentscheidung zwei Jahre später wieder revidiert.

Aus Thomas Cook AG wird Thomas Cook plc

Als der zur Schickedanz-Gruppe gehörende KarstadtQuelle-Konzern 2005 in wirtschaftliche Schwierigkeiten gerät, wird der Investment-Banker und ehemalige Bertelsmann-Chef Thomas Middelhoff mit der Sanierung und Portfolio-Bereinigung des Konzerns beauftragt. Neben der Restrukturierung der Karstadt-Kaufhäuser, der Veräußerung der Immobilien und des Versandhauses Neckermann erfolgt auch eine Umstrukturierung der Thomas Cook AG (50 Prozent KarstadtQuelle, 50 Prozent Lufthansa), die nach einem kräftigen Sanierungsprozess noch keine ausreichende Profitabilität ausweist und zu einem Kerngeschäftsfeld des Konzerns ausgebaut werden soll. KarstadtQuelle konnte 2007 nach langwierigen Verhandlungen mit Lufthansa die 50-prozentige Beteiligung an den Veranstaltern vollständig übernehmen und die Beteiligung an der Fluggesellschaft Condor auf 74,9 Prozent aufstocken mit einem gegenseitigen Vorkaufsrecht auf die restlichen Airline-Anteile bis Anfang 2009, das fristgerecht wahrgenommen wird.

KarstadtQuelle – seit 2007 in Arcandor AG umbenannt – fusioniert daraufhin die Thomas Cook AG mit der inzwischen weitgehend sanierten britischen My Travel plc (bis 2003 Airtours plc). Am neuen in London börsennotierten Gemeinschaftsunternehmen Thomas Cook plc ist Arcandor nunmehr mit 52 Prozent beteiligt.“[26]

Die von Thomas Middelhof eingeleitete Sanierung von Arcandor bleibt erfolglos und endet im Herbst 2009 mit der Insolvenz von Arcandor einschließlich deren Tochtergesellschaften Quelle und Karstadt. Die Mehrheitsbeteiligung von Arcandor an Thomas Cook wurde an die Banken verpfändet und von diesen im britischen Aktienmarkt platziert, sodass die Thomas Cook plc in London nunmehr ein rein britischer Konzern mit einer 100-prozentigen Prozent Beteiligung an der Thomas Cook AG Deutschland ist (inklusive Neckermann Reisen, Öger Tours und der Airline Condor). Die Finanz- und Wirtschaftskrise 2009 traf den britischen Reisemarkt erheblich und führt zu einem dramatischen Ergebniseinbruch von Thomas Cook plc, obwohl die deutsche Beteiligung weiterhin profitabel arbeitet. Die daraufhin in Großbritannien eingeleiteten Sanierungsmaßnahmen mit Managementwechsel sind auch 2013 noch nicht abgeschlossen.

26 Vgl. von Dörnberg, Adrian/Freyer, Walter/Sülberg, Werner: Reiseveranstaltermanagement, München/Wien 2012, S. 67 f.

Aus Preussag wird TUI

„Die Preussag AG entschied sich 2002 zu einer Umbenennung des Konzerns in TUI AG, da die touristischen Aktivitäten nunmehr eindeutig überwogen, und verpasst den meisten touristischen Konzernmarken ein entsprechendes Co-Branding mit dem neu kreierten TUI-Smiley-Logo.

TUI plc übernimmt die touristische Führung

Nahezu zeitgleich erzielt die TUI AG mit dem viertgrößten britischen Veranstalter First Choice plc, der sich abseits des Volumengeschäfts verstärkt auf ein großes Portfolio von Veranstalter-Spezialisten und flexiblen Bausteinreisen konzentriert hat, ebenfalls Einigung zur Fusion aller Veranstalterbeteiligungen inklusive der jeweiligen Konzern-Airlines. An dem neuen, nunmehr in London börsennotierten Gemeinschaftsunternehmen TUI plc ist die TUI AG, die ihre Hotel- und Schiffs-Beteiligungen nicht in das Joint Venture einbrachte, mit 51 Prozent beteiligt.“[27]

Eine Zäsur für den TUI-Konzern, der seit Jahren mit den divergierenden Interessen russischer, skandinavischer und spanischer Gesellschafter und dem Abbau des durch die internationalen Unternehmenskäufe angehäuften Schuldenberges kämpft, war 2012 der altersbedingte Rückzug des langjährigen Konzernlenkers Michael Frenzel. Es gibt eine interne Diskussion über eine neue strategische Grundausrichtung der verschachtelten TUI-Group.

International tätige Reisebüros

Eine Internationalisierung des stationären Reisebürogeschäftes hat es bis heute nicht gegeben. In der Reiseberatung ist „all business local“ und auf den Quellmarkt bezogen. Hingegen arbeiten die Geschäftsreisen-Dienstleister im Rahmen internationaler Verbundpartnersysteme zumindest seit Ende der 80er-Jahre bereits ebenso global, wie ihre großen Kunden weltweit operativ tätig sind. Treiber eines internationalen Reisevertriebs dürfte aber zukünftig das Internet sein, das für den Verkauf keine Grenzen kennt. Große internationale Leistungsträger, wie z. B. die Airlines und Hotelkonzerne, haben den Kunden dieses Medium für ihren Direkt-Vertrieb zugänglich gemacht.

27 Vgl. von Dörnberg, Adrian/Freyer, Walter/Sülberg, Werner: Reiseveranstaltermanagement, München/Wien 2012, S. 68.

21. Reisen der DDR-Bürger[28]

40 Jahre DDR-Tourismus

Als das besiegte Deutschland nach 1945 in einen Ost- und einen Westblock auseinander fällt, entwickelt sich auch die Tourismuswirtschaft entsprechend den unterschiedlichen Wirtschaftssystemen. Die DER-Direktion in Berlin hat ihren Sitz im Gegensatz zur Reichsbahnzentrale zunächst in Westberlin. Im Februar 1949 wird die DER-Geschäftsführung auf Anweisung der Reichsbahn von der Nürnberger Straße in Berlin-Charlottenburg in die Charlottenstrasse 45 im Ostsektor verlegt und mit einer Ost-Geschäftsführung ausgestattet. Der Direktionsverlegung ist eine Gesellschafterversammlung in Ostberlin vorangegangen, die von den westlichen Gesellschaftern als „nicht ordnungsgemäß" ignoriert wird. Im Juni 1949 wird im Westen eine DER-Gesellschafterversammlung einberufen, die dann von der Ost-Direktion als „nicht ordnungsgemäß" bezeichnet wird und die man deshalb ebenfalls nicht zur Kenntnis nimmt. Damit ist die Spaltung des DER in Ost und West vollzogen.

Tourismus auf Kommando

Schon im August 1945 beginnt das Mitteleuropäische Reisebüro GmbH (MER) wieder mit dem Verkauf von Fahrkarten und – was beinahe für die Bürger noch wichtiger, für die Rentabilität des MER jedoch weniger interessant ist – mit Fahrplanauskünften im Auftrage der Bahn. Das Interesse am Reisen und die Freude am Urlaub, das entwickelt sich im Osten wie im Westen gleichermaßen. In beiden Teilen Deutschlands bedarf es professioneller Hilfe, und die ist dann doch sehr unterschiedlich. In der Bundesrepublik ist die Tourismuswirtschaft ein Teil der Marktwirtschaft. Nachfrage und Angebot bestimmen den Markt, der Wettbewerb zwingt zu rationeller Arbeit und zu ersten Zusammenschlüssen. In der DDR dagegen bestimmt nicht die Nachfrage das Angebot, auch nicht der Preis, sondern der Staat legt fest, wohin gereist werden kann. Er veranlasst den Gewerkschaftsbund und staatseigene Betriebe, Reisen zu organisieren, und subventioniert diese Reisen. Und nach dem alten Grundsatz, der auch im Sozialismus nicht außer Kraft gesetzt wird „Wer zahlt, schafft an", wird so auch ein gewisser Einfluss auf den Kreis der Reiseteilnehmer genommen. Trotzdem ist festzuhalten, dass auch in Ostdeutschland gern und im Verhältnis zur Bevölkerungszahl viel gereist wird.

28 Die Ausführungen basieren auf Beiträgen von Frau Prof. Margita Großmann, Claus-Ulrich Selbach und Sabine Diener zur Ausstellung „Endlich Urlaub! Die Deutschen reisen" 1996 im Bonner Haus der Geschichte.

Die Reiseziele der DDR-Bürger

Die ersten Reisen der DDR-Bürger sind Inlandsreisen, Reisen in die gewerkschaftseigenen Erholungsheime im Mittelgebirge, bald auch in jene an der Ostsee. Das beginnt 1947 und entwickelt sich in den Folgejahren relativ stürmisch durch die Aktivitäten des Feriendienstes des Freien Deutschen Gewerkschaftsbundes (FDGB), der Einheitsgewerkschaft in der DDR. Auslandsreisen werden erst ab 1954 in nennenswertem Umfang angeboten. Sie führen ausschließlich in „sozialistische Bruderländer“ und werden durch zwischenstaatliche Verträge möglich. Die DDR vereinbart sogenannte „Touristenaustausche“ mit den Mitgliedsländern des Rats für gegenseitige Wirtschaftshilfe. Den Anfang macht die Tschechoslowakei (1954), ihr folgen die Sowjetunion, Bulgarien und Polen (1955) sowie Rumänien (1958).

Die „Macher“ im Osten

Im Gegensatz zum privatwirtschaftlichen System, in dem die unternehmerische Eigeninitiative, der Wettbewerb und Gewinnstreben die Entwicklung auch im Tourismus voranbringen, trifft in der sozialistischen Planwirtschaft die Partei die grundlegenden Entscheidungen. Deshalb zeigen sich in der DDR auch keine Persönlichkeiten, von denen man sagen könnte, sie hätten den Tourismus entscheidend geprägt und vorangebracht. Der Vorstand der Sozialistischen Einheitspartei Deutschlands (SED) beauftragt im Juli 1946 den Freien Deutschen Gewerkschaftsbund (FDGB), Urlaubs- und Erholungsstätten für die Werktätigen zu schaffen. Ein Dreivierteljahr später, im März 1947, beschließt dann der geschäftsführende Vorstand des FDGB die Gründung eines gewerkschaftseigenen Feriendienstes. Unternehmensziel ist es, „allen Gewerkschaftsmitgliedern eine zweckvolle Durchführung ihrer Ferien zu ermöglichen“. Im Gründungsbeschluss wird die soziale Verpflichtung deutlich: „Der Ferienpreis in den Ferienheimen ist einheitlich so niedrig als möglich zu bemessen. Er ist nicht von der Wirtschaftlichkeit des einzelnen Heimes abhängig zu machen. Die Ferien- und Vertragsheime stehen allen Mitgliedern und deren Familienangehörigen (Ehefrau, Lebensgefährtin, Kindern) zur Verfügung.“ Das Angebot an FDGB-Ferienheimen wächst schnell. Zuerst sind es nur vier Heime, aus altem Besitz, aber dann stellt die sowjetische Militäradministration beschlagnahmte Häuser, Villen, Schlösser und Pensionen zur Verfügung. Auch der FDGB nimmt private Häuser unter Vertrag und hat keine Skrupel, viele von ihnen, besonders an der Ostseeküste, bald darauf beschlagnahmen zu lassen.

Reisebüro der DDR, die Alternative zum FDGB

Während der FDGB mit seinen „Filialen“ in den größeren Betrieben, die teilweise über firmeneigene Erholungsheime verfügen, der erste eigentliche Reiseveranstalter in der DDR ist, blüht das Deutsche Reisebüro (DER) zunächst im Verborgenen. Eine größere Rolle kommt dem DER oder dem Reisebüro der DDR, wie es ab 1964 heißt, im Zusammenhang mit dem Tourismus in die sozialistischen Bruderländer zu. Diese Reisen sind allerdings erheblich teurer als die Ferienaufenthalte in den FDGB-Heimen und betrieblichen Erholungsstätten. Ein FDGB-Urlaub von 13 Tagen kostet 1950 gerade 30 Mark, 1963 etwa 100 Mark und nach 1970 für Gewerkschaftsmitglieder maximal 310 Mark. Für mitreisende Familienmitglieder, die keine Gewerkschaftsmitglieder sind, werden maximal 390 Mark erhoben. Beim DER muss man dagegen 1985 für eine 15-tägige Reise an die rumänische Schwarzmeerküste 1.510 Mark hinlegen, etwa das monatliche Nettoeinkommen eines durchschnittlichen DDR-Haushalts. Reisen mit dem staatlichen Reisebüro sind also etwas für die höheren Einkommen.

DDR pflegt „Völkerfreundschaft"

Beim Aufbau einer eigenen Handelsflotte denkt die DDR-Regierung in erster Linie an die Beförderung ihrer Im- und Exportgüter. Aber auch erholsame Seereisen für die Werktätigen werden ins Auge gefasst. Über Erfahrungen mit dem Bau von Passagierschiffen verfügen die DDR-Werften allerdings nicht. Deshalb sieht man sich im Ausland um. Ende der 50er-Jahre hat der Rückzug der Passagierfahrt auf dem Nordatlantik wegen des schnell wachsenden Düsenflugverkehrs begonnen. Deswegen sind die Svenska Amerika Linjen auch daran interessiert, sich von ihrer „Stockholm" zu trennen, das Schiff, das zu traurigem Ruhm gekommen ist: In einer nebeligen Sommernacht des Jahres 1956 stieß die „Stockholm" etwa 100 Seemeilen vor New York mit dem italienischen Luxusliner „Andrea Doria" zusammen. Die „Stockholm" überlebte das Desaster, konnte ihre Reise nach New York fortsetzen, während die „Andrea Doria" am folgenden Tag sank. Acht Personen verloren ihr Leben, zahlreiche Menschen wurden verletzt.

Die „Stockholm" wurde repariert und konnte noch für weitere vier Jahre ihren Dienst aufnehmen. Die DDR kauft das Schiff – den schwedischen Presseberichten zufolge – für 1,38 Millionen US-Dollar, offizieller Betreiber des Schiffes wird zunächst der FDGB, der es in „Völkerfreundschaft" umtauft. Das Schiff wird im Kreuzfahrtenbereich eingesetzt, in der Ostsee, im Mittelmeer und im Schwarzen Meer. Die DDR-Staatsfluglinie Interflug übernimmt die Beförderung der Gäste zu und von den Ein- und Ausschiffungshäfen im Süden. Die Passagiere sind ausgesuchte Werktätige, die sich im Rahmen ihrer Arbeit besonders verdient gemacht haben. Während der Suche nach einem Kreuzfahrtschiff wird auch der Bau eines Schiffs auf einer heimischen Werft untersucht. Das führt zu einem Auftrag an die Mathias-Thesen-Werft in Wismar, die im Mai 1961 den Neubau „Fritz Heckert" abliefert. Das Schiff ist 8.115 Bruttoregistertonnen groß, 141 m lang, fasst 379 Passagiere und wird von Dieselmotoren und Gasturbinen angetrieben. Mit diesem Schiff wird der Betreiber jedoch nicht glücklich. Es zeigen sich Konstruktions- und Materialmängel, es ist reparaturanfällig und wird so gut wie nur im Ostseeraum eingesetzt. Die Reparaturen an der „Fritz Heckert" nehmen im Laufe der Jahre derartig zu, dass das Schiff im Frühjahr 1971 schließlich aus dem Verkehr gezogen wird.

Deutsche Seereederei übernimmt die Passagierschiffe

Im Verlauf der Schwierigkeiten zeigt sich aber auch, dass der Feriendienst des FDGB mit den Aufgaben einer Schifffahrtsgesellschaft überfordert ist. Das Sekretariat des SED-Zentralkomitees beschließt deshalb, die Passagierschiffe der Deutschen Seereederei (DSR) zu übergeben. Gleichzeitig wird die Passagierkapazität auf FDGB und Reisebüro der DDR aufgeteilt; nur noch 60 Prozent stehen dem FDGB, dem Reisebüro 40 Prozent zur Verfügung. Nun gibt es zwei Kategorien von Kreuzfahrtpassagieren – denn für das FDGB-Kontingent müssen die Passagiere nur 50 Prozent der Fahrpreise zahlen, den Rest begleicht die Gewerkschaft. Dagegen stehen die vom Reisebüro gebuchten Vollzahler. Die „Völkerfreundschaft" ist erfolgreich im weltweiten Kreuzfahrteneinsatz, bis sie im Juli 1985 außer Dienst gestellt wird. In den 90er-Jahren wird das Schiff von einem italienischen Eigner umgebaut – unter dem Namen „Italia Prima" befördert es wieder oder immer noch Kreuzfahrtpassagiere durch die weite Welt.

Für die DDR hat die Kreuzfahrerei mit dem Ende der „Völkerfreundschaft" keinesfalls ein Ende. Die DDR erwirbt 1985 das in Hamburg gebaute und für die Hadag fahrende Kreuzfahrtschiff „Astor". Der Kauf kommt über einen südafrikanischen Zwischenkäufer zustande. Das Schiff wird aber ohne lange Umwege im August 1985 in Hamburg an den neuen Eigner übergeben und auf den Namen „Arkona" umgetauft. In der Folge fährt die „Arkona" nicht nur für die DDR-Kundschaft. Auch die TUI nimmt das Schiff für fünf Jahre unter Vertrag, sodass die „Arkona" immer wieder an den Ort ihres Entstehens zurückkehrt. Heute fährt das Schiff wieder unter dem Namen „Astor" für Transocean Kreuzfahrten.

Privatisierung der DDR-Touristik

Für die Privatisierung der bisherigen Staatsunternehmen ist die Treuhandgesellschaft in Berlin zuständig. Im März 1991 werden die touristischen Staatsbetriebe zum Verkauf angeboten.

Feriendienst des FDGB geht an Enzmann, TUI, DER

Die 51 Verkaufsstellen des Feriendienstes des FDGB übernimmt Frank Enzmann, für den der Brocken allerdings etwas zu groß ist. So beteiligt er die TUI und das DER gemeinsam an seiner Reisebüro Enzmann GmbH und bringt damit seine Schäfchen ins Trockene.

Reisebüro der DDR wird aufgeteilt

Das Reisebüro der DDR, dem auch einige Hotels gehören, wird im Juni 1990 in einzelne Betriebssparten aufgeteilt.

- Reisewelt GmbH übernimmt die Reisebürokette mit 132 Büros.
- Trend-Reisen GmbH ist der neue Reiseveranstalter.
- Quadriga Reisen GmbH heißt die Firma für das Incoming-Geschäft.
- Travel Hotels GmbH wird für die Hotels zuständig.
- Die Hotels scheren schnell aus dem Verbund aus und werden den Interhotels zugeschlagen.

ITS übernimmt Reisebüros

Die Preisvorstellungen der Treuhand für das Europäische Reisebüro schrecken die meisten Interessenten schnell ab, zumal es mit der Rentabilität der angebotenen Betriebe schlecht aussieht. Trotz der sofort aufgeblühten Reiselust der neuen Bundesbürger schreiben die zum Verkauf angebotenen Betriebe rote Zahlen.

Die Metro AG schlägt schließlich über ihre Tochtergesellschaft ITS Reisen zu, kauft 1991 die 37 Jugendtourist Reisebüros und dazu auch noch 75 Prozent an der neuen Reisebürokette Palm Touristik, die sich mit ihren 28 Reisebüros auf Omnibusreisen spezialisiert hat. 1992 wird die Reisewelt mit 76 Reisebüros übernommen. Nach verschiedenen Zwischenstadien werden die Reisebüros in die Reisebürokette Atlasreisen der REWE integriert und ab 2013 nach dem neuen Markenlaunch als DER Deutsches Reisebüro fortgeführt.

Deutsche Seereederei wird AIDA Cruises

Die Deutsche Seereederei wurde von der Treuhand an zwei Hamburger Unternehmer verkauft. Das war mit der Auflage verbunden, 550 Millionen Euro in das ehemalige Kombinat zu investieren und 2.000 Arbeitsplätze zu garantieren. Das war nur mit einem Kreuzfahrtschiff machbar. Die neuen Eigentümer gründeten AIDA Cruises und holten sich als Berater Johann Friedrich Engel. Der kreative Entwickler der Robinson Clubs, ein Gemeinschaftsunternehmen von Steigenberger Hotels und TUI, lieferte das Konzept einer Kreuzfahrt mit Ferienclub-Charakter. Eine Ferienlandschaft über drei Decks mit Palmeninseln und Strandkörben vermittelte eine ganz neue Atmosphäre. In vielen Köpfen sind die AIDA-Schiffe zwar immer noch als die Clubschiffe mit Rundum-Animation präsent, aber die Zeiten sind längst vorbei. Die PR-Abteilung der Reederei betont, man sei auf dem Weg zum „Premium-Ressort-plus."

Im 14. Jahr ihres Bestehens haben AIDA Cruises einen Anteil von zwei Dritteln am deutschen Kreuzfahrtmarkt erreicht. Die Reederei gehört heute zur Carnival Corporation, dem größten Kreuzfahrtunternehmen der Welt.

Einzelinitiativen

In den neuen Bundesländern machen sich nach der politischen Wende auch viele mutige Einzelkämpfer selbstständig. Es herrscht Anfang der 90er-Jahre eine große Euphorie in der sich schnell entwickelnden privaten Reisebranche. Der Optimismus wird gestützt durch Existenzgründungsdarlehen, die manchen Gutgläubigen in die Selbstständigkeit verführen. Viele „Schnellstarter" landen innerhalb weniger Jahre bei der einen oder anderen bundesweit tätigen Reisebüro-Kette, einige treten auch den Weg zum Konkursrichter an.

Eigene Reiseveranstalter entwickeln sich in den östlichen Bundesländern mit Ausnahme von Omnibusunternehmen nur sehr spärlich. Die westdeutschen Veranstalter bringen ihr Angebot auch im Osten gut und erfolgreich unter. Bei den lokalen Busunternehmen, „wo der Chef selbst kocht", entwickelt sich das Geschäft allerdings sehr gut. Einige westdeutsche Unternehmen gründen in den östlichen Bundesländern Tochtergesellschaften, wie zum Beispiel Kipferl aus Rödermark bei Frankfurt/Main in Leipzig und der fränkische Unternehmer Eberhardt in Dresden. Wegen der guten Erfahrungen verlegt Eberhardt sogar einen wichtigen Teil seiner Unternehmensleitung nach Dresden.

Neuer Markt mit besonderen Bedingungen

Zur Anfangsphase der ostdeutschen Touristikwelle gehören die lange entbehrten Reisen in westeuropäische Hauptstädte. Vor allem Paris ist ein Renner. Um attraktive Preise bieten zu können, machen Omnibusunternehmer strapaziöse Touren mit ihren Gästen, Hin- und Rückfahrt nach Paris finden in der Nacht statt, Übernachtungskosten fallen nicht an, und die spannungsgeladenen neugierigen Reisenden verdrängen ihre Müdigkeit bei der Entdeckung ihrer Traumziele. Für westdeutsche Omnibusunternehmer bedeutet die Öffnung der früheren Zonengrenze gleichzeitig eine Eröffnung neuer, interessanter Geschäftsmöglichkeiten, die sie größtenteils auch mit beachtlichem Erfolg ausnutzen.

Auch der Luftverkehr in südeuropäische Feriengebiete von Dresden, Leipzig und Berlin wird von den ostdeutschen Bürgern schnell entdeckt und bald genutzt. Im ersten Jahr nach der Wiedervereinigung gibt es noch spezielle Reiseprogramme für die ostdeutsche Bevölkerung. Auch Studiosus Reisen in München bringt ein etwas „abgespecktes" preiswertes Studienreisenprogramm für die Ostdeutschen heraus, aber bald darauf sind die Angebote in Ost und West identisch. Von der Wiedervereinigung profitiert Air Berlin, die durch den Einstieg neuer Gesellschafter im Jahr 1991 neue Impulse erhält. Der Berliner Markt besteht seit Ende 1989 nicht mehr nur aus der Westberliner Bevölkerung, sondern aus dem großen Umfeld um die Großstadt Berlin. Davon profitieren auch im ersten Anlauf die Westberliner Reisebüros, aber sehr schnell machen sich clevere Reisefachleute und auch Laien in Ostdeutschland selbstständig. Die Bundeszuschüsse für Existenzgründungen in der ehemaligen DDR sind relativ leicht zu bekommen. Sie verführen manch einen zu vorschnellen Entschlüssen, wenn dieser das Geld sieht, das ihm bei Beginn seines Unternehmens zur Verfügung steht, nicht aber daran denkt, dass er nach einigen Jahren auch mit der Rückzahlung der geliehenen Gelder beginnen muss. Mit Ausnahme der Omnibusunternehmen haben die meisten der schnell aufgeblühten Reiseveranstalter in Ostdeutschland ihre Tore wieder schließen müssen.

Interflug wird aufgelöst

Auch über die Zukunft der ehemaligen Fluggesellschaft der DDR, Interflug, wird viel verhandelt. Interessenten an einer wie auch immer gearteten Gemeinsamkeit gibt es zur Genüge. TUI will etwas gemeinsam mit Interflug machen, Lufthansa ebenfalls, auch Condor, Aero Lloyd und Olympia Reisen. Zum Schluss bleibt keiner übrig, denn die Interflug wird schlichtweg aufgelöst. Die Lufthansa übernimmt einen Teil des Personals am Flughafen Berlin-Schönefeld, auch das fliegende.

Nach der Auflösung von Interflug melden sich einige Reiseveranstalter mit unterschriebenen Charterverträgen für ganze Flugketten, für die es nun wegen besonders preiswerter Konditionen oder mangels geeigneten Fluggerätes keinen Ersatz gibt. Noch jahrelang wird in der Branche darüber gemunkelt, dass einige Unternehmer auf Grund der plötzlich aufgetauchten Charterverträge für die reklamierten entgangenen Gewinne von der Treuhand entschädigt und auf diese Weise flugs zu Millionären wurden.

Teil C

Ausblick

1. Deutschland wird älter

Der demografische Wandel gilt als einer der Megatrends des 21. Jahrhunderts, der die politische, soziale und ökonomische Situation in Deutschland tief greifend verändern wird. Die niedrige Geburtenrate gepaart mit einer steigenden Lebenserwartung verändert die Struktur der Alterszusammensetzung gravierend: Der Anteil der Älteren (65 Jahre und älter) wird zunehmen, wobei der Anteil der 20- bis 40-Jährigen sinkt.

Die deutschen Reiseanbieter werden sich auf die wachsende Zahl der „Best-Ager" einstellen müssen, die ihre heutigen Reisegewohnheiten in die späteren Jahre mitnehmen und folglich weiterhin sowohl Komfort als auch einen hohen Erlebniswert erwarten werden.

2. Erhalt der Gesundheit

Die Absicht, „etwas für die Gesundheit zu tun", wird bei der Gestaltung des Urlaubs eine immer größere Rolle spielen. Die Grenze zwischen Wellness bzw. Lifestyle auf der einen und Gesundheitsfürsorge auf der anderen Seite verschwimmt nach Ansicht des DEHOGA zusehends. Die Hotellerie greift diesen Trend bereits heute auf und bietet diverse Angebote rund um Körper und Geist, die von reinen Wohlfühlanwendungen bis zu von Medizinern begleiteten Maßnahmen reichen. Das Thema spielt nicht nur in der Ferienhotellerie, sondern in verstärktem Maße auch in der Stadthotellerie eine Rolle.

Reiseveranstalter werden ihre Angebote für „Best Ager" erweitern, indem sie vermehrt Präventionsreisen und All-inclusive-Kuren anbieten.

3. Sport im Urlaub

Für Radler und Wanderer werden zusätzliche Wanderwege entlang Flüssen und in Mittelgebirgen geschaffen, die gepflegt werden müssen. In der Folge werden sich dort Gaststätten und Unterkünfte ansiedeln. Reisen zur Ausübung weiterer Sportarten und Aktivitäten wie Reiten, Segeln, Golfen, Surfen, Tauchen, Schnorcheln etc. nehmen weiter zu. Auch die steigende

Nachfrage nach Rundreisen mit Haus- und Motorbooten sowie Campmobilen zählen im weiteren Sinne zum Aktivitätstourismus.

4. Die Kasse muss stimmen. Preiswerte Hotels

Die Reisenden sind an preiswerten Angeboten interessiert. Budgethotels liegen weiterhin im Trend. Budgethotels mit Designcharakter und kommunikativer Atmosphäre treffen den Geschmack von Geschäftsreisenden wie Touristen gleichermaßen und schonen den Geldbeutel.

Die amerikanische Hotelgruppe *Marriott* will 2014 gemeinsam mit dem schwedischen Möbelhaus *Ikea* drei „Moxy Hotels" eröffnen, eines entsteht im Laufe des Jahres 2013 am Flughafen München mit 317 Zimmern. Mit 17 qm kleinen Zimmern, die sich auf das Nötigste beschränken, sagt *Marriott* der US-Kette *Motel One* den Kampf an.

5. Städtereisen. Die Neugier bleibt

Städtereisen und Kurzreisen werden weiter zunehmen. Die deutschen Städte überzeugen mit einem reichhaltigen architektonischen und kulturellen Angebot. Zusätzlich locken zahlreiche Kunst- und Sportveranstaltungen. In wenigen Tagen möglichst viel zu erleben, entspricht dem Trend der Zeit. Aufgrund des Billigflugangebots wird der Städtetourismus nach und in Deutschland sowie in die Welt erheblich gefördert.

6. Schutz der Umwelt auch beim Reisen

Das Bewusstsein, für die Umwelt verantwortlich zu sein, wird bei Reiseentscheidungen eine zunehmend wichtige Rolle spielen. Umweltfreundliche und umweltschonende Angebote von Reiseveranstaltern, Hotels, Fluggesellschaften und Reedereien haben Wettbewerbsvorteile.

7. Mehr ausländische Gäste in Deutschland

Die globale Mobilität wächst, besonders auch mit steigendem Einkommen in den asiatischen Ländern. Die Deutsche Zentrale für Tourismus DZT rechnet bis zum Jahre 2020 mit einer Steigerung der Übernachtungszahlen ausländischer Gäste von 68,8 Millionen (2012) auf bis zu 80 Millionen Laut einer UNWTO-Studie liegt die Steigerung des deutschen Incoming-Marktes kontinuierlich über dem Durchschnittsniveau in Europa.

8. Kreuzfahrten immer beliebter

Für Hochseekreuzfahrten werden in den Jahren 2013 bis 2016 sechs weitere neue Luxusliner von deutschen Reedereien zum Einsatz kommen. Das zeigt, dass mit einer wachsenden Nachfrage gerechnet wird.

9. Beratung im Reisebüro, Lotsen im Angebotswirrwarr

Die digitale Revolution entwickelt sich weiter und wirkt sich auf das Informations- und Buchungsverhalten der Reisenden aus. Diese Entwicklung geht zu Lasten der traditionellen Reisebüros. Umfangreiche Kenntnisse über andere Länder und Kulturen sowie spezifische touristische Angebote gekoppelt mit einer zuverlässigen persönlichen Beratung werden deshalb auch in Zukunft die Existenzgrundlage für qualifizierte Reisebüros sein.

Ein Grundproblem teilen allerdings alle Reisevermittler: Große marktbeherrschende Leistungsträger bzw. Anbieter touristischer Leistungen (wie z. B. die Deutsche Bahn, Lufthansa oder Air Berlin) werden auf lange Sicht weder Reisebüroportale noch Produktportale oder stationäre Reisebüros als Vertriebskanal benötigen. Aufgrund ihrer Marktpräsenz und Produktvielfalt können sie ihren Verkauf direkt im Eigenvertrieb abwickeln und das mit Angeboten sowie zu Kosten und Preisen, die fremde Vertriebskanäle nicht bieten können. Stationäre Reisebüros und Online-Reiseportale werden aber das Tummelfeld für alle mittleren und kleinen Anbieter touristischer Leistungen und Reiseveranstalter bleiben, die sich einen Eigen- oder Direktvertrieb nicht leisten können und deren Angebotssortiment keine großen Abwicklungsvolumina ermöglicht.

Diesen Chancen und Risiken müssen sich alle stationären und Online-Reisevermittler stellen, um langfristig im Markt zu bestehen. Und die Chancen werden mit jedem ausscheidenden Wettbewerber größer, der vor diesen Herausforderungen kapituliert.

10. Wachstum des internationalen Luftverkehrs

Für die internationale Entwicklung im Luftverkehr gibt es von Boeing eine Prognose. Auf absehbare Zeit wird mit einem Wachstum des Passagierverkehrs um fünf Prozent pro Jahr gerechnet. Die führenden Fluggesellschaften arbeiten daran, ihr globales Netzwerk auszudehnen und die überalterten Flottenbestände zu modernisieren. Wegen der Notwendigkeit, von den hohen Treibstoffkosten herunter zu kommen, steigt die Nachfrage nach Flugzeugen, die hohe Umweltstandards erfüllen und gleichzeitig den Komfort für die Passagiere deutlich erhöhen.

11. Neue Flugzeuge, weniger Lärm

Der größte Bedarf an neuen Flugzeugen wird für den Kurz- und Mittelstreckenverkehr erwartet. Bei den Großraumflugzeugen von Airbus und Boeing, die für bis zu 500 Passagiere konzipiert sind, erwartet man für die nächsten 20 Jahre einen Nachfragerückgang von 3,8 Prozent gegenüber den bisherigen Planungen. Dagegen wird schon jetzt bei kleineren Langstreckenmaschinen eine steigende Nachfrage registriert.

Nach einer Prognose von Airbus wird in Deutschland für die nächsten 20 Jahre mit einer Nachfrage nach 1.000 neuen Flugzeugen gerechnet. Aktuell (2013) sind 200 neue Flugzeuge bestellt, die leiser und verbrauchsärmer sind. Das derzeit größte und modernste Passagierflugzeug A380 verbraucht gegenüber vergleichbaren Modellen wie der B747 zwanzig Prozent weniger Treibstoff und verursacht 50 Prozent weniger Lärm. Beim Boeing 787 Dreamliner liegt die Lärmreduzierung sogar bei 60 Prozent.

12. Verkehrswachstum in Deutschland

Der Bundesverband der Deutschen Luftverkehrswirtschaft BDL zitiert eine Prognose von Intraplan, derzufolge das Passagierwachstum in Deutschland pro Jahr bis 2025 steigen wird, und zwar im

Automobilverkehr um	0,3 Prozent,
Eisenbahnverkehr um	0,3 Prozent,
Luftverkehr um	3,5 Prozent.

Hinsichtlich des Luftverkehrswachstums in Deutschland meldet die Deutsche Flugsicherung allerdings Skepsis an. Sie geht für die nächsten zehn Jahre von einer Stagnation des deutschen Flugverkehrs aus. Der Frankfurter Flughafen hat aus ähnlichem Grund den Bau des Terminals 3 verschoben. Man will mit dem Terminalbau erst beginnen, wenn das Gebäude tatsächlich gebraucht werde. Dieser Zeitpunkt liege wohl nicht vor 2021.

Auch in München ist die Diskussion über den Bau einer dritten Startbahn verschoben worden. Man registrierte Mitte 2013 ein etwa gleich bleibendes Passagieraufkommen bei einem generellen Rückgang der Flugbewegungen um mehr als fünf Prozent, weil zunehmend kleinere Flugzeuge durch größere ersetzt werden.

13. Mega-Flughäfen und Problem deutscher Fluggesellschaften

Die im Bau befindlichen Megaflughäfen in Istanbul und Dubai mit einer Jahreskapazität von 150 Millionen Passagieren oder mehr werden wie ein Magnet für den Langstreckenverkehr zwischen Europa und Asien/Pazifik sowie Afrika wirken.

Die deutschen Fluggesellschaften stehen vor der Herausforderung, den Billigfliegern auf der Kurz- und Mittelstrecke und den Gesellschaften aus den Arabischen Emiraten und der Türkei auf den Fernstrecken nach Asien, Australien und Afrika ein Flugkonzept entgegenzustellen, das sowohl vom Komfort als auch vom Preis her konkurrenzfähig ist. Ob das gelingt, wird sich zeigen.

14. Reisemotive unverändert

Nach Darstellung von Martin Lohmann vom Institut für Tourismus- und Bäderforschung in Nordeuropa wollen die künftigen Kunden nicht nur das möglichst Beste, sondern sie wollen auch immer mehr im Urlaub erleben. Grundsätzlich erwartet man, dass die Lebensqualität im Urlaub besser ist als im Alltag. Das heißt: Entspannung ohne Langeweile und Erlebnis ohne Stress.

„Die Deutschen werden 2030 wahrscheinlich weder ganz anders noch viel mehr oder viel weniger verreisen als heute. Hochwertige Reisen sind zwar ein Wachstumsfeld, aber das Volumengeschäft mit dem klassischen Strandurlaub wird trotzdem in den nächsten zehn Jahren das Brot- und Buttergeschäft bleiben."

Chronik des Tourismus

Reisebüro und Veranstalter	Leistungsträger (Bahn, Bus Schiff, Flug)	Branchenereignisse, Entwicklungen	Geschichtliche Ereignisse	
	Ferdinand Graf Zeppelin konstruiert das erste lenkbare Luftschiff. Es ist 128 m lang.		Das Bürgerliche Gesetzbuch BGB und das Handelsgesetzbuch HGB treten in Kraft. Der Ladenschluss wird gesetzlich geregelt (5-21 Uhr).	1900
		In Westerland wird ein Familienbad für die gemeinsame Nutzung von Frauen und Männern eingerichtet. Verboten: Singles und Kameras.		1902
	Die Gebrüder Wright unternehmen den ersten gesteuerten Motorflug. Beginn der modernen Luftfahrt. Die transsibirische Eisenbahnstrecke von Moskau nach Wladiwostok wird eröffnet, 9.337 km lang.			1903
Reisebüro Stangen in Berlin wird von der Hapag gekauft.		Gründung Deutscher Skiverband.	Gründung Deutscher Städterat.	1905
Thomas Cook und Norddeutscher Lloyd gründen in Berlin das Weltreisebüro Union.				1906
		Gründung Deutsche Gebirgs- und Wandervereine.		1908
Bayerische Staatseisenbahn kauft Rsb. Schenker & Co, tauft es um in ABR – Amtliches Bayerisches Reisebüro.		Gründung Deutsches Jugendherbergswerk.		1910

Reisebüro und Veranstalter	Leistungsträger (Bahn, Bus Schiff, Flug)	Branchenereignisse, Entwicklungen	Geschichtliche Ereignisse	
	Der Luxusdampfer „Titanic“ rammt während der Jungfernfahrt einen Eisberg und sinkt; 1.503 Tote.		Nobelpreis für Gerhard Hauptmann.	1912
		Gründung der ersten Standesorganisation des Reisebürogewerbes „Central-Verband der Reisebüros (IVR)“.		1913
		Umbenennung des Central-Verbandes in Internationaler Verband der Reisebüros.	Beginn des Ersten Weltkriegs.	1914
	Gründung der Mitteleuropäischen Schlaf- und Speisewagengesellschaft AG Mitropa.			1916
Gründung des Deutschen Reisebüros – DER.			Oktoberrevolution in Russland.	1917
Umbenennung des Deutschen Reisebüros in Mitteleuropäisches Reisebüro (MER). Gründung der Speditionsfirma Erich Kassner, aus der Schauinsland-Reisen hervorgegangen ist.			Waffenstillstand, Ende des Ersten Weltkriegs.	1918
Gründung Wolters Reisen, Bremen.	Deutsche Luftreederei startet den Luftverkehr Berlin – Weimar. In Den Haag wird die International Air Traffic Association (Iata) gegründet. Junkers F 13 erstes Verkehrsflugzeug.			1919

Reisebüro und Veranstalter	Leistungsträger (Bahn, Bus Schiff, Flug)	Branchenereignisse, Entwicklungen	Geschichtliche Ereignisse	
	Vereinigung der ländereigenen Eisenbahngesellschaften zur Deutschen Reichsbahn.	Gründung Reichszentrale für Deutsche Verkehrswerbung RDV (spätere DZT).	Vertrag von Versailles tritt in Kraft. Einführung der Prohibition in USA.	1920
		Gründung der Vereinigung Deutscher Reisebüros (VDR).		1921
	Erste Atlantiküberquerung per Zeppelin.		Erste deutsche Funkausstellung in Berlin.	1924
Das Bayerische Pilgerbüro wird in München gegründet. Willy Scharnow gründet Reisebüro in Bremen.				1925
Das MER gründet Amerop Travel Service in New York.	Deutsche Aero Lloyd und Junkers Luftverkehr AG vereinigen sich zur Deutschen Luft Hansa AG.			1926
	Charles Lindbergh überquert als Erster im Alleinflug den Atlantik von West nach Ost.			1927
Dr. Hubert Tigges veranstaltet erste Reise: Wanderreise in die Eifel. Gustav Schickedanz gründet Quelle-Versand.	Freiherr von Hünefeld, Fitzmaurice und Köhl überqueren erstmals den Atlantik per Flugzeug nonstop in Ost-Westrichtung.	Umbenennung der RDV in Reichsbahnzentrale für den deutschen Reiseverkehr.	Der Acht-Stunden-Arbeitstag wird gesetzlich geregelt.	1928
Das MER gründet Büros in London, Rom und Paris.	Die „Bremen" des Norddeutschen Lloyd erringt auf Jungfernreise nach New York das Blaue Band.		Schwarzer Freitag. Börsenkrach in New York. Beginn der Weltwirtschaftskrise.	1929
Gründung Deutsche Reisespar GmbH, Berlin.		100 RM Gebühr für Reisen ins Ausland wird eingeführt.		1930

Reisebüro und Veranstalter	Leistungsträger (Bahn, Bus Schiff, Flug)	Branchenereignisse, Entwicklungen	Geschichtliche Ereignisse	
Dr. Herbert Degener setzt ersten Sonderzug nach Golling im Salzburger Land ein.		Gebühr für Auslandsreisen wird auf 200 RM erhöht.		1932
Gründung der NS-Gemeinschaft Kraft durch Freude (KdF). Degener-Sonderzüge fahren nach Ruhpolding	Erster Spatenstich zum geplanten Reichsautobahn-Netz.	Gebühr für Auslandsreisen wird auf 1.000 RM erhöht – „Tausendmark-sperre". Vereinigung Deutscher Reisebüros (VDR) wird umgetauft in Nationale Vereinigung Deutscher Reisebüros (NVDR).	Adolf Hitler wird deutscher Reichskanzler, Beginn der zwölfjährigen NS-Diktatur. Abschaffung der Gewerbefreiheit durch das Gesetz zum Schutz des Einzelhandels.	1933
Dr. Tigges-Fahrten bringen erstmals deutsche Urlauber nach Mallorca (per Bahn). Beginn der Reisen mit Kraft durch Freude (KdF).			Die Kommunisten Chinas beginnen unter der Führung Mao Tse-tungs ihren Langen Marsch (ca. 12.000 km).	1934
9.000 Gäste reisen mit Dr. Degener nach Ruhpolding.	Eröffnung des ersten Teilstücks des geplanten Autobahn-Netzes von Frankfurt nach Darmstadt.	NVDR wird ersetzt durch Reichsverkehrsgruppe Hilfsgewerbe des Verkehrs (RVA).	Abstimmung im Saarland über die Zugehörigkeit zu Frankreich oder Deutschland, 90,8 % für die Angliederung an Deutschland.	1935
Gründung Reisebüro Kahn. Gründung MER-Filiale in Buenos Aires.	Das Luftschiff LZ 129 „Hindenburg" fliegt in 50 Stunden von Frankfurt nach New York.		Olympiade in Berlin. Beginn der Auseinandersetzungen zwischen Juden und Arabern in Palästina. Ausbruch des spanischen Bürgerkrieges.	1936
	Ende der Zeppelin-Aera, Explosion der „Hindenburg" in Lakehurst.			1937

Reisebüro und Veranstalter	Leistungsträger (Bahn, Bus Schiff, Flug)	Branchenereignisse, Entwicklungen	Geschichtliche Ereignisse	
	Der britische Luxusliner „Queen Elizabeth" läuft in Glasgow vom Stapel.		Konrad Zuse stellt die Rechenmaschine Z1 fertig, den ersten Computer.	**1938**
Dr. Degener bringt 13.000 Gäste nach Ruhpolding. KdF zählt seit 1934 43 Millionen Gäste, davon sind 84 % Tagesausflügler.	USA. Erster Nonstop-Flug Berlin-New York der Lufthansa mit Focke-Wulf FW-200 „Condor". Erster regelmäßiger Linienflugdienst über den Atlantik (Pan Am).		Beginn des Zweiten Weltkrieges. Ernst Heinkel konstruiert das erste Flugzeug mit Düsenantrieb (HE-178). Geschwindigkeit: 700 km/h.	**1939**
			USA tritt in den Krieg ein.	**1941**
	Letzter Flug der Lufthansa am 5. 5. 1945 von Oslo nach Flensburg.		Atombombenabwurf auf Hiroshima. Ende des Zweiten Weltkrieges.	**1945**
Umbenennung des MER in Deutsches Reisebüro DER.	Erster Interzonenzug von Amsterdam über Hannover nach Berlin am 1. Oktober 1946.			**1946**
Dr. Degener beginnt wieder in Ruhpolding mit dem Fremdenverkehr. 83 DER-Vertreter beschließen die Fortsetzung der Zusammenarbeit mit dem Deutschen Reisebüro (DER).	Die amerikanische X-1 durchbricht als erstes Flugzeug die Schallmauer.			**1947**
Gründung Hapag-Lloyd Reisebüro. Gründung der DER-Gesellschaftsreisen, der späteren Touropa. 1.200 Gäste reisen mit erstem Sonderzug von Hamburg nach Ruhpolding.		Gründung Deutsche Zentrale für Tourismus (DZT).	Währungsreform. DM löst RM ab. Blockade Westberlins durch die DDR und Einrichtung der „Luftbrücke".	**1948**

Reisebüro und Veranstalter	Leistungsträger (Bahn, Bus Schiff, Flug)	Branchenereignisse, Entwicklungen	Geschichtliche Ereignisse	
40.000 Gäste reisen mit DER Gesellschaftsreisen. Aus den DER-Reisebüros im sowjetisch besetzten Gebiet wird das Reisebüro der DDR.	Jungfernflug des ersten Düsenpassagierflugzeugs. Die erste Kreditkarte (Diners Club) ist zunächst aus Pappe.		Das Grundgesetz der Bundesrepublik Deutschland wird verkündet.	**1949**
Gründung Karawane Studienreisen. 500 Sonderzüge mit 117.000 Gästen reisen mit Arbeitsgemeinschaft DER-Gesellschaftsreisen.		22 Reisebürovertreter gründen den Deutschen Reisebüro-Verband (DRV).	Peking: Einmarsch der chinesischen Revolutionäre unter Mao Tse-tung Aufhebung der Lebensmittelrationierung.	**1950**
Arbeitsgemeinschaft DER Gesellschaftsreisen wird umgetauft in Touropa. 135.000 Gäste reisen mit Touropa. Die Deutsche Bundesbahn (DB) wird gegründet. Die Deutsche Reichsbahn (DR) existiert weiter in der DDR. Ameropa wird gegründet.			Ein VW-Käfer kostet 4.200 DM.	**1951**
194.000 Gäste reisen mit Touropa.			Der Deutsche Bundestag ratifiziert Beitritt zur Montanunion. Entlang der Grenze zwischen Bundesrepublik und DDR wird DDR-Sperrzone angelegt (Schießbefehl).	**1952**

Reisebüro und Veranstalter	Leistungsträger (Bahn, Bus Schiff, Flug)	Branchenereignisse, Entwicklungen	Geschichtliche Ereignisse	
Gründung der – Hummel Reise – Scharnow Reisen – Hetzel Reisen – Willy Scharnow-Stiftung. Dr. Tigges-Fahrten bieten erste Flugreisen nach Mallorca an. Hapag-Lloyd Reisebüro gründet Trade & Industry Tours, New York	Aktiengesellschaft für Luftverkehrsbedarf „Luft AG", Vorläufergesellschaft der Lufthansa, gegründet. Charterfluggesellschaft Aero Express wird gegründet.		In der DDR vereinnahmt die SED unter der „Aktion Rosa" private Hotels und Pensionen und gliedert sie in den „Feriendienst" des FDGB ein. Am 17. Juni Aufstand der Bauarbeiter in Ostberlin. Walter Ulbricht wird Erster Sekretär des ZK der SED.	**1953**
Gründung – DER in Rom – Gasteiger Reisen, Inzell – Euro Lloyd Reisebüro – Kühne & Nagel Reisebüro – Marco Polo Reisen – Studiosus Reisen	Norddeutscher Lloyd kauft die „Gripsholm", tauft sie um in „Berlin". Erstes deutsches Passagierschiff nach 1945 im Nordatlantikdienst. Die Luftag wird umgetauft in Deutsche Lufthansa AG.	9,3 Mio. Bundesbürger unternehmen mindestens eine Urlaubsreise von fünf Tagen Dauer. 15 % reisen ins Ausland.	Wiederherstellung der Souveränität der Bundesrepublik (Pariser Verträge). Mitgliedschaft in der Nato. Frankreich zieht sich aus Vietnam zurück.	**1954**
Gründung der Transeuropa.	Gründungen: – Lufttransport Union LTU – Deutscher Flugdienst (DFG). Lufthansa beginnt am 1. April ihren Flugbetrieb.	9,1 Mio. Bundesbürger machen Urlaubsreisen.	Aufnahme diplomatischer Beziehungen zwischen UdSSR und Bundesrepublik. Rückkehr der Kriegsgefangenen und Internierten aus der UdSSR. Die Saarländer stimmen gegen einen Anschluss an Frankreich. DDR wird Mitglied des Warschauer Paktes. Metallindustrie führt 45-Stunden-Woche ein.	**1955**

Reisebüro und Veranstalter	Leistungsträger (Bahn, Bus Schiff, Flug)	Branchenereignisse, Entwicklungen	Geschichtliche Ereignisse	
Die ersten 30 Urlauber fliegen mit Dr. Tigges mit einer Propellermaschine nach Mallorca.	Bundesbahn schafft die 3. Klasse ab. Einsatz von Liegewagen im Turnusverkehr.	9,9 Mio. unternehmen Urlaubsreisen, 20 % ins Ausland.	Englisch-französische Streitkräfte greifen Port Said an als Reaktion auf Verstaatlichung des Suez-Kanals. Sowjetunion zerschlägt Ungarn-Aufstand.	**1956**
	Gründung der Südflug.	10,5 Mio. unternehmen Urlaubsreisen. DFG befördert 5.000 Fluggäste.	Die Römischen Verträge begründen die europäische Wirtschaftsgemeinschaft EWG. Die Sowjetunion lässt den ersten künstlichen Satelliten „Sputnik" die Erde umkreisen.	**1957**
Dr. Tigges beginnt mit Fernreisenprogramm.	Gründung DAL – Deutsche Atlantik Linie. Hamburg-Amerika-Linie setzt „Ariadne" für Kreuzfahrten ein.	11,5 Mio. Bundesbürger machen Urlaubsreisen, 27 % ins Ausland. DFG befördert 47.200 Passagiere.	Der Düsenverkehr beginnt. Aufhebung der Devisenkontingentierung.	**1958**
Scharnow bringt „Kurfibel" heraus. Touropa, Scharnow, Hummel gründen Deutsche Flugtouristik. Gründung Seetours.	Lufthansa übernimmt Deutschen Flugdienst (DFG). Der Norddeutsche Lloyd setzt die „Bremen" in Fahrt.	Für die Erhöhung des Stammkapitals der Preussag – Preußische Bergwerks und Hütten AG wird die „Volksaktie" eingeführt.	Fidel Castro übernimmt die Regierung in Kuba. China überfällt Tibet.	**1959**
Tod Degeners.	Lufthansa beginnt Dienst mit Düsenmaschinen. DDR kauft die „Stockholm" und tauft das Schiff auf „Völkerfreundschaft". Köln-Düsseldorfer beginnt mit Flusskreuzfahrten.	11,8 Mio. Bundesbürger machen Urlaubsreisen, 31 % ins Ausland, 1 % per Flugzeug.	John F. Kennedy wird Präsident der USA. Olympiade in Rom. Jacques Piccard taucht 10.893 Meter tief.	**1960**

Reisebüro und Veranstalter	Leistungsträger (Bahn, Bus Schiff, Flug)	Branchenereignisse, Entwicklungen	Geschichtliche Ereignisse	
Gründung Studienkreis für Tourismus. Scharnow beginnt Fewo-Programm. Gründung DER London.	DDR: Jungfernfahrt der „Fritz Heckert". Lufthansa tauft DFG um in Condor Flugdienst.	13,1 Mio. Urlaubsreisende.	Jurij Gagarin fliegt als erster Mensch ins Weltall. Aufwertung der DM um 4,75 %. Bau der Berliner Mauer. Seit 1949 haben mehr als 2,6 Mio. Bürger die DDR verlassen.	**1961**
Arbeitsgemeinschaft Deutsche Flugtouristik löst sich auf. Gründung Quelle Reisen. Tigges mit Langzeit-Urlaub auf Mallorca.	Condor hat 70 % Marktanteil an Flugtouristik.	13,7 Mio. Urlaubsreisende, 40 % ins Ausland. (bis 1968).	Kubakrise. Gefahr eines neuen Weltkriegs.	**1962**
Gründung DER Paris. Neckermann erscheint mit eigenem Flugprogramm.		15,1 Mio. Urlaubsreisende.	John F. Kennedy wird ermordet. Konrad Adenauer übergibt Kanzleramt an Ludwig Erhard. Gründung der Fußball-Bundesliga.	**1963**
		16,8 Mio. Urlaubsreisende, 2 % per Flugzeug, 43 % ins Ausland.	Breschnjew und Kossygin lösen Chruschtschow ab. DDR-Rentner dürfen in die Bundesrepublik fahren.	**1964**
Fritz Gastager aus Inzell startet mit 104 Passagieren seine erste Rund-um- die-Welt-Reise. NUR löst sich von Hotelplan. Touropa und Scharnow bieten TS Fernreisen. Scharnow bietet erstmals Überwintern auf Mallorca an.	Beginn der Gastarbeiterflüge nach Istanbul, Ankara, Madrid, Barcelona.	19,1 Mio. Urlaubsreisende.		**1965**

Reisebüro und Veranstalter	Leistungsträger (Bahn, Bus Schiff, Flug)	Branchenereignisse, Entwicklungen	Geschichtliche Ereignisse	
Touropa bietet Ferien auf dem Bauernhof.	Erste Internationale Börse des Tourismus (ITB) in Berlin. Boeing stellt den Jumbo B-747 vor. Der Norddeutsche Lloyd setzt die „Europa“ ein.	18,7 Mio. Urlaubsreisende, 48 % ins Ausland. 600.000 nutzen Charterflüge für Urlaub.	Kulturrevolution in China. Große Koalition in Bonn.	1966
Gründung Airtours International.	Condor beteiligt sich mit 50 % an Transeuropa Lufthansa kauft Südflug.	16,7 Mio. Urlaubsreisende. Zunahme der Flugtouristik um 12 %. 920.000 Gäste im Flugcharter- Verkehr. 16,8 Mio. Urlaubsreisende, 51 % ins Ausland.	Sechstagekrieg Israel. Konrad Adenauer stirbt.	1967
Gründung der TUI. Transeuropa wird von Quelle gekauft. Gründung Airconti Reisen.	Gründungen: – Atlantis – Paninternational – Germanair – Reederei Deilmann – Bavaria		Niederschlagung des Prager Frühlings. Ermordung von Robert Kennedy und Martin Luther King. Einführung der Mehrwertsteuer (10 %). Internationale Währungskrise. Aufwertung der DM um 8,5 %.	1968
Touropa bringt FKK-Prospekt heraus. Gründung – GUT – Öger Tours	Neubau „Hamburg“ der Deutschen Atlantik-Linie (DAL) wird eingesetzt. Der Transrapid wird gebaut.	17,1 Mio. Urlaubsreisende.	Ende der großen Koalition. Sozialliberale Ära beginnt unter Willy Brandt. Am 21. 7. landet Neil Armstrong auf dem Mond. Ho Chi Minh stirbt.	1969

Reisebüro und Veranstalter	Leistungsträger (Bahn, Bus Schiff, Flug)	Branchenereignisse, Entwicklungen	Geschichtliche Ereignisse	
Gründung Terramar. TUI übernimmt Airtours International. ITS wird vom Kaufhof gegründet. Hertie wird Vertriebspartner von ITS. TUI und Steigenberger gründen Robinson Hotels.	Lufthansa setzt Boeing B-747 „Jumbo" ein. NDL und Hapag fusionieren zur Hapag-Lloyd AG. Schörghuber beteiligt sich an Germanair.	18,5 Mio. Urlaubsreisende, davon 10 Mio. ins Ausland (54 %), davon 8 % per Flugzeug. Beginn der jährlichen „Reiseanalyse".	Umrechnungskurs 1 Dollar = 3,73 DM 1 Pfund = 9,– DM. In Erfurt Treffen von Willy Brandt und Willy Stoph. Vietnam-Krieg der USA greift auf Kambodscha über. Der blutige Biafra-Krieg geht zu Ende. Neue Verfassung der DDR tritt in Kraft.	1970
Eintritt von Karstadt in die Reisebranche. Gründung des Start-Systems für Automatisierung in der Touristik. Gründung Ikarus-Tours.	Hapag-Lloyd stellt Nordatlantik-Verkehr ein. Verkauf der „Bremen". Absturz Paninternational.	20,9 Mio. Urlaubsreisende, 55 % ins Ausland.	Aus Ostpakistan wird der selbstständige Staat Bangladesch. Die DM wird gegenüber dem Dollar um 13,58 % aufgewertet. Erich Honecker wird Nachfolger von Walter Ulbricht. Israel: Yom-Kippur-Krieg.	1971
Quelle/Karstadt beteiligen sich an TUI. Gründung Olimar. Gemeinsamer Flugeinkauf TUI/ITS.	Gründung von Hapag-Lloyd Flug. Pleite der Atlantis-Flugges.	21,8 Mio. Urlaubsreisende, 57 % ins Ausland, 13 % per Flugzeug.	Westberliner können erstmals seit sechs Jahren Verwandte im Ostteil der Stadt besuchen.	1972
Gründung der ABC-Arbeitsgemeinschaft DER-ABR-Halo. Gründung First-Reisebürogruppe. Deutsche Verkehrs-Kreditbank kauft Ameropa. DRV schließt Solidarhilfe-Vereinbarung mit Reiseveranstaltern zur Rückführung gestrandeter Urlauber.	Ende der Deutschen Atlantik Linie (DAL). Der Transrapid stellt mit 253,2 km/h einen Weltrekord für personentragende Magnetfahrzeuge auf.	22,2 Mio. Urlaubsreisende.	Erste Ölkrise. Ölpreis vervierfacht, von drei auf 11,65 Dollar pro Barrel. Walter Ulbricht stirbt. Sturz der Regierung in Chile und Tod von Allende. Abwertung des Dollars um 10 %.	1973

Reisebüro und Veranstalter	Leistungsträger (Bahn, Bus Schiff, Flug)	Branchenereignisse, Entwicklungen	Geschichtliche Ereignisse	
Tjaereborg kommt nach Deutschland. Gründung Alltours.		23,5 Mio. Urlaubsreisende, 58 % ins Ausland, 12 % per Flugzeug.	Zypern-Krise. Rückholaktion deutscher Urlauber. Helmut Schmidt löst Kanzler Willy Brandt ab. Alexander Solschenizyn muss UdSSR verlassen. Ende des Vietnam-Krieges. Mit Tod General Francos beginnt in Spanien derDemokratisierungsprozess.	1974
Axmann-Konkurs. Herbert Haum gründet FIT-Reisen.		25,1 Mio. Urlaubsreisende. Tegel wird der Flughafen Westberlins.		1975
Karstadt übernimmt Neckermann. Horten wird TUI-Gesellschafter anstelle von Karstadt.	Die Arbeitsgemeinschaft Deutscher Luftfahrtunternehmen (ADL) wird gegründet. Einsatz des Überschallflugzeuges Concorde bei British Airways und Air France.	24 Mio. Urlaubsreisende, 58 % ins Ausland, 12 % per Flugzeug.	Jimmy Carter wird Präsident der USA. Tod von Mao Tse-tung und Tschou En-Lai.	1976
NUR übernimmt GUT. Start-Reservierungs- und Automatisierungs-System wird eingeführt.	Hapag-Lloyd Flug übernimmt Bavaria/Germanair. Bundesbahn mustert die letzte Dampflokomotive aus.	24,3 Mio. Urlaubsreisende, 59 % ins Ausland.	Generalbundesanwalt Siegfried Buback und Arbeitgeberpräsident Hanns-Martin Schleyer werden von Terroristen der RAF ermordet. Entführung einer LH-Maschine nach Mogadischu und Befreiung durch Anti-Terrorgruppe GSG9.	1977
Gründung EVS Berge & Meer. Gründung Gebeco.	In USA Beginn der Deregulierung und Liberalisierung im Luftverkehr (Carter-Administration).	25,8 Mio. Urlaubsreisende, 61 % ins Ausland, 14 % per Flugzeug.	2. Ölkrise.	1978

Reisebüro und Veranstalter	Leistungsträger (Bahn, Bus Schiff, Flug)	Branchenereignisse, Entwicklungen	Geschichtliche Ereignisse	
Gründung – Derpart, – Jahn Reisen, – New World Travel, New York. Lufthansa beteiligt sich am DER.	Gründung Aero Lloyd. Jungfernfahrt der „Berlin" der Reederei Deilmann, die auch die „Regina Maris" kauft. Das ICC Berlin wird eröffnet.	26,5 Mio. Urlaubsreisende, 64 % ins Ausland.	Der Deutsche Bundestag beschließt das Reisevertragsgesetz. Ayatollah Khomeni kehrt in den Iran zurück und schließt das Land für Touristen. Einmarsch sowjetischer Truppen in Afghanistan.	**1979**
TUI-Integrationsprozess beendet. Touropa wird von München nach Hannover verlegt. Terramar am Ende. Lufthansa übernimmt Euro Lloyd Reisebüro und Kühne & Nagel Reisebüro.		27,1 Mio. Urlaubsreisende, 57,7 % der deutschen Bevölkerung machen mindestens eine Urlaubsreise („Reiseintensität"). 16,9 Mill. Auslandsreisende, 16 % per Flugzeug.	Krieg Iran – Irak. Boykott der Olympischen Spiele in Moskau durch mehr als 60 Staaten wegen des Einmarsches sowjetischer Truppen in Afghanistan. Ronald Reagan löst Jimmy Carter als Präsident der USA. ab.	**1980**
LTU gründet Meier's Weltreisen. Allkauf kauft Tjaereborg Deutschland.	Die neue „Europa" von Hapag-Lloyd wird in Dienst gestellt. Die „Astor" der Hadag wird in Dienst gestellt.	26,4 Mio. Urlaubsreisende, 64 % ins Ausland.	Tödliches Attentat auf den ägyptischen Präsidenten Anwar Al-Sadat. Startschuss für Frankreichs TGV, den schnellsten Zug der Welt.	**1981**
Jahn Reisen werden von LTU übernommen.		26,4 Mio. deutsche Urlaubsreisende, 61 % ins Ausland, 16 % per Flugzeug.	Helmut Kohl wird Bundeskanzler. Bundesrepublik erlebt größte Krise der Nachkriegszeit. 12.800 Unternehmen melden Konkurs oder Vergleich an. Falkland-Krieg zwischen Großbritannien und Argentinien.	**1982**

Reisebüro und Veranstalter	Leistungsträger (Bahn, Bus Schiff, Flug)	Branchenereignisse, Entwicklungen	Geschichtliche Ereignisse	
		26,2 Mio. Urlaubsreisende, davon 63 % ins Ausland.	Koreanisches Verkehrsflugzeug mit 269 Passagieren wird über Kamschatka von sowjetischem Düsenjäger abgeschossen. Nord-Zypern erklärt seine Unabhängigkeit.	1983
		26,7 Mio. deutsche Urlaubsreisende, 66 % ins Ausland, 18 % per Flugzeug.	China öffnet das annektierte Tibet für den Tourismus. Michail Gorbatschow wird Parteichef der KPdSU. Ermordung der indischen Ministerpräsidentin Indira Gandhi.	1984
Kartellamt lehnt Fusion NUR/ITS ab.	Gründung der Fluggesellschaft Germania.	27,6 Mio. Urlaubsreisende, davon 66 % ins Ausland.	PLO-Anschläge auf die Flughäfen von Rom und Wien. Palästinensische Terroristen kapern die „Achille Lauro" mit 511 Menschen an Bord, ermorden einen amerikanischen Passagier. Aufhebung von Pass- und Zollkontrollen zwischen fünf EU-Ländern im „Schengener Abkommen"	1985
LTU erwirbt 49 % an Tjaereborg. Einführung des Markennamens Dertour.	Lufthansa beteiligt sich an Hapag-Lloyd AG.	27,6 Mio. deutsche Urlaubsreisende, davon 19 % per Flugzeug.	PLO-Bombe explodiert in TWA-Flugzeug über Griechenland. Reaktorunfall in Tschernobyl. Arabische Terroristen kapern Pan-Am-Jumbo in Karatschi. 21 Tote.	1986

Reisebüro und Veranstalter	Leistungsträger (Bahn, Bus Schiff, Flug)	Branchenereignisse, Entwicklungen	Geschichtliche Ereignisse	
Gründung von L'Tur durch Karlheinz Kögel in Baden-Baden.	Britische Kanalfähre sinkt vor Zeebrügge, 188 Tote.	31,1 Mio. deutsche Urlaubsreisende, davon 70 % ins Ausland.	Gewalttätige Auseinandersetzungen um Startbahn West am Frankfurter Flughafen. Der 19-jährige Matthias Rust landet mit einer Cessna 172 auf dem Roten Platz in Moskau.	1987
Rewe beteiligt sich mit 50 % an Atlas Reisen.	Lufthansa und Air France gründen Euroberlin für den Verkehr zwischen dem Bundesgebiet und Westberlin.	31,6 Mio. deutsche Urlaubsreisende, 22 % per Flugzeug. US-Kriegsschiff schießt iranisches Verkehrsflugzeug über dem Persischen Golf ab; 290 Tote. Pan-Am-Jumbo mit 259 Insassen explodiert über dem schottischen Lockerbie.	Ende des Krieges zwischen Iran und Irak. Michail Gorbatschow wird sowjetischer Staatspräsident. USA und Sowjetunion vereinbaren Abbau der Mittelstreckenwaffen. Die Sowjetunion zieht sich aus Afghanistan zurück. Olympiade in Seoul, Korea.	1988
DRV-Tagung Istanbul mit Prof. Dr. Clemens- August Andreae und Dr. Wolfgang Kartte, während die Berliner Mauer fällt.	Karstadt beteiligt sich mit 25 % an Nürnberger Flugdienst und möchte 18 % von LTU.	32,6 Mio. deutsche Urlaubsreisende, davon 71 % ins Ausland.	Fall der Berliner Mauer. Neue Reiseströme von Ost nach West. Massaker auf dem Platz des Himmlischen Friedens in Peking.	1989
Gemeinsamer Flugeinkauf ITS/TUI vom Kartellamt untersagt.	Gründung von Sun Express durch Lufthansa und Turkish Airlines. ITS kauft 50 % von ATT Touristik, Stuttgart.	Deutsche Urlaubsreisen: ABL 33,4 Mio. NBL 9,8 Mio. 43,2 Mio. 60 % ins Ausland, 20 % per Flugzeug.	Auseinanderbrechen des jugoslawischen Staates. Deutsche Wiedervereinigung. Beginn der Einführung der 35-Stunden-Woche. Irak besetzt Kuwait.	1990

Reisebüro und Veranstalter	Leistungsträger (Bahn, Bus Schiff, Flug)	Branchenereignisse, Entwicklungen	Geschichtliche Ereignisse	
ITS kauft Jugendtourist mit 34 Büros und 75 % von Palm Touristik GmbH (28 Büros) in der Ex-DDR. Gründung der Franchise- Kette Reiseland.	Übernahme der Air Berlin durch Joachim Hunold. Heinz Ruhnau scheidet aus LH-Vorstand aus. Jürgen Weber wird Lufthansa-Vorstandschef. Der erste ICE kommt zum Einsatz.	Deutsche Urlaubsreisen: ABL 32,4 Mio. NBL 9,2 Mio. 41,6 Mio. 64 % ins Ausland, 22 % per Flugzeug.	Sowjetunion löst sich auf, Gründung der GUS -Gemeinschaft Unabhängiger Staaten. Gorbatschow tritt zurück. Mit Unterzeichnung der 2 + 4-Verträge erringt Deutschland die volle Souveränität. RAF tötet Treuhandchef Karsten Rohwedder.	**1991**
Kaufhof beteiligt sich mit 50,1 % an Kuoni.	Deutsche BA startet den innerdeutschen Verkehr. Nürnberger Flugdienst (NFG) und RFG fusionieren zur Eurowings.	Eröffnung des neuen Münchener Flughafens.	Bürgerkrieg im ehemaligen Jugoslawien. Olympische Sommerspiele in Barcelona. Der Dollar fällt auf 1,3870 DM. Willy Brandt, 78, und Josef Neckermann, 79, sterben.	**1992**
Die West LB wird TUI-Gesellschafter.	Euroberlin stellt ihren Betrieb ein.		Gründung des EU-Binnenmarkts.	**1993**
Rewe kauft die restlichen 50 % an Atlas Reisen. NUR kauft 25 % von Alpha Holding (Air Maritim).		49 Mio. Urlaubsreisende, 26,5 % per Flugzeug.	Eröffnung des Eurotunnels unter dem Ärmelkanal. Nelson Mandela wird Präsident in Südafrika.	**1994**

Reisebüro und Veranstalter	Leistungsträger (Bahn, Bus Schiff, Flug)	Branchenereignisse, Entwicklungen	Geschichtliche Ereignisse	
Rewe kauft ITS. NUR beteiligt sich mit 37,5 % an Kreutzer Touristik, München.		49 Mio. Urlaubsreisende, 65,9 % ins Ausland, 28 % per Flugzeug. Der Bundesverband der Deutschen Tourismuswirtschaft (BTW) wird in Bonn gegründet.	Jacques Chirac löst Staatspräsident Mitterand in Frankreich ab. Nato-Angriffe auf Bosnien. Ermordung von Itzhak Rabin in Israel. Schengener Abkommen wird unterzeichnet. Der Dollar rutscht am 19. April auf 1,3620 DM. Krieg im Kaukasus.	**1995**
Hetzel Reisen, Stuttgart, meldet Konkurs an. Otto kauft 74,8 % an Reiseland.	Hanseatic Tours und Hanseatic Cruises werden von Hapag-Lloyd übernommen. Flugzeugabsturz der Birgenair (Öger Tours) in der Dominikanischen Republik mit 189 Toten.	45,3 Mio. Urlaubsreisende, davon 69,8 % ins Ausland, 30,2 % per Flugzeug. Open-Sky-Abkommen zwischen den USA und Deutschland.	Taliban erobern Kabul. Olympische Spiele in Atlanta.	**1996**
Lufthansa wird alleiniger Eigentümer von Start Amadeus.	Preussag übernimmt Hapag-Lloyd AG. Britannia Airways gründet deutsche Tochtergesellschaft. Lufthansa startet Fliegen ohne Ticket (Etix). Lufthansa wird zu 100 % privatisiert.	47 Mio. Urlaubsreisende, 68,6 % ins Ausland, 32,1 % per Flugzeug. Erster Tourismusgipfel des BTW.	Die britische Kronkolonie Hongkong wird an China übergeben. Lady Di verunglückt tödlich in Paris. Mutter Theresa stirbt.	**1997**

Reisebüro und Veranstalter	Leistungsträger (Bahn, Bus Schiff, Flug)	Branchenereignisse, Entwicklungen	Geschichtliche Ereignisse	
Aus TUI wird HTU. Hapag Lloyd Touristik wird in TUI integriert. Airtours plc, UK, beteiligt sich an Frosch Touristik/FTI mit 35,92 %. Amexco verkauft 25 Touristik-Reisebüros an den Otto Versand. Karstadt und Lufthansa gründen C & N Touristic AG (Condor/NUR).	Swissair kauft 49,9 % von LTU. Gründung der Ferienfluggesellschaft Fly FTI. Deilmann baut die „Deutschland". Bayerische Landesbank übernimmt Mehrheit an Aero Lloyd.	48,5 Mio. Urlaubsreisende, 32,5 % per Flugzeug. Zugunglück in Eschede: 101 Menschen sterben im ICE auf dem Weg nach Hamburg. Mehrwertsteuer wird von 15 auf 16 % erhöht.	Gerhard Schröder wird deutscher Bundeskanzler. Amerikanischer Tiefflieger durchschneidet Gondelseil in Cavalese, Italien; 20 Tote.	**1998**
HTU kauft First-Reisebürogruppe und Thomas Cook-Rsbs. HTU wird TUI Group.	Rewe kauft zum Jahreswechsel 40 % der LTU-Fluggesellschaft.	48 Mio. Urlaubsreisende, 71 % ins Ausland, 33,1 % per Flugzeug Saudi-Arabien öffnet sich für Studienreisen. Brände im Montblanc- und im Tauerntunnel.	Start der Währungsunion zum 1. Januar 1999 mit elf Staaten der EU: Belgien, Deutschland, Finnland, Frankreich, Irland, Italien, Luxemburg, Niederlande, Österreich, Portugal und Spanien. Johannes Rau wird Bundespräsident. Nato-Luftkrieg im Kosovo.	**1999**
Rewe kauft DER. FTI wird von Airtours UK übernommen. Dietmar Gunz verlässt FTI. Preussag kauft Thomson Travel UK. C & N kauft Thomas Cook UK. Rewe kauft 100 % der LTU Touristik. Preussag übernimmt die Leitungsfunktion gegenüber den touristischen Beteiligungen (TUI)	Airbus baut den A-380 für 481 bis 656 Passagiere mit einer Reichweite von mehr als 14.000 km. In Paris stürzt eine Concorde der Air France ab, die Passagiere der Reederei Deilmann zur Einschiffung über den Atlantik bringen sollte – 113 Tote	Weltausstellung Expo 2000 in Hannover. Welttourismustag der WTO und vierter Tourismusgipfel des BTW auf dem Expo-Gelände in Hannover. Klaus Laepple wird neuer DRV-Präsident.	Macau geht an China. Verschärfung des Konflikts zwischen Palästinensern und Israelis. George W. Bush wird zum Präsidenten der USA gewählt. In Malaysia halbjährige Geiselnahme von 21 Touristen und Hotelangestellten, die auf die philipinische Insel Jolo entführt werden.	**2000**

Reisebüro und Veranstalter	Leistungsträger (Bahn, Bus Schiff, Flug)	Branchenereignisse, Entwicklungen	Geschichtliche Ereignisse	
		Steigerung der verkauften Veranstalter-Reisen um 0,5 %.	„9/11" - Terroranschläge auf die beiden Türme des World Trade Centers in New York. Das neue Bundeskanzleramt am Berliner Spreebogen wird eingeweiht. Israel und die Palästinenser vereinbaren Aufnahme von Friedensgesprächen. BSE-Krise in Europa. In Deutschland Massenkeulung von 400.000 Rindern.	2001
	Eröffnung der ICE-Strecke Frankfurt am Main–Köln.	Rückgang der verkauften Veranstalter-Reisen um 10 %.	Einführung des EURO. Hochwasser in Ostdeutschland. Gerhard Schröder wird deutscher Bundeskanzler Terroranschlag auf Touristen auf Bali, 200 Tote.	2002
Dietmar Gunz kauft FTI zurück.	Aero Lloyd insolvent. Letzter Start einer Concorde – ins Museum. KLM und Air France beschließen Fusion.	Eröffnung des Terminal 2 des Münchener Flughafens. Entführung von 32 Touristen in der Sahara. Lungenkrankheit SARS in Ostasien. Terroranschläge auf Touristen in Bali und Kenia. Rückgang der verkauften Veranstalter-Reisen um 5 %.	USA beginnen den Irak-Krieg.	2003

Reisebüro und Veranstalter	Leistungsträger (Bahn, Bus Schiff, Flug)	Branchenereignisse, Entwicklungen	Geschichtliche Ereignisse	
	MS „Queen Mary 2“, das größte Kreuzfahrtschiff der Welt, wird getauft.	Flutkatastrophe TSUNAMI in Südostasien. Vogelgrippe-Virus in Ostasien. Steigerung der verkauften Veranstalter Reisen um 6 %.	Gerhard Schröder beendet vorzeitig seine Kanzlerschaft. Angela Merkel wird deutsche Bundeskanzlerin. Der deutsche Kardinal Joseph Ratzinger wird als Benedikt XVI Nachfolger des verstorbenen Papstes Johannes Paul II George W. Bush wird erneut zum US-Präsidenten gewählt.	2004
	Lufthansa übernimmt SWISS.	Steigerung der verkauften Veranstalter-Reisen um 6 %. Durchschnittliche Dauer einer Urlaubsreise: 11 Tage.		2005
	Air Berlin übernimmt Deutsche BA.	Steigerung der verkauften Veranstalter-Reisen um 2 %.		2006
TUI legt ihr Geschäft mit Thomson Travel zusammen und verlagert die touristische Unternehmensführung nach England. Thomas Cook Deutschland wird verschmolzen mit London zur Thomas Cook Group plc in London. Gesamtleitung in UK.	Air Berlin kauft LTU und geht damit in den Langstreckenverkehr.	4,1 km lange Brücke zwischen Rügen und Stralsund wird eröffnet.	Auf der Nahostkonferenz in Annapolis wird die Aufnahme von Friedensverhandlungen zwischen Israel und den Palästinensern vereinbart. G-8-Treffen in Heiligendamm. Mehrwertsteuer wird von 16 auf 19 % erhöht. Bulgarien und Rumänien treten der EU bei. Fußball-WM in Deutschland mit Trainer Jürgen Klinsmann.	2007
	Gründung TUI Cruises GmbH mit Royal Carribean Cruises.		Olympische Spiele in Peking. Terroristen-Anschlag in Bombay u.a. auf internationales Hotel.	2008

Reisebüro und Veranstalter	Leistungsträger (Bahn, Bus Schiff, Flug)	Branchenereignisse, Entwicklungen	Geschichtliche Ereignisse	
TUI erhöht Beteiligung an L'TUR auf 70 %. Karlheinz Kögel beteiligt sich mit 10 % an Thomas Cook.	Air Berlin übernimmt 17 Flugzeuge und die City Strecken von TUIfly. Deilmann gibt Flusskreuzfahrten auf. Lufthansa übernimmt British Midland und Brussels Airlines.	Diskussion in Deutschland über Massenimpfung gegen Schweinegrippe. 80 Tote in Mexiko.	Angela Merkel erneut deutsche Bundeskanzlerin. Barack Obama erster farbiger Präsident der USA. Wirtschaftskrise nach Zusammenbruch von Lehman Brothers in USA. Abwrackprämie beschert der deutschen Autoindustrie eine Sonderkonjunktur.	**2009**
Thomas Cook kauft Öger Tours, Hamburg. Thomas Cook gründet in Russland gemeinsame Firma mit Intourist Moskau.	Transocean Kreuzfahrten werden von Premicon übernommen. Weltweit kommen zwölf neue Kreuzfahrtschiffe zum Einsatz.	Vulkanasche aus Island legt den europäischen Luftverkehr lahm.	Fußball-WM in Südafrika. Christian Wulff folgt auf Bundespräsident Köhler. Der polnische Staatspräsident Lech Kaczynski kommt bei einem Flugzeugabsturz in Russland ums Leben.	**2010**
Jürgen Marbach beteiligt sich mit 26,1 % an Aldiana. FTI Cruises werden gegründet. L'TUR verkauft Restplätze-Tickets der Deutschen Bahn. Thomas Cook trennt sich vom Vorsitzenden Manny Fontenla-Novoa.	Christoph Franz wird Vorstandsvorsitzender der Lufthansa. Jürgen Marbach beteiligt sich mit 26,1 % an ALDIANA. FTI Cruises werden gegründet. L'TUR verkauft Restplatz-Tickets der Deutschen Bahn. Achim Hunold gibt den Vorstandsvorsitz von Air Berlin an den ehemaligen Bahnchef Hartmut Mehdorn ab.	Durchschnittliche Dauer einer Urlaubsreise: 10,5 Tage.	„Arabellion" beginnt in Ägypten mit Rücktritt von Präs. Mubarrak. Tunesischer Staatspräsident flieht nach Dubai, Libyens Revolutionsführer Gaddafi kommt ums Leben. Hochwasser-Katastrophe in Thailand, Bangkok unter Wasser. Fukushima: Erdbeben und Tsunami lösen Atomkatastrophe aus.	**2011**

Reisebüro und Veranstalter	Leistungsträger (Bahn, Bus Schiff, Flug)	Branchenereignisse, Entwicklungen	Geschichtliche Ereignisse	
2012 Thomas Cook trennt sich von 24,9 %-Beteiligung an Aldiana. Die Britin Harriet Green übernimmt die Führung der Cook Gruppe und beruft den Deutschland-Chef Peter Fankhauser zum Verantwortlichen für Kontinentaleuropa und Großbritannien.	Thomas Cook trennt sich von seiner 24,9 %-Beteiligung an ALDIANA. MS Costa Concordia läuft an der italienischen Küste auf Grund und kentert. Etliche Tote und Verletzte und Totalverlust des Schiffes.	Michael Frenzel wird Präsident des BTW und löst Klaus Laepple nach 12Amtsjahren ab. Personenbeförderungsgesetz wird liberalisiert. Freier Fernbus-Linienverkehr wird möglich. Wachstum der Veranstalter-Reisen 4,5 prozent mehr Urlauber, 7,5 % mehr Umsatz.	Bürgerkrieg in Syrien. US-Präsident Barack Obama für weitere vier Jahre gewählt. Joachim Gauck neuer deutscher Bundespräsident. Wladimir Putin wieder Präsident Russlands.	2012

Die Autoren

Otto Schneider

betrieb zwölf Jahre lang ein Reisebüro in Frankfurt am Main, war 15 Jahre Geschäftsführer der Hapag-Loyd Reisebüro GmbH und von 1980 bis 1994 Präsident des Deutschen Reise-Verbandes DRV. In dieser Zeit war er ehrenamtlich in zahlreichen Gremien tätig wie z. B. im Beirat für Tourismus des Bundeswirtschaftsministeriums, im Verwaltungsrat der Deutschen Zentrale für Tourismus DZT und in internationalen Tourismusverbänden. Im Jahr nach seiner Pensionierung bereitete er (Jahrgang 1929) die Gründung des Bundesverbandes der Deutschen Tourismuswirtschaft BTW vor.

Werner Sülberg

arbeitet seit über dreißig Jahren bei DER Touristik in Frankfurt am Main, der Touristiksparte der REWE Group, und verantwortet dort seit 1991 als Bereichsleiter die Strategische Unternehmensentwicklung und Marktforschung. Der studierte Volkswirt (Uni Köln und Münster) engagiert sich ehrenamtlich in verschiedenen Funktionen wie z. B. im Deutschen Reise-Verband DRV und im ADAC. Zudem ist er nebenberuflich als Dozent u. a. an der TU Dresden und der FH Worms tätig und veröffentlicht wissenschaftliche Lehrbücher.